SÜDTOSKANA

EMIKO DAVIES

SÜDTOSKANA

DIE ECHTE KÜCHE
AUTHENTISCHE & TRADITIONELLE REZEPTE

Hölker Verlag

EINLEITUNG

Dieses Buch ist eine Ode an ein besonders schönes Fleckchen der Maremma. Es liegt im südlichsten Teil der Toskana und ich lebte dort 2015 sechs Monate lang, zusammen mit meiner Tochter und meinem toskanischen Ehemann Marco, der in dieser Zeit in dem bekannten Restaurant *Il Pellicano* Sommelier war. Wir wohnten in dem kleinen Fischerdorf Porto Ercole, dem kleineren, aber auch älteren der beiden Orte auf der inselartigen Halbinsel Monte Argentario. Nur wenige Kilometer entfernt liegt die Lagune von Orbetello. Zur Insel Giglio gelangt man mit der Fähre. Eine kurze Autofahrt in Richtung Süden bringt einen nach Capalbio an der Grenze zum Latium.

Die Costa d'Argento (Silberküste) verdankt ihren Namen vermutlich dem silbrig schimmernden Sand ihrer Strände. Im Hinterland liegen das für seine heißen Quellen berühmte Saturnia und das mittelalterliche Pitigliano, das über ein reiches jüdisches Erbe verfügt.

Das Gebiet rund um die Silberküste ist eine offene Landschaft mit großen Weizenfeldern, von Olivenbäumen gesprenkelten Hügeln, zahlreichen Weingärten, stacheligen Kaktusfeigen, langen Stränden und vielen wild lebenden Tieren. Die kleinen Dörfer thronen auf den Hügelkuppen und genießen einen unverbauten Ausblick auf das Meer. Ihre Gründungen reichen häufig bis in die Zeit der ältesten Toskaner, der Etrusker, zurück. In dieser Region der Maremma, die näher an Florenz als an Rom liegt, entwickelte sich eine Küche, die weitgehend von Fischern, Jägern, Bauern und *butteri* (Rinderhirten) beeinflusst wurde. Es ist eine Region, die reich an Geschichte ist, reich an Ressourcen, reich an Aromen, Düften und Rezepten – und vollkommen anders als die übrige Toskana.

Man kocht hier gerne Eintöpfe, und alle Gerichte, die ich hier kennenlernte – ob mit Fisch oder Lamm oder die Gemüsesuppen mit pochiertem Ei –, esse und koche ich gerne. Sie schmecken gut und tun gut, kosten nicht viel und lassen sich leicht zubereiten. Ursprünglich ist es eine Arme-Leute-Küche, die in ihrem Repertoire überraschend viele vegane und glutenfreie Speisen bereithält. Sie besteht aus Gerichten, die

man gut in großen Mengen kochen kann, für Familien, aber auch für größere Gruppen von Freunden. Man kann sich, wenn man sie isst, angeregt unterhalten, viel lokalen Wein trinken und sich zum Abschluss vielleicht noch einen selbst gemachten Digestif aus den Kräutern der Gegend genehmigen. Wie bei vielen bäuerlichen Küchen geht es auch hier darum, aus einer Handvoll Zutaten das Beste zu machen und eine nahrhafte und sättigende Mahlzeit zuzubereiten, die nicht die Welt kostet und trotzdem einfach köstlich ist.

LIVORNO

MONTEROTONDO

MASSA MARITTIMA

FOLLONICA

CAVORRANO

SCARLINO

Vetulonie

CASTIGLIONE
DELLA PESCAIA

TYRRHENISCHES MEER

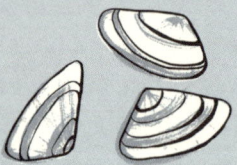

DIE REZEPTE

In diesem Buch habe ich Rezepte zusammengestellt, die ich gerne koche, esse und weitergebe. Was man an der Silberküste kocht, richtet sich immer auch nach den Jahreszeiten. In den langen schwülen Sommermonaten vermeidet man es im südlichen Teil der toskanischen Küste gerne, den Backofen einzuschalten, und steht auch nicht so gerne am heißen Herd. Deshalb gibt es in dieser Zeit des Jahres schnell gekochte Pastagerichte. Oft röstet man auch rasch Brotscheiben, um sie mit Tomaten abzureiben und mit Olivenöl zu beträufeln. Ich könnte ausschließlich von kalten Gerichten aus fangfrischem Fisch leben, zum Beispiel von in Zitronensaft eingelegtem Flügelbutt oder von marinierter gebratener Makrele. Im Spätsommer und Herbst haben Pilze Saison – gebraten, auf *crostini*, in der Soße zu handgemachten *pappardelle* oder in der Suppe –, und die auf Marktständen hoch aufgetürmten weißen Weintrauben und grünen Feigen machen Lust, Konfitüren und Gelees zu kochen. Sobald es wieder etwas kühler wird, wird auch mehr gekocht. Was ich dann am liebsten mag, ist *acquacotta*: eine Tomaten- und Zwiebelsuppe mit pochiertem Ei obendrauf.

Die Überschriften der Kapitel haben viel mit der Maremma zu tun. *Dal bosco* („Aus dem Wald") enthält Rezepte mit Zutaten, die aus den Bergen und der *macchia* kommen (einer mediterranen Region, die vorwiegend mit Buschwerk bewachsen ist). Hier wird gejagt, und man kann Pilze, Esskastanien, Wildblumen und Kräuter sammeln. Zu sammeln und zu jagen war für die Einheimischen einst überlebensnotwendig. Auch heute tut man beides noch oft, allerdings eher zum Zeitvertreib. In diesem Kapitel stelle ich unter anderem die in der Region heimischen Pilze vor.

Dal mare e dalla laguna („Aus dem Meer und der Lagune") präsentiert traditionelle Gerichte mit Meeresfrüchten von der Silberküste, insbesondere aus den Fischerdörfern am Monte Argentario und der Lagune von Orbetello. Die Lagune und dieser Bereich des Tyrrhenischen Meers sind immer noch sehr artenreich und zählen zu den wichtigsten Fischgründen der Toskana. Zur Orientierung führe ich in diesem Kapitel die wichtigsten lokalen Arten auf.

Bei der Arbeit an diesem Kochbuch stellte ich mittendrin fest, dass viele der Rezepte vegetarisch oder sogar vegan sind und nur in wenigen rotes Fleisch vorkommt (in Form von Lamm- oder Wildschweinfleisch). Das steht in starkem Kontrast zur „typischen toskanischen Küche", deren bekannteste Speise wohl die Florentiner *bistecca* ist. Grund für diesen Kontrast ist die Armut der Gegend. Anders als in den großen Städten hatten die Menschen an der Silberküste Gemüsegärten, und manche bauten sogar ein bisschen Getreide an. In den Wäldern wurde regelmäßig nach Essbarem gesucht, und man hielt Nutztiere wie Geflügel, Kaninchen und Schweine. Aus diesen Gepflogenheiten ergeben sich die Kapitel *Dall'orto* und *Dalla fattoria* („Aus dem Gemüsegarten" und „Vom Bauernhof").

Schließlich gibt es noch die *dolci*, die süßen Sachen: *biscotti*, die man in den Wein eintunken kann, Ricotta-Torten und Esskastanienkuchen, aber auch selbst gemachte Obstkonserven und *granita* aus den hiesigen Sommerfrüchten.

PRAKTISCHES

Alle Rezepte wurden von mir auf einem gewöhnlichen Gasherd ausprobiert. Mit „niedriger Hitze" meine ich die niedrigst einstellbare Temperatur. Bei elektrischen Herden oder Induktionsherden gibt es unter Umständen etwas andere Garzeiten.

Auch die Backrezepte wurden in einem normalen Backofen getestet. Bei einem Heißluftofen sollte eine etwas geringere Temperatur eingestellt werden als hier angegeben.

Wenn in einem Rezept Eier vorkommen, besonders bei Nudel- und Backrezepten, sollten Eier frei laufender Hühner verwendet werden. Diese wiegen durchschnittlich 55–60 Gramm.

Wenn man vergisst, dem Kochwasser für Nudeln Salz beizugeben, schmecken die Nudeln sehr fade. Nachbessern hilft nicht, und auch eine sehr würzige Soße macht die Sache nicht besser. Italiener mögen zu wenig gesalzene Nudeln ebenso wenig wie überkochte. Ich muss zugeben, dass ich mehrere Jahre lang beinahe täglich Nudeln essen musste, um zu verstehen, warum. Perfekt gesalzene Nudeln erhält man, wenn man pro Liter Kochwasser ungefähr 1 Teelöffel Salz zugibt. Berechnen Sie 1 Liter Wasser pro 100 Gramm Nudeln.

WAS IST ACQUACOTTA?

In vielen Regionen Europas kennt man ein Märchen, das *Die Steinsuppe* heißt. In Italien war es meine Freundin Giulia Scarpaleggia, die mir von der *Zuppa di sassi* berichtete, als wir über die toskanische Suppe *acquacotta* sprachen. Die Geschichte wird in jeder Region ein bisschen anders erzählt. Mal geht es hauptsächlich darum, dass der Suppenkoch seinen Gastgeber austrickst, um zu einer kostenlosen Mahlzeit zu kommen, mal ist die Moral der Geschichte, wie sinnvoll es ist, zusammenzuarbeiten und sich gegenseitig zu helfen.

In meiner Lieblingsversion ist die Hauptfigur ein hungriger alter Wolf, der mit einem Sack voller Steine die in einem Dorf lebenden Tiere besucht. Er fragt die Henne, ob er in ihrem Küchenfeuer eine Steinsuppe kochen darf. Ein Nachbar nach dem anderen kommt vorbei und schlägt vor, des besseren Geschmacks halber zu den Steinen und dem Wasser noch etwas anderes hinzuzufügen. So kommen Selleriestangen in die Suppe, Lauch und eine Zucchini. Schließlich setzen sich die Tiere im Kreis um das Küchenfeuer, essen die köstliche Suppe, trinken Wein dazu und unterhalten sich angeregt.

Ich mag diese Version so sehr, weil es in ihr um dasselbe geht wie in der italienischen Küche: um die Geselligkeit beim Essen. Und auch darum, dass jeder seine eigenen Rezepte hat, seine Vorlieben, seine von Mutter oder Großmutter übernommenen Tricks. Die Geschichte von der Steinsuppe wird auch in der Toskana erzählt, und aus Livorno stammt das Rezept für *Brodo di sasso* („Steinbrühe"): Steine aus dem Meer werden in einen Topf mit kochendem Wasser gelegt, damit die Suppe das Aroma des Meeres erhält.

Ich glaube, dass viele Rezepte der toskanischen *cucina povera*, der Arme-Leute-Küche, aus der Not heraus entstanden sind, aus den wenigen verfügbaren Zutaten ein Gericht zu zaubern. Ein Kanten altes Brot, ein paar wilde Kräuter vom Feldrand, Wasser und, wenn man Glück hatte, ein frisch gelegtes Ei – das ist im Grunde schon das Grundrezept für *acquacotta*. Ebenso wie vom Märchen der Steinsuppe gibt es auch von dieser Suppe zahllose Varianten.

Acquacotta bedeutet wörtlich „gekochtes Wasser", oder besser: „in Wasser gekocht", und beschreibt den Kochvorgang: Gemüse wird in kochendes Wasser gegeben. *Acquacotta* ist vermutlich das bekannteste Gericht der Maremma. Doch der Begriff *acquacotta* beinhaltet viel mehr als nur das Gericht selbst.

In früheren Zeiten war diese Suppe ein schnelles Gericht für unterwegs, das sich leicht in einem Topf über dem Lagerfeuer zubereiten ließ – von Rinder- und Schafhirten oder Fischern. Außer dem Wasser kamen in den Topf altes Brot (mitunter eigens für diesen Zweck zuvor getrocknetes), Knoblauch und Kräuter sowie grünes Gemüse – oder was man sonst so fand. Fischer taten die kleinen Fische aus dem Fang dazu, die sich nicht verkaufen ließen. Wer die Suppe zu Hause kochte, gab Zwiebeln, Kartoffeln oder Tomaten aus dem Garten hinein.

Manche Versionen sind dickflüssiger, weil das Brot die Brühe aufsaugt. Andere ergeben eine wässrige Brühe,

in der viel Gemüse schwimmt. Häufig lässt man pro Person vorsichtig ein frisches Ei auf die blubbernde Suppe gleiten, oder aber man schlägt mehrere Eier schaumig und vermengt sie mit Pecorino, bevor man die Masse über die kochende Flüssigkeit gießt. Die Zugabe von Eiern zur *acquacotta* ist traditionell, erklärte der Florentiner Gastronom Paolo Petroni in seinem Kochbuch *Il grande libro della vera cucina toscana* (2002). In *Cucina maremmana* (1991) schrieb Aldo Santini: *„In Maremma tutto si assomiglia e niente si ripete."* („In der Maremma ähnelt sich alles, aber nichts wiederholt sich.") Dabei bezog er sich auf die Zubereitung von

Wildschwein (siehe hier Seite 50), doch gilt das auch für *acquacotta*. Jede Stadt hat ihr eigenes Rezept, jedes unterscheidet sich deutlich von den anderen, und doch haben alle denselben Namen und dieselbe Geschichte.

MAREMMA AMARA

Die Maremma, eine Landschaft zwischen Meer und Bergen, ist wegen ihrer wilden Schönheit berühmt und stellt die südliche Grenze des alten Etruskergebiets dar. Der Küstenabschnitt mit seinem hügeligen Hinterland, auf dessen Kuppen oft verfallende Dörfer thronen, erstreckt sich von Cecina im südlichen Teil der Provinz Livorno bis zur Provinz Viterbo im Latium. Die einzige größere Stadt ist Grosseto, und sie und ihre Provinz bilden sozusagen das Herz der Maremma.

Dante Alighieri beschrieb die Maremma im 14. Jahrhundert in seiner *Göttlichen Komödie* als einen unwirtlichen, nur von wilden Tieren bewohnten Landstrich zwischen den Orten Cecina und Corneto.

Schon der Name Maremma beschreibt die Landschaft: Sie ist (lateinisch) *maritima* („dem Meer zugerechnet") und (kastilisch) *marisma* („Sumpf" oder „Marschland").

In diesem Sumpf oder Marschland schwelte jahrhundertelang die Malaria, die dazu führte, dass viele Bewohner abwanderten und die zurückgebliebenen isoliert und in Armut lebten. Im 18. und frühen 19. Jahrhundert versuchten die Großherzöge der Toskana, Boden und Lebensbedingungen zu verbessern. Besonders tat sich dabei Ferdinand III. hervor, der dann aber selbst in der Maremma an Malaria erkrankte und 1824 daran starb. Sein Sohn Leopold II. führte seine Arbeit fort. Der Plan war, diesen Teil der Toskana wieder bewohnbar zu machen, indem man die Sümpfe dränierte und die Bodenqualität verbesserte. Doch erst in den 1930er-Jahren unter dem faschistischen Regime gelang es, die Malaria zurückzudrängen und in der Region wieder mehr Menschen anzusiedeln.

Mit ein Grund, warum die Malaria erst so spät besiegt werden konnte, war, dass man ihre Ursache erst 1898 entdeckte. Zwar wussten bereits die alten Römer, dass die Krankheit in der Umgebung von stehenden Gewässern auftrat, doch ahnte man lange Zeit nicht, dass die im und am Wasser lebenden Mücken die Malaria verbreiteten. Vielmehr dachte man, es sei die „ungesunde", über dem Wasser stehende Luft, die zusammen mit minderwertigen oder falsch konservierten Nahrungsmitteln die Infektion auslöste. Daher auch der aus dem Italienischen stammende Begriff: *mal aria*, „schlechte Luft".

Im 19. Jahrhundert kam ein melancholisches Volkslied auf, das von der Melodie und der Singweise her ein bisschen an den portugiesischen Fado erinnert. Es erzählt von dem mühevollen Leben in den von der Malaria heimgesuchten Landstrichen, von Sehnsucht und von Schmerz:

Tutti mi dicon Maremma, Maremma
ma a me mi pare una Maremma amara.
L'uccello che ci va perde la penna
io c'ho perduto una persona cara.
Sia maledetta Maremma Maremma
sia maledetta Maremma e chi l'ama.
Sempre mi trema il cor quando ci vai
perchè ho paura che non torni mai.

„*Alle erzählen mir von der Maremma, Maremma,*
doch mir erscheint sie wie eine bittere Maremma.
Der Vogel, der dorthin fliegt, verliert die Federn,
und ich verlor dort eine geliebte Person.

Sei verflucht, Maremma, Maremma,
sei verflucht, Maremma, und der, der dich liebt.
Stets bebt mein Herz, wenn du dorthin gehst,
weil ich befürchte, dass du nicht zurückkehren wirst."

Die Menschen, die in der Maremma blieben, wie die *butteri* (die berittenen Hirten der langhörnigen Rinder), wurden zu Symbolen des harten und anstrengenden Lebens in diesem Teil der Toskana. Malaria, Armut und Isolation – die Geißeln der Maremma in vergangenen Jahrhunderten – entpuppten sich später als Segen. Ihnen ist es zu verdanken, dass diese Landschaft beinahe unberührt ist und dass die Menschen, die ihr treu blieben, eine einzigartige Kultur entwickelten – und eine einzigartige Küche.

AUS
DEM
WALD

DAL BOSCO

PILZE SAMMELN AM MONTE ARGENTARIO

Wenn sich der Sommer seinem Ende zuneigt, freue ich mich auf Veränderungen. Zwar gehe ich für mein Leben gerne barfuß, liebe Pfirsiche und Melonen zu Mittag, frische Feigen und *gelato* als Snacks zwischendurch und reife Tomaten mit Olivenöl zum Abendessen. Doch nach einem besonders heißen Sommer freue ich mich auf den kühlen Hauch in der Luft und die warme Tasse Tee am Nachmittag. Wenn ich die ersten Pilze sehe, weiß ich, dass es bald wieder so weit ist.

Bereits im August streifen erfahrene italienische Pilzesammler durch Esskastanien- und Eichenwälder auf der Suche nach Spätsommerpilzen, die man dann in eine Suppe geben (siehe Seite 28), unter *pappardelle* mischen (siehe Seite 30) oder auf *crostini* häufen (siehe Seite 25) kann.

Umberto, ein Freund aus Porto Ercole, ist hauptberuflich Friseur und nebenberuflich Fischer und Pilzesammler – wie so viele andere *maremmani* auch. Er zeigt gerne Fotos seiner Triumphe, wie etwa eines von Hunderten von Steinpilzen, die auf einem großen Tisch ausgebreitet sind. Er selbst mag diese Pilze zwar nicht, aber seine Freunde umso mehr, und deshalb sammelt er *porcini*, um sie tiefgefroren oder auch frisch zu verschenken.

Als ich ihn einmal fragte, wie er denn gelernt habe, diese Pilze zu finden und zu erkennen, schaute er mich so verblüfft an, als hätte ich wissen wollen, wie er gehen und sprechen gelernt habe. Dann antwortete er, er sei als Kind einfach immer mit den Verwandten *a funghi* gegangen.

Er muss nicht einmal weit gehen, um die Pilze zu finden. Sie wachsen quasi überall – man muss nur wissen wo. Manchmal sieht Umberto welche, wenn er seine kleine Tochter in den Kindergarten bringt, und kommt dann mit Körben voller Pilze auf dem *motorino* zurück.

Der Monte Argentario ist von artenreichem Wald und *macchia* bedeckt. Hier fühlen sich nicht nur Wildschweine wohl, sondern auch Pilze, und im Spätsommer und Herbst gedeihen sie üppig, besonders dann, wenn auf die heißen Tage ergiebiger Regen folgt. Monte Argentario war ursprünglich eine Insel, die heute durch die Nehrungen Feniglia und Gianella mit dem Festland verbunden ist. Die besondere Zusammensetzung der Vegetation sorgt – zumindest nach Umbertos Meinung – dafür, dass die Pilze hier aromatischer schmecken als irgendwo sonst. Er findet sie unter Korkeiche, *corbezzolo* (Erdbeerbaum) und Heidekraut, während sie auf dem Festland eher unter Eichen wachsen.

Wer – vor allem als Neuling – Pilze sammeln geht, sollte nicht nur ein gut illustriertes Pilzebuch mitnehmen, sondern auch einen einheimischen Pilzexperten. Aussehen ist bei Pilzen nicht alles: Mitunter merkt man schon am Geruch, dass ein Pilz nicht essbar ist. Es gibt ein paar mit dem Steinpilz verwandte Dickröhrlingarten, die ihre Giftigkeit durch ihre ungewöhnlichen Farben verraten. Ihre Stiele sind rot, und wenn man sie aufschneidet, verfärbt sich das Fleisch blau. Auch die leuchtend roten Fliegenpilze mit den flockigen weißen Flecken sollte man meiden. Ungenießbare Pilze verströmen oft einen unangenehmen Geruch, der alles andere als appetitlich ist. Essbare Pilze sollten wunderbar duften: erdig, nussig, manchmal auch wie Mandeln oder *amaretti* oder nach Mehl, rohem Brotteig, Butter, Anis oder sogar Honig. Alle Touristen und Besucher, die in der Toskana Pilze sammeln wollen, benötigen dafür eine Genehmigung. Außerdem braucht man Kleidung, die Arme und Beine schützt, sowie Handschuhe und einen geflochtenen Korb: Die Sporen sollen durch die Lücken im Geflecht auf den Boden fallen, damit in der Region weiterhin Pilze wachsen und sich ausbreiten können.

KAISERLING

Ovolo (*Amanita cesarea*): Dieser schöne Pilz sieht zuerst wie ein leuchtend orangerotes Ei aus (daher sein italienischer Name, der „Ei" bedeutet). Später entwickelt er einen langen Stiel und einen dunkel orangefarbenen Hut mit zitronengelben Lamellen. Er wächst gerne im Schatten einer Eiche oder Esskastanie und gedeiht nach einem sehr heißen Sommer besonders gut. Die jungen eiförmigen Kaiserlinge isst man am besten roh, in dünne Scheiben geschnitten und mit Olivenöl beträufelt. Beim Kochen dieser Pilze bildet sich ein appetitlich aussehender gelber Saft, der wie mit Safran gefärbt aussieht. Die alten Römer mochten diese Pilzart ebenso gerne wie die modernen Italiener. Möglicherweise brachten die Legionäre den Kaiserling in den Norden, denn dort findet man ihn auch heute noch in der Umgebung der alten Römerstraßen. Aber Vorsicht: Der Fliegenpilz (*Amanita muscaria*) sieht dem Kaiserling ein bisschen ähnlich, hat aber weiße Tupfen. Der Genuss eines einzelnen Fliegenpilzes tötet zwar nicht, hat aber sehr unangenehme Nachwirkungen. Der tödlichste aller Pilze, der Grüne Knollenblätterpilz (*Amanita phalloides*), ähnelt von der Form her dem Kaiserling, ist aber immer von grünlicher Farbe und deshalb gut von ihm zu unterscheiden. Der Grüne Knollenblätterpilz wächst nur selten in den Bergen und gerne in der Nähe von Eichen und Korkeichen.

ECHTER PFIFFERLING

Galletto (*Cantharellus cibarius*): Die hübschen eigelben Pfifferlinge sind süß und zart und schmecken ganz ausgezeichnet zu *calamari* (siehe Seite 80) oder Pasta (siehe Seite 30). Je nachdem, unter welchem Baum Pfifferlinge wachsen, weisen sie unterschiedliche Eigenschaften auf.

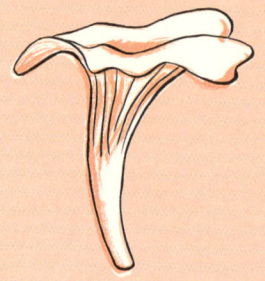

MÖNCHSKOPF

Ordinale (*Clitocybe geotropa* oder *Infundibulicybe geotropa*): Ein begehrter Pilz, der viele Namen hat. In der Gegend des Monte Argentario nennt man diese Pilze auch *cardarelle*, nach der Form ihres Huts, der an einen traditionellen Maurereimer erinnert. Manche nennen diesen Pilz *fungo di San Martino* oder wegen der einer Zimbel ähnlichen Form *cimballo*, bei manchen heißt er schlicht *maremmano*. Die cremefarbenen Pilze mit stämmigem Stiel wachsen in sogenannten Hexenringen auf der Wiese. Wählen Sie junge Mönchsköpfe aus, denn sie haben ein nussiges Aroma, das so intensiv ist, dass manche Leute sie als Ersatz für Trüffel verwenden. Sie eignen sich zum Braten, Kochen (Umberto gibt sie gerne in die Tomatensoße) oder zum Einlegen in Öl.

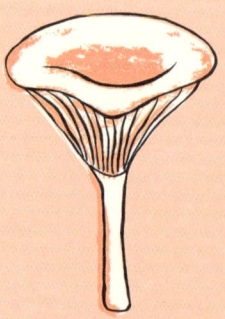

GEMEINER RIESENSCHIRMLING (PARASOL)

Bubbola oder *mazza di tamburo* (*Macrolepiota procera*): Dieser Pilz mit dem schlanken Stiel und dem sonnenschirmartigen Hut, der die Größe eines Speisetellers erreichen kann, besitzt ein zartes Aroma. Junge Pilze mit noch engen Hüten, die an geschlossene Schirme erinnern, schmecken gebraten am besten. (Sie müssen aber gut durch sein, weil sie in rohem Zustand leicht giftig sind!) Wie eine Miniaturversion des Gemeinen Riesenschirmlings sieht der Gemeine Safranschirmling (*Chlorophyllum rachodes*) aus. Er wächst in Ansammlungen abgefallener alter Tannennadeln. Allerdings sieht er einigen giftigen Pilzen sehr ähnlich: dem Stinkschirmling (*Lepiota cristata*) oder *falsa mazza di tamburo* und dem in Nordamerika heimischen *Chlorophyllum molybdites*.

GEMEINER STEINPILZ

Porcino (*Boletus edulis*): Er ist der König der Pilze. Er wird am häufigsten für traditionelle Gerichte verwendet. Er besitzt ein einzigartiges Aroma und ist besonders im Herbst in Pinienwäldern zu finden. Es gibt aber auch *porcini estivi* (*Boletus aestivalis*), Sommer-Steinpilze, die im Sommer unter Esskastanien, Eichen und Buchen wachsen. Ebenso wie der *galletto* passt er wunderbar zu *calamari* (siehe Seite 80).

KÖRNCHEN-RÖHRLING

Pinaiolo oder *pinarolo* (*Suillus granulatus*): Seinen italienischen Namen verdankt dieser Pilz seiner Freundschaft zu Pinien, unter denen er oft wächst. Der glänzende Schirm ist klebrig, wenn er feucht ist, das Fleisch ist blassgelb und süß. Entfernen Sie vor dem Zubereiten Stiele und die Haut des Huts, schneiden Sie ihn in Scheiben und frittieren Sie ihn (siehe Seite 24). Sie können den Pilz auch in Öl einlegen, wie man es mit Artischockenherzen tut (siehe Seite 135).

FUNGHI FRITTI
FRITTIERTE PILZE

Wenn der Sommer zur Neige geht, beginnt die Zeit der Pilze. Und wer in der Toskana „Pilze" sagt, meint in der Regel Steinpilze. Diese Zubereitungsart ermöglicht, die besonders fleischigen, erdigen *porcini* sozusagen pur zu genießen: in dicke Scheiben geschnitten, mit Mehl bestäubt und in Öl frittiert.

Der Gastronom Pellegrino Artusi stellt in seinem Werk *La scienza in cucina e l'arte di mangiar bene* (1891) auch ein Rezept für frittierte Pilze vor. Er empfiehlt mittelgroße *porcini*, weil die großen allzu schwammig und die kleinen zu hart seien. Man solle die Stiele knapp über der Erde abschneiden, die ganzen Pilze schnell waschen, aber nicht ins Wasser legen, da sie sonst ihr Aroma verlören. Das Fett seiner Wahl ist Olivenöl, und er hält es für überflüssig, die Pilze zuvor in geschlagenes Ei zu tauchen. Ich bin da allerdings anderer Meinung, weil ich die knusprige Eikruste so gerne mag. Wer es lieber schlicht hält, kann die Pilze natürlich nur mit Mehl bestäuben à la Artusi.

FÜR 4 PORTIONEN

Die ganzen Pilze rasch unter fließendem Wasser waschen, abtropfen lassen und mit einem sauberen Küchenhandtuch oder mit Küchenpapier trocken tupfen. In 1 Zentimeter dicke Scheiben schneiden.

Das Mehl in eine flache Schale geben. Nach Belieben das Ei in einer separaten flachen Schale schlagen und kühl stellen. Die Pilzscheiben zuerst im Mehl gleichmäßig wälzen. Überschüssiges Mehl abschütteln und die Pilzscheiben nebeneinander auf einen Rost legen.

In eine mittelgroße Pfanne so viel Öl gießen, dass die Pilzscheiben darin schwimmen können (das heißt mindestens 2–3 Zentimeter hoch) und auf mittlere bis hohe Temperatur erhitzen. Sobald das Öl ungefähr 170 °C heiß ist (siehe Tipps fürs Frittieren), die Pilzscheiben darin portionsweise frittieren. Bei Verwendung von geschlagenem Ei die bemehlten Pilzscheiben zuvor beidseitig in Ei wälzen und anschließend sofort ins heiße Öl legen. Jede Partie ungefähr 90 Sekunden lang frittieren, bis die Pilzscheiben außen goldgelb und knusprig und innen weich und gar sind.

Pilzscheiben aus der Pfanne nehmen, auf Küchenpapier abtropfen lassen, mit Salz bestreuen und sofort heiß servieren.

400 g frische Steinpilze
Mehl zum Panieren
1 Ei, gekühlt (optional)
Olivenöl zum Frittieren
Salz

TIPP
Wenn Sie keine frischen Steinpilze bekommen, ersetzen Sie sie durch kräftige, fleischige Pilze wie Braune Kräuter-Seitlinge oder Champignons.

TIPPS FÜRS FRITTIEREN
Verwenden Sie gekühlte Eier, um eine knusprige Kruste zu erhalten.

Das Olivenöl sollte heiß genug sein, um die Pilze zu garen, aber nicht so heiß, dass sie außen verbrennen und innen roh bleiben. Ideal ist eine Temperatur um 170 °C. Wenn Sie kein geeignetes Thermometer besitzen, testen Sie die Temperatur, indem Sie das Ende eines Holzlöffels ins heiße Öl halten. Ringsherum sollten sich sofort Bläschen bilden.

Frittieren Sie in Portionen und geben Sie nie zu viel in die Pfanne, da sonst die Temperatur des Öls sinkt und sich die Panade vollsaugt.

CROSTINI DI POLENTA CON FUNGHI
POLENTA-CROSTINI MIT PILZEN

Am aufwendigsten ist hier die Zubereitung der festen Polenta, doch sobald sie gekocht und fest geworden ist (was auch einige Stunden vorher geschehen kann), braucht man sie nur noch in Scheiben zu schneiden und diese zu grillen, aufzubacken oder zu frittieren, damit sie knusprig werden. Polenta beziehungsweise der Maisgrieß, aus dem sie besteht, ist von Natur aus glutenfrei, und deshalb stellen diese Polenta-Scheiben eine wunderbare Alternative zu herkömmlichen *crostini* dar. Sie passen praktisch zu jedem Belag, schmecken aber besonders gut mit etwas Saftigem, wie *ragú* (siehe *Sugo maremmano*, Seite 194) oder mit dem folgenden Pilzbelag.

In Italien unterscheidet man im Allgemeinen zwischen drei Polenta-Typen: festere Polenta aus grobem *Bramata*-Maisgrieß, weiche, cremige Polenta, für die man den feinkörnigen Maisgrießtyp *Fioretto* verwendet, und die Instant-Polenta. Der Maisgrieß für dieses Fertigprodukt wird teilweise vorgekocht und dann wieder getrocknet, sodass die Zubereitung dieser Polenta nur wenige Minuten in Anspruch nimmt. Andererseits aber hat sie weniger Biss und weniger Aroma. Ich selbst verwende sie nur für Maiskuchen, wenn ich den fein gemahlenen *Fioretto*-Maisgrieß nicht bekommen kann.

FÜR CA. 18 CROSTINI

Für die Polenta den Maisgrieß mit einer guten Prise Salz in 1 Liter Wasser bei geringer Hitze in einer großen Pfanne 30–40 Minuten köcheln lassen, sodass eine dickflüssige Masse entsteht. Zwischendurch alle paar Minuten mit einem Holzlöffel durchrühren. Sobald die Masse große Blasen wirft, für ca. 1 Minute von der Hitze nehmen, dann zurückstellen und weiterrühren. Nach Ende der angegebenen Kochzeit kosten: Die Polenta sollte weder nach Mehl schmecken noch körnig sein, sondern eine weiche, cremige Textur aufweisen.

Ein Backblech oder eine flache Kasserole (ca. 21 x 30 Zentimeter groß) mit Backpapier auslegen oder mit Olivenöl einfetten. Die fertig gekochte Polenta hineingießen und schnell mit einem Silikonspatel – oder, wenn sie nicht zu heiß ist, mit feuchten Händen – auf eine Dicke von 1,5 Zentimeter glatt streichen. Abkühlen lassen. Die gut abgekühlte und fest gewordene Polenta in ca. 5 x 7 Zentimeter große Stücke schneiden. Dies kann auch am Vortag erfolgen.

Beim Servieren sollten die Polentastücke goldgelb, außen knusprig und innen warm und weich sein. Backen: Polentastücke auf ein mit Backpapier ausgelegtes Blech legen, mit Olivenöl beträufeln und ca. 20 Minuten bei

FÜR DIE POLENTA-CROSTINI:
300 g grob gemahlener Maisgrieß
(z. B. Typ Bramata)
Olivenöl
Salz

FÜR DEN PILZBELAG:
500 g Pilze
2 Knoblauchzehen
2 EL Olivenöl
1 Handvoll frische Kräuter,
z. B. Bergminze oder Thymian
Salz
Frisch gemahlener schwarzer
Pfeffer

ALTERNATIVE ZUTATEN
Sie können für dieses Rezept jede beliebige Pilzart verwenden. Eine Mischung verschiedener Arten empfiehlt sich besonders. Bergminze (in Italien nepitella genannt) wächst wild an wenig begangenen Wegen oder aber in Büscheln zwischen Gräsern. Man erkennt sie oft erst, wenn man draufgetreten ist – an dem kräftigen, süßen Minzgeruch. In der Toskana wird Bergminze gerne für Pilzgerichte verwendet. Man kann sie aber auch durch eine Mischung aus Majoran oder Oregano und Minze ersetzen oder aber nur durch Thymian, der ebenfalls gut zu Pilzen passt.

Fortsetzung folgende Seiten >

200 °C goldgelb backen. Grillen: Die Polentastücke mit etwas Öl bepinseln und goldgelb grillen. Frittieren: siehe Tipps fürs Frittieren, Seite 24.

Währenddessen den Pilzbelag zubereiten: Die Stielenden abschneiden, die Hüte behutsam mit Küchenpapier von Erde befreien und in dünne Scheiben schneiden. Die Knoblauchzehen mit dem Messerrücken flach drücken und bei mittlerer Hitze zusammen mit dem Olivenöl in eine Pfanne geben. Den Knoblauch 2 Minuten im Öl ziehen lassen, sodann die Pilze hinzufügen und diese weich kochen. Die Garzeit hängt von der jeweiligen Pilzart ab, doch sind die meisten Pilze in unter 5 Minuten gar. Knoblauchzehen entfernen, Kräuter untermengen und mit Salz und frisch gemahlenem schwarzem Pfeffer würzen.

Die heißen *crostini* mit den warmen Pilzen bedecken und sofort servieren.

VARIANTEN

Übrig gebliebene Polenta kann in häppchengroße gnocchetti *(kleine Gnocchi) geschnitten werden. Man gibt die* gnocchetti *in eine ofenfeste Form, bedeckt sie mit* Sugo maremmano *(siehe Seite 194) und überbackt sie im Backofen bei 180 °C 10–15 Minuten lang.*

ZUPPA DI FUNGHI
WILDPILZSUPPE

Zum ersten Mal in meinem Leben aß ich diese Suppe auf einem gut ausgeleuchteten Fußballfeld bei einer Spätsommer-*Sagra* (siehe Seite 202), bei der es Wildschwein und andere lokale Spezialitäten gab – und jede Menge Mücken, die sich unser Blut schmecken ließen. Pasta mit Wildpilzen wird meist *in bianco* serviert, das heißt „weiß", also ohne Tomatensoße, weil eine einfache Zubereitung das Pilzaroma besser zur Geltung bringt. Bei diesem Rezept aber werden fleischige Wildpilze in einer kräftigen Tomatensoße gekocht, deren säuerlicher Geschmack einen aparten Kontrast zum nussig-cremigen Pilzaroma bildet (Informationen über die Wildpilze vom Monte Argentario auf Seite 22). Wer es gerne scharf hat, sollte für diese Soße außerdem Chili verwenden.

FÜR 4 PORTIONEN

In einem großen Topf die Zwiebel und den Knoblauch in Olivenöl ca. 10 Minuten lang anschwitzen, bis die Zwiebel glasig, aber nicht braun ist.

Bei Verwendung getrockneter Steinpilze diese in eine kleine Schüssel geben, mit kochendem Wasser begießen und ca. 15 Minuten einweichen. Die heißen Pilze vorsichtig herausnehmen und in einem feinen, mit einem Kaffeefilter oder Küchenpapier ausgelegten Sieb abtropfen lassen. Abgetropfte Pilze grob hacken.

Frische und eingeweichte Pilze zu Zwiebel und Knoblauch geben, mit einer Prise Salz würzen und mit dem Weißwein begießen. Bei mittlerer bis hoher Hitze 10 Minuten köcheln lassen. Die passierten Tomaten und 125 Milliliter Wasser zugeben, mit einer weiteren Prise Salz abschmecken und nach Belieben mit Chili (oder Pfeffer) würzen. Weitere 15–20 Minuten köcheln lassen, bis die Pilze gar sind und sich die Soße eingedickt hat. Vom Herd nehmen und Kräuter zufügen.

Die Brotscheiben rösten oder toasten. Das warme Brot mit einer Knoblauchzehe einreiben, um es zu aromatisieren. Je eine Brotscheibe in einen Suppenteller legen und die Suppe darübergeben.

1 gelbe Zwiebel, fein gehackt

2 Knoblauchzehen, fein gehackt, plus 1 weitere zur Aromatisierung des Brotes

2–3 EL Olivenöl

20 g getrocknete Steinpilze (optional)

450 g gemischte frische Pilze (nach Möglichkeit auch Steinpilze), grob gehackt

125 ml Weißwein

400 g passierte Tomaten (Glas)

1 frische rote Chilischote, fein gehackt, oder Chiliflocken (optional)

1 Handvoll frische Bergminze (oder Majoran bzw. Oregano und Minze)

4 Scheiben Weißbrot mit Kruste

Salz

Frisch gemahlener schwarzer Pfeffer

ALTERNATIVE ZUTATEN
Wenn Sie keine frischen Steinpilze oder andere Wildpilze zur Verfügung haben, können Sie für diese Suppe auch getrocknete Steinpilze und eine Mischung frischer Zuchtpilze verwenden (zum Beispiel Egerlinge, Champignons, Austernpilze und Shimeji- oder Buchenpilze). Wichtig ist es, mehrere Arten zu mischen, um eine größere Geschmack- und Texturvielfalt zu erhalten.

SUPPEN

In der Maremma liebt man Suppen, und deshalb finden Sie in diesem Buch viele Suppenrezepte. Die italienische Sprache ist sehr vielseitig, besonders dann, wenn es ums Essen geht. Im Deutschen sind „Suppe" und „Eintopf" beinahe austauschbare Begriffe, die viele verschiedene, sowohl dünn- als auch dickflüssige Speisen beschreiben.

Im Italienischen dagegen werden die einzelnen Suppentypen klar durch bestimmte Bezeichnungen definiert. Da gibt es *crema* oder *vellutata* (von *velluto*, „Samt"): eine dickflüssige, cremige, passierte Suppe, die aber von *passata* zu unterscheiden ist. Denn Letztere ist zwar ebenfalls passiert, aber durch ein Sieb und deshalb dünnflüssiger.

Minestra ist eine Suppe auf Brühengrundlage, der häufig Gemüse und/oder Fleisch zugegeben werden, während *minestrone* eine nahrhaftere *minestra* ist, da die *minestrone* zum Beispiel Bohnen, Pasta oder beides enthält. Beide Bezeichnungen sind abgeleitet vom lateinischen *minestrare*, ein Verb, das das Verteilen der Suppe an die Familienmitglieder beschreibt und mit dem Italienischen *somministrare* verwandt ist, „verteilen" oder „austeilen".

Zuppa dagegen – ein Wort, das auf die Renaissance zurückgeht – kommt von *inzuppare*, „eintunken". Das Eintunken des Brots in die Flüssigkeit ist ein Bestandteil des Suppenessens. *Zuppa* ist gewöhnlich eine dicke Suppe mit Fisch und Meeresfrüchten beziehungsweise mit Fleisch und/oder Gemüse. Sie wird mit harten oder gerösteten Brotscheiben serviert, die sich in der Flüssigkeit nicht gleich auflösen.

In der Toskana gibt es außerdem Namen für besondere Suppen: *Pappa al pomodoro* ist mit ihrer durch Zugabe von Brot sehr dickflüssigen Konsistenz schon beinahe ein Brei. Die herzhafte Gemüse- und Brotsuppe *ribollita* wurde wörtlich „wieder gekocht". Ursprünglich nur in der Maremma bekannt waren *acquacotta* (siehe Seite 42) und *caldaro* (siehe Seite 110) – Letztere eine Fischsuppe vom Monte Argentario, die nach dem Kessel benannt ist, in dem man sie früher kochte.

PAPPARDELLE SUI FUNGHI
PAPPARDELLE AUF WILDPILZEN

Dies ist mein Lieblingsrezept für sämtliche Arten von Wildpilzen, denn es ist sehr einfach und lässt deshalb zu, dass die Pilze ihr Aroma entfalten. Ich verwende nach Möglichkeit eine Mischung verschiedener Pilzsorten. Weil Steinpilze allein einen sehr dominanten Geschmack entwickeln, füge ich gerne eine Handvoll Pfifferlinge oder Kaiserlinge hinzu, die dem Aroma nicht nur mehr Dimension verleihen, sondern auch dem Auge mehr Abwechslung bieten. Wenn man die Pilze erst einmal von Erde und Blattresten befreit hat, lässt sich die Soße schnell zubereiten. Sie passt am besten zu frischer Pasta, doch wenn man in Eile ist, ist das Gericht mit fertigen trockenen Nudeln im Handumdrehen vollendet. Nehmen Sie nicht zu viel Käse, denn er würde das Pilzaroma verdecken. Eigentlich kann man ihn auch ganz weglassen.

Marcos *nonna* („Großmutter") Lina war in der Küche abergläubisch. Man durfte in ihrer Gegenwart nie einen Brotlaib mit der Unterseite nach oben hinlegen oder Salz verstreuen. Deshalb gab sie zu Pilzen neben Bergminze auch stets eine Knoblauchzehe, denn sie glaubte, der Knoblauch würde sich schwarz verfärben, wenn unter den Pilzen giftige seien. Tatsächlich gibt es einige tödlich giftige Pilze, die dem Kaiserling ähneln. Aber auf den Knoblauch-Trick würde ich mich da nicht verlassen. Dennoch ist an dem Aberglauben etwas dran: Knoblauch und Pilze gehören zusammen, weil sie sich geschmacklich hervorragend ergänzen.

FÜR 4 PORTIONEN

Für die Pasta Grieß und Mehl in einer Schüssel miteinander vermengen. In die Mitte eine Mulde drücken, die Eier aufschlagen und hineingeben. Mit einer Gabel von der Mitte zu den Rändern hin vermischen, später mit der Hand verkneten, bis ein weicher, glatter Teig entstanden ist. Auf einer großzügig mit Mehl oder Grieß bestäubten Arbeitsfläche den Teig 10 Minuten lang durchkneten, bis er elastisch ist und nicht mehr klebt. In Frischhaltefolie einwickeln und mindestens 30 Minuten ruhen lassen.

Den Teig in 2–3 Portionen teilen. Mit einer Nudelmaschine oder auf einer bemehlten Arbeitsfläche jede Portion zu einer ca. 1 Millimeter dicken Teiglage ausrollen. Für diese Arbeit empfiehlt sich eine Nudelmaschine, die zuerst auf die größte Dicke und sodann immer enger eingestellt wird, bis man die gewünschte Dicke von 1 Millimeter erzielt hat (gewöhnlich die vorletzte Einstellung der Nudelmaschine). Mitunter werden die Nudelteiglagen

FÜR DIE PAPPARDELLE:

200 g feiner Hartweizengrieß plus etwas für die Arbeitsfläche

200 g Mehl plus etwas für die Arbeitsfläche

4 Eier

Salz

FÜR DIE SOSSE:

300 g Pilze (ca. 2 mittelgroße Steinpilze plus 1 Handvoll Pfifferlinge, Champignons oder Kaiserlinge)

3 EL Olivenöl

1–2 Knoblauchzehen, mit dem Messerrücken zerdrückt

125 ml trockener Weißwein

1 Handvoll frische Bergminze (oder Majoran bzw. Oregano und Minze)

geriebener Pecorino zum Servieren (optional)

Salz

Frisch gemahlener schwarzer Pfeffer

dabei ziemlich unhandlich, deshalb sollte jemand assistieren. Man kann die Teiglagen aber auch in kürzere Stücke schneiden.

Die Nudelteiglage der Länge nach mit einem Teigrädchen in 2–2,5 Zentimeter breite *pappardelle* schneiden. Wenn es schneller gehen soll: Teiglage großzügig mit Grieß bestreuen, mehrfach zusammenfalten, dabei zwischen die Lagen Mehl streuen, damit sie nicht aneinanderkleben, und mit scharfem Messer oder Teigrädchen in Streifen schneiden. Ein gewelltes Teigrädchen erzeugt Wellenränder, an denen später mehr Soße haftet. Die Nudeln großzügig mit Grieß bestäuben und nebeneinander auf ein Backpapier legen oder zu nestartigen Portionen formen. Zwischendurch die schon ausgelegten Nudeln mit einem Geschirrtuch oder Frischhaltefolie abdecken, bis der gesamte Teig verarbeitet ist. Für die Verwendung am Folgetag die Nudeln an der Luft trocknen lassen (in diesem Fall nicht abdecken und nicht zu Nestern formen).

In der Zwischenzeit die Pilze säubern, Stielenden abschneiden und die Pilze in dünne Scheiben oder in Würfel schneiden. In einer großen Bratpfanne das Olivenöl erhitzen, den Knoblauch zugeben und bei niedriger bis mittlerer Hitze 2–3 Minuten braten, bis das Öl das Knoblaucharoma angenommen hat oder der Knoblauch dunkler wird. Pilze zugeben, mit Salz und Pfeffer würzen und weitere 5 Minuten schmoren. Weißwein zugießen und die Flüssigkeit 5 Minuten leicht einkochen lassen. Vom Herd nehmen, Kräuter zugeben und abschmecken. Beiseitestellen.

Die Nudeln in einen großen Topf mit gesalzenem kochendem Wasser geben (ideal ist 1 Teelöffel Salz auf 1 Liter Wasser). Nudeln 3–4 Minuten kochen lassen, bis sie geschmeidig und al dente sind. Abtropfen lassen, dabei etwas von dem Nudelwasser auffangen. *Pappardelle* mit Pilzen vermengen. Falls zu trocken, etwas Nudelwasser zugeben. Nach Belieben mit Pecorino servieren.

TIPP
Verwenden Sie Eier mit 55–60 Gramm Gewicht. Größere Eier machen den Nudelteig klebrig, sodass Sie mehr Mehl zugeben müssen. Wenn Sie trockene Nudeln verwenden, benötigen Sie davon 320 Gramm, beziehungsweise 80 Gramm pro Portion.

Abbildungen folgende Seiten >

FIORI DI ACACIA FRITTI
FRITTIERTE ROBINIENBLÜTEN

Im Spätfrühling blühen einige Wochen lang die Robinien in den Al-leen. Die wie Miniatur-Kronleuchter herabhängenden weißen Blüten verströmen einen intensiven Duft, ähnlich dem der Orangenblüten oder des Jasmins. Robinien, auch Scheinakazien genannt (*Robinia pseudoacacia*), stammen aus Nordamerika und wurden im frühen 17. Jahrhundert in Europa eingeführt. In Italien nennt man den Baum *acacia* (Abbildungen gegenüber und folgende Seite).

Die frittierten Blüten schmecken nachmittags zum Kaffee, aber auch als Teil eines Antipasto. Dabei geht es vor allem darum, köstlich frit-tierten Teig zu essen. Wenn sich in dem Teig jedoch Robinienblüten verbergen, vermischt sich mit der knusprigen Hülle ein zartes und gleichzeitig würziges Nektararoma, das ein bisschen an Orangenblüten erinnert. Die frittierten Blüten können mit Meersalz bestreut, mit Zuckerguss überzogen oder – meine Lieblingsvariante – mit Akazien-honig (das heißt Robinienhonig) beträufelt werden. Beachten Sie bitte, dass nur die Blüten der Robinie genießbar sind. Alle anderen Pflanzenteile sind giftig!

Dieses Teigrezept eignet sich auch, um darin Salbeiblätter, Zucchini-blüten oder Holunderblüten (*Sambucus nigra*) einzutauchen. Eine Mischung verschiedener frittierter Blüten und Kräuter ergibt ein köstliches Antipasto.

FÜR 4 PORTIONEN

Das Mehl und 250 Milliliter Wasser in einer großen Schüssel zu einem glatten, eher dünnflüssigen Teig verrühren, der schnell vom Löffel rinnt. Im Kühlschrank mindestens 30 Minuten ruhen lassen. Anschließend eventuell noch etwas Wasser hinzufügen, falls der Teig nicht mehr flüssig genug ist.

In der Zwischenzeit die Blüten vorbereiten: Blätter entfernen und größere Büschel teilen. Gute 4–5 Zentimeter Stiel an den Blüten belassen. Blüten nicht waschen (siehe Tipps gegenüber).

So viel Öl in einen Topf gießen, dass es 4–5 Zentimeter hoch steht und die Blüten darin schwimmen können. Bei mittlerer bis hoher Temperatur auf ungefähr 170 °C erhitzen. Temperatur mit einem Zuckerthermometer oder aber mit dem Ende eines Holzlöffels prüfen, siehe Seite 24. Rauchendes Öl ist zu heiß und sollte zum Abkühlen kurz vom Herd genommen werden.

Das Frittieren erfolgt portionsweise. Blütenbüschel in den Teig eintauchen und darin drehen, damit sie gleichmäßig überzogen werden. Am Stiel

150 g Mehl
12 große Robinien-Blütentrauben
Pflanzenöl zum Frittieren
Meersalzflocken oder 1 EL Honig
(optional)

halten und überschüssigen Teig abtropfen lassen. Die Büschel weiterhin (eventuell mit einer Zange) am Stiel haltend in das heiße Öl legen und in den ersten Sekunden leicht schütteln, damit sich die Blüten voneinander trennen. 30–60 Sekunden frittieren, bis der Teig knusprig und gleichmäßig blassgoldgelb ist. Zwischendurch wenden.

Auf Küchenpapier abtropfen lassen, während die übrigen Blüten frittiert werden. Die Blüten warm und entweder mit Meersalzflocken bestreut oder mit Honig beträufelt servieren.

TIPPS FÜR DAS SAMMELN UND VORBEREITEN DER BLÜTEN

Nehmen Sie zum Sammeln eine Gartenschere und einen Korb mit.

Pflücken Sie die Blüten nicht an viel befahrenen Straßen.

Pflücken Sie die Blüten morgens, wenn sie am frischesten sind.

Riechen Sie an den Blüten, bevor Sie sie abschneiden. Nur sehr gut duftende Blüten schmecken auch gut. Nehmen Sie keine verwelkten Blüten und pflücken Sie nicht nach einem Regen.

Essen Sie ausschließlich die Blüten, nicht aber Stängel und Blätter, die giftig sind! Allerdings erleichtert das Pflücken mit intakten Stängeln die Zubereitung.

Waschen Sie die Blüten nicht, da diese dadurch ihre duftenden Pollen einbüßen. Suchen Sie sie jedoch nach Insekten ab.

TORTA SALATA CON ASPARAGI SELVATICI
WILDSPARGEL-TARTE

Mit diesem Rezept kann man auch andere Gemüsetorten backen, doch falls Sie das Glück haben, an den pfeffrig schmeckenden Wildspargel (*Asparagus acutifolius*), auch Spitzblättriger Spargel genannt, zu kommen, bietet sich diese Verwendungsmöglichkeit an. Die Torte kann man dann in schmalen Stücken als Antipasto servieren, als leichtes Mittagessen zu Salat, Brot und einem Glas Wein oder aber als Snack zum Picknick.

Sie ist ganz leicht herzustellen, nach einem abgewandelten Rezept von Artusi (für *pasticci* oder herzhafte Pasteten). Wenn Sie wenig Zeit haben, können Sie dafür fertigen Mürbeteig oder Blätterteig kaufen und beim Schritt „Blindbacken" dieses Rezepts beginnen, aber eigentlich lässt sich Mürbeteig schnell machen. Man kann ihn bereits am Vortag herstellen und die Tarte kurz vor dem Servieren fertigstellen.

FÜR 4 PORTIONEN

Für den Teig die in Würfel geschnittene Butter gründlich mit dem Mehl verkneten. Dabei das Salz und die Milch (oder das Wasser) in kleinen Mengen zugeben. Mit dem Kneten aufhören, sobald der Teig glatt und weder klebrig noch krümelig ist. Noch schneller geht die Zubereitung mit einer Küchenmaschine. Den Teig in Frischhaltefolie wickeln und 30 Minuten im Kühlschrank ruhen lassen.

Auf einer bemehlten Arbeitsfläche den Teig 3–4 Millimeter dünn ausrollen. In eine Tarte-Form mit 24–26 Zentimeter Durchmesser legen und behutsam in die Form drücken. Überstehende Teigränder mit einem scharfen Messer abschneiden. Den Teig am Boden der Form gleichmäßig mit einer Gabel durchstechen. Wenn der Teig im Voraus zubereitet wird, kann er jetzt mit der Form, von Frischhaltefolie geschützt, in den Kühlschrank gestellt oder auch eingefroren werden.

Für das Blindbacken den Backofen auf 180 °C vorheizen. Den Teig in der Form mit Backpapier abdecken und die Form mit Backkugeln oder aber mit rohem Reis oder getrockneten Bohnen füllen. Auf diese Weise geht der Teig an den Rändern schön auf, während er am Boden flach bleibt. Reis oder Bohnen zum Blindbacken können mehrfach verwendet werden.

10–15 Minuten backen, bis die Teigränder allmählich goldgelb werden. Aus dem Backofen nehmen, Backkugeln (beziehungsweise Reis oder Bohnen) und Backpapier vorsichtig entfernen. Den Teig in der Form zurück in den Backofen stellen und höchstens 5 Minuten weiterbacken, damit der Boden trocken wird. Dann beiseitestellen und abkühlen lassen.

FÜR DEN MÜRBETEIG:

70 g gekühlte Butter, in Würfel geschnitten

250 g Mehl plus etwas für die Arbeitsfläche

¼ TL Salz

80 ml gekühlte Milch (oder Wasser)

Backkugeln, roher Reis oder getrocknete Bohnen zum Blindbacken

FÜR DIE FÜLLUNG:

1 Handvoll frische Wildkräuter (siehe Varianten)

350 g Wildspargel

1 kleine gelbe Zwiebel, in dünnen Scheiben

3–4 EL Olivenöl

60 ml trockener Weißwein (oder Wasser)

6 Eier

30 g Parmesan oder Pecorino, fein gerieben

Salz

Frisch gemahlener schwarzer Pfeffer

Sie können hierfür alle beliebigen Kräuter verwenden. In der südlichen Toskana findet man Wilden Fenchel, Bergminze, Bärlauch, Brennnesseln und Löwenzahn – eine Mischung dieser Blätter verleiht dem Gericht ein frisches Aroma. Aber auch ein Mix konventionellerer Kräuter wie Thymian, Majoran, Schnittlauch, Minze und Basilikum passt dazu. Anstelle des Wildspargels kann man auch Zuchtspargel verwenden, sollte allerdings möglichst dünne Stängel wählen. Anstelle des Mürbeteigs kann auch eine frittata *(ein Omelett) als Unterlage dienen.*

In der Zwischenzeit Kräuter und Wildspargel putzen, dicke Kräuterstängel entfernen und die Kräuter grob hacken. Den Wildspargel lang lassen, Zuchtspargelstangen halbieren.

Die Zwiebel mit dem Olivenöl und einer Prise Salz in eine große Pfanne geben. 5–10 Minuten bei niedriger Hitze anbraten und gelegentlich umrühren, sodass die Zwiebelstücke glasig, aber nicht braun werden. Damit sie feucht bleiben und nicht an der Pfanne kleben, eventuell etwas Wasser dazugeben. Spargel und Wein (oder Wasser) hinzufügen, mit Salz und frisch gemahlenem schwarzem Pfeffer abschmecken. Bei niedriger bis mittlerer Hitze unter Rühren 7–10 Minuten weiterbraten, bis alles weich ist. Beiseitestellen und abkühlen lassen.

Die Eier mit einer Gabel schaumig schlagen. Mit Salz und frisch gemahlenem schwarzem Pfeffer würzen. Die abgekühlte Spargelmischung sowie die gehackten Kräuter und den Käse zu den Eiern geben. Die Eiermasse über den Teig gießen und im Backofen 20–25 Minuten backen, bis die Oberfläche goldgelb glänzend und fest geworden ist.

WILDSPARGEL

Der italienische Wildspargel (Spitzblättriger Spargel, Asparagus acutifolius*) sieht wie Grüner Spargel aus, nur dünner und von dunkelgrüner, ins Blauviolette spielender Farbe. Er sollte allerdings nicht mit* Ornithogalum pyrenaicum *oder Pyrenäen-Milchstern verwechselt werden, der einen langen, dicken Blütenstängel mit einer Knospe an der Spitze besitzt, ähnlich wie bei Zuchtspargelspitzen.*

Wer selbst Wildspargel pflücken will, findet gute Tipps in Honey from a Weed *(1986) von Patience Gray. Sie schreibt darin, dass nur die Spitzen der langen Triebe zart sind. Deshalb sollte man sie auf einer Länge von acht Zentimetern abbrechen, was der Pflanze außerdem ermöglicht, neue Triebe zu bilden.*

Abbildung folgende Seiten >

L'ACQUACOTTA VITERBESE

ACQUACOTTA NACH VITERBO-ART

Diese Version der *acquacotta* kommt aus Viterbo, einer alten Etrus-
kerstadt im Latium, die auf halber Strecke zwischen Capalbio (an der
toskanischen Grenze) und Rom liegt. Das gewisse Etwas verleiht dieser Suppe die Zichorie oder Gemeine Wegwarte (*Cichorium intybus*)
durch ihre angenehme Bitterkeit. Zichorie wächst an Wegrändern in
struppigen Büscheln und kann im Frühling vor der Blüte gesammelt
werden, ebenso wie andere Wildpflanzen, wie etwa Brennnessel, Löwenzahn, Gänsedistel, Wilde Rübe, Wilder Fenchel und Wildspargel.

Das Besondere an dieser *acquacotta* ist, dass Gemüse und Gewürze
ohne vorheriges Anbraten in Öl nur in Wasser gekocht werden. Es ist
ein wunderbar schlichtes Gericht, in dem die bittere Zichorie einen
interessanten Kontrast zum cremigen Eigelb und dem fruchtigen
Olivenöl bildet. Ich finde, die Suppe ist allein für sich schon perfekt,
doch besteht eine traditionelle Variante darin, zerkrümelte Brat-
wurstfüllung (*salsiccia*) zuzugeben.

Zum Servieren werden Gemüse und Brühe mit dem Schöpflöffel über
eine Scheibe hartes Brot gegossen, das die Flüssigkeit aufsaugt wie
ein Schwamm. Anstelle von altem Brot kann man auch frisches, im
Backofen bei niedriger Hitze getrocknetes nehmen. Wählen Sie dafür
ein nicht allzu feines Brot, denn das Gericht sollte nicht „suppig"
ausfallen. Alle nicht vom Brot aufgenommene Flüssigkeit wird vor
dem Servieren entfernt, damit das Olivenöl, das zum Schluss auf Brot
und Gemüse geträufelt wird, gut zur Geltung kommt.

FÜR 4 PORTIONEN

200 g Zichorie oder Mangold,
   frisch, ungefähr 2 Bund
2 ganze ungeschälte
   Knoblauchzehen
2 kleine Kartoffeln, geschält und
   in dünne Scheiben geschnitten
300 g frische Tomaten, gehackt
4 Scheiben altes (trockenes) Brot
4 Eier
Olivenöl zum Servieren
1 Handvoll frische Kräuter:
   Wilder Fenchel und Bergminze,
   gehackt
Salz
Frisch gemahlener schwarzer
   Pfeffer

VARIANTEN
*Anstelle von Zichorie können
Sie auch Mangold verwenden.
Als Ersatz eignen sich ebenfalls
Brunnenkresse, Löwenzahnblätter
und Spinat. Die aufgeführten
Wildkräuter kann man durch
Fenchelblättchen und Oregano,
Majoran, Thymian oder Minze
(statt Bergminze) ersetzen.*

Das Gemüse gründlich waschen (eventuell vorher in einer Schüssel mit kaltem Wasser einweichen). Bei der Zichorie werden die Wurzelstümpfe gründlich abgeschabt oder abgeschnitten und welke Blätter entfernt. Besonders zähe oder große Blätter grob hacken oder blanchieren, bis sie weich sind. Kleine junge Blätter einfach von den Stängeln zupfen und verarbeiten.

Knoblauchzehen, Kartoffeln, Tomaten und Gemüse zusammen mit 1 Liter kaltem Wasser in einen großen Topf geben. Mit einer großzügigen Prise Salz würzen und bei niedriger bis mittlerer Hitze zum Köcheln bringen. Gelegentlich umrühren, um alles gleichmäßig zu verteilen. 10–12 Minuten köcheln, bis die Blätter weich sind. Dann mit Salz und frisch gemahlenem schwarzem Pfeffer abschmecken.

In der Zwischenzeit die Brotscheiben vorbereiten. Frisches Brot im Backofen trocknen, bis es hart, aber nicht gebräunt ist, damit kein Röstaroma entsteht.

Die Eier nacheinander aufschlagen und in die köchelnde Suppe gleiten lassen. Den Topf ca. 2 Minuten mit einem Deckel abdecken, bis das Eiweiß fest, das Eigelb jedoch noch flüssig ist. Vom Herd nehmen.

In jeden Suppenteller eine Brotscheibe legen und mit dem Schöpflöffel Suppe und je ein Ei darübergeben. Vor dem Servieren 1 Minute ziehen lassen, damit das Brot die Brühe aufsaugen kann. Idealerweise ist dann im Teller keine Brühe mehr zu sehen. Wenn das Brot stellenweise noch trocken ist, vorsichtig etwas Brühe darüberlöffeln. Zeigt sich im Suppenteller Brühe, wird sie mit Küchenpapier entfernt. Zum Abschluss die Brotscheiben mit hochwertigem Olivenöl beträufeln und mit einer guten Handvoll gehackter Wildkräuter bestreuen.

< Abbildung vorhergende Doppelseite

LIQUORE ALL'ALLORO E ROSMARINO
LORBEER-ROSMARIN-LIKÖR

Selbst gemachte Liköre erfordern einiges an Geduld, denn es dauert, bis man endlich davon kosten kann. Andererseits stellen sie den perfekten Abschluss einer guten Mahlzeit dar. Es ist eine typische Geste italienischer Gastfreundschaft, den Gästen nach dem Essen einen starken, aromatischen *digestivo* anzubieten (meist ein Kräuterlikör). Wie der Name schon verrät, soll der *digestivo* die Verdauung fördern.

Dieser aromatische Likör enthält Kräuter, die man bei einem Spaziergang in der *macchia* sammeln kann: Lorbeer und Rosmarin. Der Name Rosmarin kommt aus dem Lateinischen und bedeutet „Meertau". Es ist also kein Zufall, dass man diese Pflanze oft in Meeresnähe findet.

Eine passende Ergänzung zu diesen Kräutern wären ein paar Esslöffel Myrtenbeeren, aus denen man auf Sardinien und Korsika traditionelle Liköre herstellt. Der Geschmack dieser Beeren erinnert an eine Mischung aus Rosmarin und Wacholder (der ebenfalls in der Maremma-*Macchia* wächst). Auch Salbeiblätter eignen sich als Zugabe.

FÜR 500 MILLILITER LIKÖR

Kräuter und Orangenschale (ohne die bittere weiße Haut) mit dem Alkohol in eine Glasflasche oder ein Schraubglas geben und im Kühlschrank eine Woche ziehen lassen, dabei einmal am Tag schütteln. Der Likör nimmt dabei allmählich eine fluoreszierende grüne Farbe an, die später dunkler wird.

Den Zucker und 150 Milliliter Wasser in einen Topf geben, aufkochen und 10 Minuten köcheln lassen. Anschließend vollständig abkühlen lassen. Den abgekühlten Zuckersirup zu der Alkohol-Kräuter-Mischung geben. Eine weitere Woche ziehen lassen, anschließend durch ein feines, mit Käseleinen ausgelegtes Sieb filtern.

Den Likör in eine Glasflasche umfüllen und vor dem ersten Servieren an einem kühlen, dunklen Ort drei bis vier Wochen ziehen lassen. Sollte der Likör dann immer noch trüb sein, kann er nochmals gefiltert werden. Einen absichtlich trüb belassenen Likör vor dem Servieren schütteln.

Gekühlt in kleinen Gläsern nach einer Mahlzeit servieren.

16 frische Lorbeerblätter
2 Zweige Rosmarin
1 Streifen (1 x 5 cm) Schale einer Bio-Orange
250 ml reiner Alkohol (75 %)
100 g Zucker

TIPP

Kaufen Sie einen geschmacks- und geruchsneutralen Alkohol. In Italien erhält man 95%igen Alkohol für die eigene Likörherstellung im Supermarkt, hierzulande gibt es den in der Apotheke. Ich habe für dieses Rezept 75%igen Alkohol verwendet. Falls Ihr Alkohol 95 % hat, sollten Sie ihn mit etwas mehr Sirup verdünnen und deshalb 200 Milliliter Wasser auf 150 Gramm Zucker verwenden. Der fertige Likör sollte dann ungefähr 37–40 % Alkohol haben, was für einen Digestif ausreichend stark ist. Anstelle des reinen Alkohols kann man auch Grappa oder Wodka nehmen, die dem Likör allerdings ihren Geschmack aufzwingen. Weil sie weniger Alkohol enthalten, brauchen sie nicht verdünnt zu werden. Statt einen Sirup herzustellen, gibt man zu Grappa oder Wodka zusammen mit den Lorbeerblättern 2 Esslöffel Zucker. Nach zwei Wochen filtern und servieren.

DER ROBIN HOOD DER MAREMMA

In Capalbio wird ein Likör aus örtlich wachsenden Kräutern, Bitterorangen und Karamell hergestellt, der nach Domenico Tiburzi benannt ist, einem Gesetzlosen aus dem 19. Jahrhundert, der in der Maremma lebte. Tiburzi begann seine Verbrecherlaufbahn mit dem verbotenen Sammeln von Weizenähren auf den Feldern des Marchese Guglielmi. Tiburzi wurde verhaftet, ins Gefängnis geworfen und außerdem zur Zahlung einer hohen Geldstrafe verurteilt. Er ermordete seinen Bewacher und floh in die Wälder. In dieser Zeit gab es in der Maremma viele *banditi*, und Tiburzi galt als einer der guten, denn er tötete gefährliche Verbrecher und beschützte ungefähr 30 Jahre lang die Bauernfamilien der Region. Als er schließlich ergriffen und 1896 in Capalbio hingerichtet wurde, bestanden die Einheimischen darauf, dass er auf dem Friedhof bestattet wurde. Dies war gegen die Regeln der Kirche, doch schließlich einigte man sich auf einen Kompromiss und Tiburzis Leiche wurde so beigesetzt, dass sie halb auf dem Friedhofsgrundstück ruhte und halb außerhalb davon.

ZUPPA DI CECI E CASTAGNE
KICHERERBSEN-ESSKASTANIENSUPPE

Im Wald gesammelte Esskastanien (Maronen) waren früher ein kostenloses, schmackhaftes und sättigendes Nahrungsmittel, das sich lange lagern ließ. In Notzeiten, so heißt es in Italien, rettete die Polenta den Norden, der Fisch den Süden und die Esskastanien Mittelitalien. Bei diesem Rezept helfen die Esskastanien, die Kichererbsen zu strecken. Das veranschaulicht auch das Sprichwort: *Un povero deve contare anche i ceci.* (Ein armer Mensch muss sogar seine Kichererbsen zählen.)

Traditionell nimmt man für diese Suppe getrocknete Kichererbsen. Man weicht sie 12 Stunden in kaltem Wasser ein und kocht sie dann mit einem Zweig Rosmarin und einer Knoblauchzehe weich. Getrocknete oder frische Esskastanien werden ebenfalls weich gekocht. Bei frischen Esskastanien mit Schale schneidet man vor dem Kochen die Schale kreuzförmig ein und pellt sie nach dem Kochen. Das Kochwasser wird jeweils aufgehoben und als Brühe für die Suppe verwendet.

Weil das einfacher ist und schneller geht, werden hier vorgekochte Kichererbsen und Esskastanien verwendet. Mit ihnen ist diese Vorspeise für vier oder Hauptmahlzeit für zwei Personen in einer knappen Viertelstunde fertig. Dazu passt ein kräftiger Rotwein.

FÜR 4 PORTIONEN ALS VORSPEISE ODER LEICHTE MAHLZEIT

Den Knoblauch zusammen mit dem Olivenöl, dem Rosmarin und dem Salbei in einen großen Suppentopf geben. Bei niedriger Hitze 3–5 Minuten leicht anbraten, damit das Öl die Aromen aufnimmt. Sobald der Knoblauch weich ist, den Weißwein zugießen, bei mittlerer Hitze 30 Sekunden weiterbraten und anschließend die gekochten Kichererbsen zufügen. Mit Salz würzen und Wasser zugießen, bis die Kichererbsen bedeckt sind. (Bei Verwendung getrockneter, selbst gekochter Kichererbsen kann hierfür das Kochwasser genutzt werden.)

Köcheln lassen und sodann ungefähr die Hälfte der Kichererbsen pürieren – entweder mit einem Pürierstab oder indem man die Hälfte der Kichererbsen und etwas Kochwasser in einem Mixer zerkleinert und anschließend wieder zur Suppe gibt. Die ganzen, halbierten oder zerkrümelten gekochten Kastanien zugeben. Im offenen Topf weitere 10 Minuten köcheln lassen, bis die Flüssigkeit teilweise eingekocht und cremig ist. Abschmecken.

Die Suppe mit ein paar zusätzlichen Tropfen Olivenöl und frisch gemahlenem schwarzem Pfeffer servieren. Gut dazu passen warme, frisch geröstete Brotscheiben, die mit einer Knoblauchzehe eingerieben und großzügig mit Olivenöl beträufelt wurden.

2 Knoblauchzehen, mit dem Messerrücken zerdrückt

3 EL Olivenöl plus etwas mehr zum Servieren

1 Zweig Rosmarin, Nadeln abgezupft

4 Salbeiblätter

90 ml trockener Weißwein

400 g gekochte Kichererbsen, abgetropft

200 g gekochte Esskastanien, geschält

Salz

Frisch gemahlener schwarzer Pfeffer

VARIANTEN

Ein kräftigeres Aroma erhält die Suppe, wenn man statt Wasser Hühnerbrühe verwendet. Bevorzugen Sie klare Suppen, lassen Sie die Kichererbsen ganz, anstatt sie teilweise zu pürieren. Das ist vor allem dann ansprechender, wenn Sie die Kichererbsen selbst gekocht haben und das Kochwasser für die Brühe nutzen. Die Esskastanien bleiben hier meist ganz oder werden zerkrümelt, denn püriert bilden sie einen dicken Brei. Anstelle der Kichererbsen kann man auch Bohnen nehmen, zum Beispiel Borlotti *oder* Cannellini. *Manche fügen dieser Suppe auch ein wenig* passata (passierte Tomaten) *bei. Mit etwas Chili, der gemeinsam mit dem Knoblauch beigegeben wird, wird die Suppe schärfer – und wärmt von innen.*

GNOCCHI DI CASTAGNE
ESSKASTANIEN-GNOCCHI

Die Esskastanie zählt in der Toskana seit Jahrhunderten zu den Grundnahrungsmitteln. Früher wurden Esskastanien in den Wäldern gesammelt, heute kann man sie frisch, getrocknet oder zu Mehl vermahlen kaufen. Häufig werden sie als Bratenfüllung oder für Desserts wie zum Beispiel *castagnaccio* (siehe Seite 216) verwendet. In Saturnia isst man gerne *tortelli* (wie Ravioli in der Maremma genannt werden) mit einer herzhaften Esskastanienfüllung. Man kann sie aber auch pur genießen: über dem offenen Feuer geröstet oder gekocht und anschließend in Rotwein getunkt.

Für diese Gnocchi wird anstelle von Weizenmehl Esskastanienmehl verwendet. Damit der Teig besser bindet, kommt ein zusätzliches Ei hinein. Man serviert sie mit geschmolzener Butter und gehackten Fenchelblättern oder aber mit *Sugo maremmano* (siehe Seite 194). Hervorragend passt aber auch der Belag der *Crostini maremmani* (siehe Seite 172) dazu, ein Ragout aus Hühnerleber und Hackfleisch.

FÜR 4 PORTIONEN

Kartoffeln waschen und bei mittlerer Hitze weich kochen, bis man mit einem Messer leicht hineinstechen kann. Abgießen und noch heiß abpellen. Anschließend sofort zerdrücken und auf einem Schneidebrett oder Tablett ausbreiten, damit der Wasserdampf möglichst schnell entweichen kann.

Die abgekühlte lockere Kartoffelmasse mit Eiern und 1 Teelöffel Salz zu einem glatten, cremigen Brei verkneten. Nach und nach das Esskastanienmehl zugeben, bis ein glatter, nicht klebriger Teig entstanden ist (je nach der Qualität des Esskastanienmehls genügt möglicherweise weniger davon als im Rezept angegeben). Weil dieser Gnocchiteig kein Gluten erhält, wird er auch bei längerem Kneten nicht allzu klebrig, dennoch sollte man zügig arbeiten.

Auf einer mit Esskastanienmehl bestäubten Oberfläche den Teig in vier Portionen teilen und jeweils eine weiterverarbeiten: Den Teig zu einer langen, ca. 2 Zentimeter dicken Rolle formen und diese in 2,5 Zentimeter lange Stücke schneiden. Bis der ganze Teig verarbeitet ist, die fertigen Gnocchi einschichtig auf ein mit Backpapier ausgelegtes Blech legen.

Die fertigen Gnocchi in einen großen Topf mit leicht köchelndem Wasser geben, das mit 1 Teelöffel Salz pro Liter Wasser gewürzt wurde. Sobald das Wasser wieder köchelt und die Gnocchi schwimmen, weitere 1–2 Minuten köcheln lassen. Behutsam mit einer Schaumkelle herausnehmen.

1 kg mehligkochende Kartoffeln
2 Eier, schaumig geschlagen
200 g Esskastanienmehl
   plus etwas mehr für die
   Arbeitsfläche
Salz

TIPP
Wählen Sie ungefähr gleich große Kartoffeln aus, die gleichzeitig gar werden. Verwenden Sie Eier von je 55–60 Gramm.

Fortsetzung folgende Seiten >

und direkt auf die Teller verteilen. Die bevorzugte warme Soße darübergeben. (Weil diese Gnocchi kein Gluten enthalten, fallen sie leichter auseinander und sollten daher nicht im Topf mit der Soße vermengt werden.)
Sofort servieren.

VARIANTEN

*Man kann die Gnocchi auch überbacken servieren – eine gute Lösung
für den Fall, dass man sie im Voraus zubereiten will. Dazu werden die
Gnocchi wie beschrieben gekocht, anschließend mit einem Schaumlöffel
herausgenommen und einschichtig in eine ofenfeste Form gelegt. In der
mit einem Deckel oder mit Frischhaltefolie abgedeckten Form können
die Gnocchi über Nacht oder bis zu 24 Stunden aufbewahrt werden. Am
folgenden Tag mit 1–2 Esslöffel Olivenöl oder geschmolzener Butter
und anschließend mit der gewünschten Soße beträufeln. Großzügig mit
geriebenem Pecorino oder Parmesan bestreuen und in dem auf 200 °C
vorgeheizten Backofen ca. 15 Minuten überbacken, bis der Käse geschmolzen ist und die Soße Blasen wirft.*

DAS WILDSCHWEIN, WAHRZEICHEN DER MAREMMA

„Halten eure Nachbarn zahme Wildschweine?", fragte mich unser Besucher, nachdem er auf die Terrasse gegangen war, um den Ausblick auf Porto Ercole zu bewundern und dabei im Garten ein paar Frischlinge gesehen hatte. „Nein, das sind einfach … wilde Wildschweine." Sie kamen die bewaldeten Hänge herunter und durch die *macchia* und die Olivenhaine bis in den Ort, wo sie offenbar viel Interessantes fanden, denn von unserer Terrasse aus hörten wir sie regelmäßig morgens und abends im Boden wühlen, schnauben und grunzen.

Il cinghiale oder *cignale*, wie man es in der südlichen Toskana ausspricht (mit stummem „g"), ist das Wahrzeichen der Maremma. Es ist stark, zäh und mutig, ebenso wie die Menschen, die in der Ebene und den bewaldeten Hügeln leben. Weil Jagen und Sammeln traditionell zum Alltag gehören, tauchen Wildschweine auf dem Speiseplan häufig auf. Orte wie Capalbio sind für ihre Wildschweinspezialitäten berühmt. Man findet sie auf den Speisekarten so gut wie aller Restaurants. Im Sommer wird hier die *Sagra del cinghiale* veranstaltet, ein fünftägiges Spezialitätenfestival, in dessen Mittelpunkt das Wildschwein steht.

Viele *nonne* und ihre Töchter und Enkelinnen erklären, dass *cinghiale* über Nacht oder sogar länger in einer Mischung aus Wein, Weinessig, Kräutern und häufig auch Zwiebeln eingelegt werden muss. Diese alte Konservierungstechnik stammt aus der Zeit, in der es noch keine Kühlschränke gab. Es bewirkte außerdem, dass das Fleisch zarter wurde. In *L'Art du Cuisinier* (1814) riet Antoine Beauvilliers, das Wildschweinfleisch fünf Tage lang in eine Marinade aus gleichen Teilen Wasser und Essig einzulegen. Ein auf diese Weise gebeiztes Fleisch blieb laut Beauvilliers sechs Monate lang haltbar.

Die *nonne* von heute sagen, dass man das Fleisch einlegt, um „ihm das Wilde zu nehmen". Dabei isst man Wildfleisch doch eigentlich deshalb gerne, weil es nach Wild schmeckt! Zahlreiche Gastronomen und Kochbuchautoren, von Pellegrino Artusi bis hin zu Aldo Santini,

weisen darauf hin, dass das Marinieren den eigentlichen Geschmack des Wildschweins zerstört und dass es deshalb unnötig ist – es sei denn, man will das Fleisch älterer Tiere zarter machen. Deshalb empfehle ich, von vornherein Fleisch von einem jüngeren Tier zu wählen und auf das Marinieren zu verzichten. Fleisch von einem etwas älteren Tier kocht man dann eben ein wenig länger. Weil sehr alte Wildschweine zäh wie Leder sind, sollte man lieber die Finger von ihnen lassen.

EINE ZUFÄLLIGE BEGEGNUNG

Als wir an einem sehr heißen Sommertag mit Freunden nach Capalbio
unterwegs waren, sahen wir am Straßenrand einen Stand mit Obst und
Gemüse. Wir hielten an, stiegen aus und standen vor einem kleinen Paradies:
eisgekühlte Wassermelonenscheiben, Sträußchen von frischem Basilikum,
Körbe voller gelber und roter Pflaumen, gestreifte Auberginen, duftende
Cantaloupe-Melonen, verschiedenfarbige Paprikaschoten und sich schlängelnde
Schlangengurken warteten nur darauf, gekauft und verspeist zu werden.

Wir füllten eine große Tasche randvoll. Nachdem ich
mich mit Gianni, dem Verkäufer, darüber unterhalten
hatte, wie man Spargelbohnen zubereitet und ob er ein
Geheimrezept für *acquacotta* kenne, beschloss er, uns
mit seiner Nachbarin Ilena Donati bekannt zu machen,
einer älteren Dame, die den Großteil ihres Arbeitslebens
über in einem Restaurant in Capalbio gekocht hatte.

Ich weiß nicht, was mich mehr begeisterte: der malerische Obst- und Gemüsestand direkt an der staubigen
Via Aurelia, der Genuss der saftigen Wassermelonen
nach einer heißen Autofahrt oder die Unterhaltung mit
Ilena in ihrer dunklen, kühlen Küche. Ihre blauen Augen
leuchteten, als sie mir von ihren Rezepten und den Gerichten erzählte, die sie jahrzehntelang zubereitet hatte.

Sie erteilte mir großzügig Ratschläge: „Lass die *acquacotta* ganz langsam garen. Dasselbe gilt für Wildschwein.
Die Dinkelsuppe schmeckt kalt gut, mit einem Spritzer
Olivenöl." Und mein Lieblingstipp: „Kauf dir eine große,
schwarze Pfanne." Gemeint war eine Pfanne aus email-
liertem Gusseisen, die für das langsame Garen von
säurehaltigen Zutaten wie etwa Tomaten optimal ist.
„Ich weiß nicht, ob diese Gerichte mit einer antihaftbeschichteten Pfanne gelingen. Aber in einer Gusseisen-
pfanne werden sie fantastisch." Sie verriet mir sogar ihr
Geheimrezept für Kirschblätterlikör, das ich aus Loyalität
zu ihr allerdings niemandem verraten werde.

Was ich aber hier weitergebe, ist Ilenas Wildschwein-
rezept (siehe Seite 52). „In Stücken, und natürlich mit
Knochen, weil es dann mehr Geschmack hat."

Das meiste von dem, was ich von Ilena erfuhr, findet
sich in diesem Kochbuch wieder. Beispielsweise die
Idee, einen Kaninchenbraten mit gebratenen Kartoffeln
zu füllen, oder aber die, zu einer *scottiglia* größere Mengen von Kräutern und Chili zuzugeben.

CINGHIALE IN UMIDO

WILDSCHWEINEINTOPF

„Mariniere das Wildschwein nicht", sagte Ilena Donati. Den *nonne* der Region zufolge sollte es vor der Zubereitung 24 Stunden in Wein eingelegt werden. „Das verdeckt den eigentlichen Geschmack des Fleisches. Die Wildschweine von heute schmecken nicht mehr wie früher."

„Unmengen von Lorbeer. Und Rosmarin. Eine Prise Chili. Das mag nicht jeder, aber es schmeckt gut."

„Und brate das Fleisch gründlich an. Füge einen Spritzer Essig hinzu. Sobald der verdampft ist, gießt du schwarzen Wein nach." Sie meinte Rotwein, „schwarzer Wein" war wohl ein hiesiger Begriff.

„Und Tomaten, die du von Hand zerdrückst." Sie bewegte die Hände, als würde sie über einer Pfanne Tomaten zerquetschen. „Dann alles langsam garen lassen." Denn so wird in der Maremma gekocht: ganz, ganz langsam. Das ist auch das Geheimnis dieses Eintopfs. Auf Seite 51 können Sie mehr über Ilena lesen, die mich zu diesem Rezept inspirierte.

FÜR 4 PORTIONEN

Das Fleisch in einer großen Kasserole portionsweise bei hoher Temperatur im Olivenöl jeweils 10–15 Minuten anbraten. Seien Sie unbesorgt, wenn es am Topfboden haften bleibt: Die dunkle Kruste am Topfboden verleiht dem Gericht mehr Aroma. Anschließend das gesamte angebratene Fleisch in den Topf geben, mit Salz und frisch gemahlenem schwarzem Pfeffer würzen. Knoblauch zugeben und 2 Minuten braten, bis der Knoblauch dunkler wird.

Mit dem Essig ablöschen, dabei mit einem Holzlöffel umrühren und die schwarze Kruste ablösen. Ca. 5 Minuten weiterrühren, bis die Flüssigkeit fast vollständig verdampft ist, sodann Kräuter, Wein, Tomaten und nach Belieben Chili zugeben.

Sobald die Flüssigkeit wieder kocht, auf mittlere Hitze herunterschalten und im offenen Topf leicht schmoren lassen, bis das Fleisch zart ist und vom Knochen fällt (nach ca. 2 Stunden). Bei Bedarf Wasser nachgießen, damit das Fleisch von Flüssigkeit bedeckt bleibt.

Zum Eintopf Brot oder Polenta reichen, das die Soße aufnimmt. Oft wird auch eine Beilage wie *Sformato di Cipollotti* (siehe Seite 168) gereicht. Alternativ kann man auch *tagliatelle* oder *pappardelle* kochen und den Wildschweineintopf wie *Pappardelle sulla lepre* (S. 56) servieren.

1 kg Wildschweinfleisch, in große Stücke geschnitten, mit Knochen
2 EL Olivenöl
4–5 Knoblauchzehen, ganz
60 ml Rotweinessig
4 Zweige Rosmarin
4 Lorbeerblätter
1 l trockener Rotwein
400 g geschälte Tomaten (Dose)
1 frische rote Chilischote, gehackt, oder Chiliflocken (optional)
Brot mit knuspriger Kruste oder weiche Polenta zum Servieren
Salz
Frisch gemahlener schwarzer Pfeffer

TIPP

Wildschweinfleisch erhält man bei spezialisierten Großhändlern, in manchen Metzgereien und sogar über das Internet. Auch durch einen Anruf beim örtlichen Forstamt können Sie erfahren, wer in Ihrer Nähe Wildschweine und anderes Wild verkauft. Dieses Rezept funktioniert übrigens auch mit anderem Wildbret, zum Beispiel mit dem Fleisch von Hirsch, Reh, Hase und sogar Ente.

CAPALBIO

Das vom Mittelalter geprägte Capalbio ist der südlichste toskanische Ort. Auf einer Hügelkuppe nahe der Grenze zum Latium gelegen, bildet Capalbio ein von einer Stadtmauer eingefasstes Labyrinth malerischer Piazzas und Gässchen mit Geschäften, in denen regionale Likörspezialitäten und Konfitüren oder aber Ausrüstungen für *butteri* (Rinderhirten) verkauft werden. Die *trattorie* haben sich auf Wildschwein und Steinpilze spezialisiert. Man kann auf der Stadtmauer spazieren gehen und von hier aus die Aussicht auf die Maremma genießen – und auf ihre Olivenhaine und ihre Sonnenblumenfelder. In der Ferne schimmert blau das Meer.

Wenn man den Ort verlässt und hangabwärts in Richtung Meer wandert, durchquert man eine von Wacholder und Rosmarin beherrschte *macchia* und erreicht schließlich den langen, flachen Sandstrand von Capalbio mit seinem weichen Sand und dem silbrig schimmernden Wasser. Er wird auch *L'ultima spiaggia* genannt, „der letzte Strand", denn er ist tatsächlich der südlichste Strand der Toskana, und an seinem Ende markiert ein altes Zollhaus, in dem heute ein schickes Restaurant untergebracht ist, die Grenze zum Latium.

CINGHIALE IN DOLCE-FORTE

WILDSCHWEIN IN SCHOKOLADENSOSSE

Diese alte Spezialität zählt zu den bekanntesten toskanischen Gerichten. Das Rezept geht auf die Renaissance zurück und wurde seither kaum verändert. Manche sagen, es stamme aus der Provinz Siena, wo man das süße, stark gewürzte *panforte* kennt. Tatsächlich erinnert der würzig-süße Geschmack des Eintopfs an das Gebäck.

Bei der von Pellegrino Artusi inspirierten Zubereitung beginnt man mit einem einfachen Eintopf und lässt das Fleisch ein paar Stunden lang schmoren. Erst kurz vor dem Servieren kommt das *dolce-forte* hinzu, in Gestalt einer Mischung aus Rosinen, Pinienkernen, Orangeat oder Zitronat, Zucker, Essig und dunkler Schokolade. Dazu reicht man Stärkehaltiges wie Kartoffelpüree, Polenta oder ein weißes Landbrot. Auch ein *Sformato di cipollotti* (siehe Seite 168) passt gut dazu.

FÜR 4 PORTIONEN

Die Zwiebel, die Möhre, den Sellerie und die Lorbeerblätter in einer Kasserole im Olivenöl bei mittlerer Hitze 10 Minuten anbraten, bis das Gemüse weich, aber nicht gebräunt ist. Das Fleisch zugeben, mit Salz und frisch gemahlenem schwarzem Pfeffer würzen und 10 Minuten lang auf allen Seiten gleichmäßig anbraten.

Mehl zugeben und alles miteinander vermengen. 2 Minuten schmoren lassen, dann den Rotwein zugießen und die Flüssigkeit bei mittlerer bis hoher Temperatur 10–15 Minuten einkochen lassen, bis sie eindickt. Brühe (oder Wasser) zugeben, damit das Fleisch bedeckt ist, und den Eintopf zum Kochen bringen. Auf niedrige Hitze stellen und im offenen Topf ungefähr 2 Stunden schmoren lassen, bis das Fleisch zart ist. (Je nach Fleisch kann das aber auch mal 3 Stunden dauern.) Gelegentlich nachsehen und bei Bedarf mehr Wasser zugeben.

In der Zwischenzeit die *Dolce-forte*-Soße vorbereiten: Sultaninen, Pinienkerne, Orangeat oder Zitronat, Zucker, Schokolade und Rotweinessig in einem kleinen Topf bei mittlerer Temperatur erhitzen, bis die Schokolade geschmolzen ist. Vom Herd nehmen und beiseitestellen. (Es empfiehlt sich, die Soße mindestens 1 Stunde vor dem Servieren zuzubereiten.)

Sobald das Fleisch zart ist, die Flüssigkeit bei niedriger Hitze einkochen lassen (wenn sie nicht bereits eingedickt ist). Die *Dolce-forte*-Soße zugeben, alles miteinander vermengen und den Eintopf nochmals aufkochen lassen. Vom Herd nehmen und servieren.

FÜR DEN WILDSCHWEINEINTOPF:

1 gelbe Zwiebel, fein gehackt

1 Möhre, fein gehackt

½ Selleriestange, fein gehackt

2–3 Lorbeerblätter

3 EL Olivenöl

1 kg Wildschweinfleisch, in 4 cm großen Würfeln

2 TL Mehl

250 ml Rotwein

1 l Rinderbrühe (oder Wasser)

Salz

Frisch gemahlener schwarzer Pfeffer

FÜR DIE DOLCE-FORTE-SOSSE:

40 g Sultaninen

30 g Pinienkerne

30 g Orangeat oder Zitronat

40 g Zucker

40 g dunkle Schokolade (ca. 80 % Kakaoanteil)

60 ml Rotweinessig

TIPP

Weil dieser Eintopf sehr aromatisch und nahrhaft ist, kann man das Rezept auch halbieren, wenn man vier kleinere Portionen – etwa als Teil eines mehrgängigen Menüs – servieren will. Für ein Hauptgericht sollte man die angegebenen Mengen verwenden. Reste schmecken aufgewärmt noch mal so lecker. Der Eintopf lässt sich auch gut einfrieren.

VARIANTEN

Man kann das Gericht auch mit Wildbret oder Hasenfleisch zubereiten.

PAPPARDELLE SULLA LEPRE

PAPPARDELLE AUF HASENRAGOUT

Dieses Gericht wird in der Maremma nicht mehr so oft gekocht wie früher, bleibt aber dennoch beliebt. Pellegrino Artusi stellt in seinem 1891 erschienenen Kochbuch zwei Rezepte für *pappardelle* mit Hasenfleisch vor. Er weist darauf hin, dass dieses Fleisch sehr trocken und fad sein kann, und empfiehlt daher, es mit einer herzhaften, reichhaltigen Soße zu kombinieren. *Pancetta* sollte darin nicht fehlen, da sie dem mageren Fleisch Fett und Aroma verleiht. Dieses Rezept eignet sich auch für anderes Wildbret. Eine Pastasoße mit Wildschwein finden Sie auf Seite 52.

Da man für dieses Rezept normalerweise einen ganzen Hasen verwendet, reicht die Soße für 6 bis 8 Portionen. Doch lässt sie sich gut wieder aufwärmen und am folgenden Tag zu cremiger Polenta servieren (siehe Polentarezept von *Vongole e polenta* auf Seite 106). Wieder aufgewärmte Soßen schmecken oft noch mal so gut. Sie können die Soße deshalb auch einen Tag vor dem Verzehr herstellen und sie vor dem Servieren langsam erwärmen und köcheln lassen, bevor Sie die Nudeln unterrühren. Die Soße lässt sich auch gut einfrieren.

FÜR 6–8 PORTIONEN

Die Hälfte des Olivenöls in einer großen Kasserole bei hoher Temperatur erhitzen. Das Fleisch darin portionsweise und einschichtig jeweils 5–7 Minuten von allen Seiten anbraten, anschließend das Fleisch beiseitelegen.

In demselben Topf Möhre, Sellerie, Zwiebel, Knoblauch und *pancetta* mit dem restlichen Olivenöl bei geringer Hitze 15 Minuten schmoren lassen, bis das Gemüse weich, aber nicht gebräunt ist und das Fett der *pancetta* glasig wird.

Mit einer großzügigen Prise Salz würzen, Tomatenmark, Kräuter und nach Belieben Chili zugeben und 5 Minuten lang weiterschmoren lassen. Anschließend das Fleisch zufügen. Wein dazugießen sowie so viel Wasser, dass das Fleisch bedeckt ist (ca. 1 Liter). Aufkochen lassen, sodann bei geringerer Hitze 1 Stunde schmoren, bis das Fleisch zart ist, ohne zu zerfasern. Nicht allzu häufig umrühren, damit die Fleischstücke nicht auseinanderfallen.

Vom Herd nehmen und das Fleisch behutsam auf eine Platte legen und abkühlen lassen. Sobald man es anfassen kann, Knochen entfernen und entsorgen. Das Fleisch in möglichst großen Stücken wieder zur Soße geben.

90 ml Olivenöl

1 Hase von 1,5–2 kg, ausgenommen, gesäubert und in große Stücke zerlegt

1 kleine Möhre, fein gehackt

½ Selleriestange, fein gehackt

1 mittlere gelbe Zwiebel, fein gehackt

4 Knoblauchzehen, ganz

170 g pancetta, fein gehackt

1 EL Tomatenmark

1 Zweig Rosmarin

4 Salbeiblätter

2 Lorbeerblätter

1 Prise Chiliflocken (optional)

750 ml Rotwein

400 g passierte Tomaten (Glas)

½ TL frisch geriebene Muskatnuss

Frische pappardelle, selbst gemacht (siehe Pappardelle sui funghi, Seite 30)

Parmesan oder Pecorino, fein gerieben, zum Servieren

Salz

Frisch gemahlener schwarzer Pfeffer

Nun die passierten Tomaten sowie 500 Milliliter Wasser zugeben. Alles weiterschmoren lassen, bis die Soße eingekocht und dick, aber nicht zu dick ist (sie soll die Nudeln gut umhüllen). Schließlich Muskatnuss zugeben und mit Salz und frisch gemahlenem schwarzem Pfeffer abschmecken. Sollte die Soße allzu dick eingekocht sein, kann man sie mit etwas Nudelkochwasser verdünnen, bevor man sie mit den Nudeln vermengt. Weil man für 4 Portionen nur die Hälfte der zubereiteten Menge benötigt, kann die restliche Soße bis zum folgenden Tag im Kühlschrank aufbewahrt oder aber eingefroren werden.

Kurz vor dem Servieren die frischen Nudeln in einen großen Topf mit kochendem, ausreichend gesalzenem Wasser geben (siehe Seite 13). Ungefähr 3–5 Minuten al dente kochen. Die Nudeln abtropfen lassen (dabei gegebenenfalls etwas Kochwasser für das Verdünnen der Soße auffangen) und mit der Soße vermengen. Mit frisch geriebenem Parmesan oder Pecorino servieren.

TIPP

Sie erhalten einen geschlachteten Feldhasen von einer spezialisierten Metzgerei, beim Jäger oder über das Internet. Für dieses Rezept kann auch Wildkaninchen verwendet werden, aber kein Stallhase oder Zuchtkaninchen, deren Fleisch eher wie Hähnchen schmecken würde.

AUS DEM MEER UND DER LAGUNE

DAL MARE E DALLA LAGUNA

FISCHE UND MEERESFRÜCHTE DER MAREMMA

SARDELLEN

Die im Italienischen *acciuga* (plural: *acciughe*) oder *alice* (plural: *alici*) genannte Europäische Sardelle (*Engraulis encrasicolus*) ist ein günstiger kleiner Fisch, der in vielen Rezepten des Argentario und des toskanischen Archipels eine wichtige Rolle spielt. Diese nahrhafte Sardellenart ist mit Sardine, Alse (Maifisch) und Hering verwandt und zählt gemeinsam mit diesen sowie der Makrele und dem Atlantischen Bonito zur Gruppe *pesce azzurro* („fetter Fisch"). Frische Sardellen werden in der toskanischen Küche sehr vielseitig verwendet, zum Beispiel gebraten (siehe *Alici dorate*, Seite 74), als Bestandteil einer *frittura* (siehe Seite 115), eines Gratins (siehe Seite 68) oder einer Pastasoße. In Öl eingelegte Sardellen eignen sich hervorragend als Zutat zu einem schnellen Salat, wie *Insalata di pesce* (siehe Seite 72).

ANCHOVIS

sind in Salz eingelegte, fermentierte Sardellen.

ATLANTISCHER BONITO

Der Atlantische Bonito oder Pelamide (*Sarda sarda*), auf Italienisch *palamita,* ist mit der Makrele verwandt. Sein festes Fleisch erinnert an das des Thunfischs und wird ähnlich verwendet. Dieser vielseitige und schmackhafte Mittelmeerfisch kann in Salzlake mariniert und in Öl eingelegt (siehe Seite 69) oder aber als *scaveccio* gebraten und in Essig eingelegt (siehe Seite 82) werden. Schon seit der Römerzeit ist er ein beliebter Speisefisch.

CALAMARI

(siehe Tintenfisch, Seite 65)

MUSCHELN

Die in der Toskana als *arselle* bekannte, ansonsten in Italien *telline* genannte Koffermuschelart *Donax trunculus* hat eine graue bis lavendelblaue, ungefähr 2–3,5 Zentimeter lange Schale. Venusmuscheln oder *vongole* (*Veneridae*) sind im Mittelmeer und der Nordsee heimisch. Sie zählen zu den in der italienischen Küche am häufigsten verwendeten Muscheln.

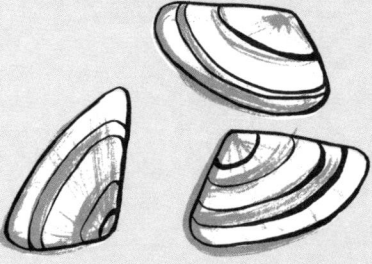

KABELJAU

Nasello oder *merluzzo* sind italienische Bezeichnungen für Kabeljau- und Dorscharten, die in Italien am häufigsten in Form von luftgetrocknetem *stoccafisso* (Stockfisch) oder eingesalzenem und getrocknetem *baccalà* gegessen werden. Im Argentario kennt man eine weitere Variante von eingesalzenem und getrocknetem Fisch, den *stocchetto,* hergestellt aus dem Blauen Wittling (*Micromesistius poutassou*), einer Dorschart. Der eher fad schmeckende Fisch wird entweder zerkrümelt, wie *Alici dorate* (siehe Seite 74) gebraten oder bildet zusammen mit Tomaten, Pinienkernen und Oliven einen schmackhaften Eintopf (siehe Seite 114). Man kann ihn auch gut durch Schellfisch ersetzen.

SEPIA

Die Sepia, in Italien *seppia* genannt (*Sepia officinalis*), liegt auf Fischmärkten oft gestapelt und inmitten der eigenen schwarzen Tinte. Das Fleisch wird durch langsames Garen köstlich zart. Man kann sie genau so verwenden wie Oktopus und Kalmare, zum Beispiel in den Rezepten *Polpo e patate* (siehe Seite 86) oder *Calamari e funghi* (siehe Seite 80). Siehe auch Oktopus (Seite 63) und Tintenfisch (Seite 65).

KLEINGEFLECKTER KATZENHAI

In Italien nennt man diese Art (*Scyliorhinus canicula*) *gattucio*, „Kätzchen". Der kleine, am Meeresboden lebende Hai landet häufig in Fischsuppen, wie zum Beispiel *caldaro* (siehe Seite 110). Er kommt sowohl im Mittelmeer als auch in der Nordsee vor und gilt als nicht gefährdet.

AAL UND MURÄNE

Der Europäische Aal (*Anguilla anguilla*) heißt auf Italienisch *anguilla* und ist in Europa vom Aussterben bedroht. Die Lagune von Orbetello war einst ein Ort, den Aale auf ihren Reisen als Rastplatz nutzten, und deshalb sind diese Fische Bestandteil zahlreicher traditioneller Rezepte. Für die jahrhundertealte Spezialität *scaveccio* (siehe Seite 82) wurden kleinere Aale verwendet. *Tòrta* oder *pantanina* nennen die Fischer der Region Blankaale, also Aale in einer bestimmten Lebensphase. Die Aale nehmen dann eine silbrige Farbe an und sind sehr schmackhaft. Der mit dem Europäischen Aal verwandte Meeraal (*Conger conger*), auf Italienisch *gronco*, und die ähnlich aussehende, aber nicht mit dem Aal verwandte Mittelmeer-Muräne (*Muraena helena*), die *murena*, leben ausschließlich im Meer und werden für traditionelle Fischsuppen wie *caldaro* (siehe Seite 110) verwendet.

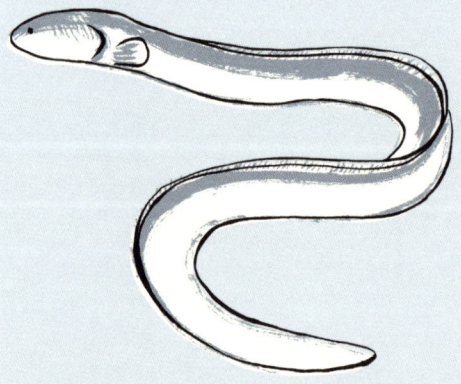

ROTER KNURRHAHN

Dieser in Italien als *gallinella* oder *capone* bekannte Fisch (*Chelidonichthys lucernus*) sieht mit seinem riesigen Kopf und dem Entengesicht ziemlich ungewöhnlich aus. Er ernährt sich von Krebstieren und wird in der Küche wegen seines festen weißen Fleisches geschätzt. Auch er kommt oft in die Suppe, zum Beispiel in *caldaro* (siehe Seite 110).

PFERDEMAKRELEN

Trotz ihres Namens gehören die Pferde- oder Stachelmakrelen der Familie der Barschverwandten an und nicht der der Makrelen. *Sugarello* (*Trachurus trachurus*), bei uns als Bastard- oder Holzmakrele bekannt, eignet sich hervorragend zum Braten und Marinieren, wie zum Beispiel in *scaveccio* (siehe Seite 82).

PETERSFISCH

Der *pesce san Pietro* (*Zeus faber*) kann auf dieselbe Weise wie Seezunge zubereitet werden. Kleine Exemplare kommen in Fischsuppen wie *caldaro* (siehe Seite 110).

NAPFSCHNECKE

Auf Italienisch heißt sie *patella*, in der Gegend von Monte Argentario *lampatella*. Die kleinen Weichtiere, die von ihren flach kegelförmigen Schalen geschützt fest an Felsen und Klippen sitzen, verleihen dem *caldaro* (siehe Seite 110) sein typisches Aroma.

MAKRELE

Der *sgombro* (*Scomber scombrus*) mit dem schimmernden Linienmuster am Rücken ist einer meiner Lieblingsfische. Ebenso wie der mit ihm verwandte Atlantische Bonito besitzt er ein festes aromatisches Fleisch. Er schmeckt gebraten und mariniert ebenso hervorragend wie in *scaveccio* (siehe Seite 82). Und mit Dosenmakrelen lässt sich ein wunderbarer schneller Salat zaubern (siehe Seite 72).

FANGSCHRECKENKREBS

Spernocchia, sparnocchia, pannocchia, cannochia und *cicala di mare* sind nur ein paar der Namen, die der Fangschreckenkrebs (*Squilla mantis*) in den verschiedenen Regionen Italiens trägt. Das köstliche Tier sollte in einer Fischsuppe wie *caldaro* (siehe Seite 110) nicht fehlen. Tragen die Weibchen Eier, schmecken sie sogar noch besser. Der Geschmack passt besonders gut zu einfachen Gerichten wie *Spaghetti alle spernocchie* (siehe Seite 93).

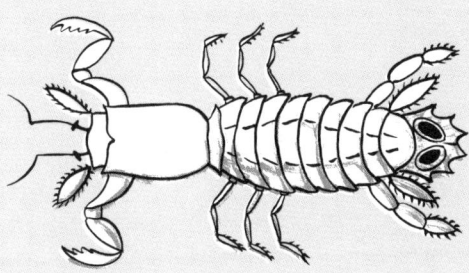

GROSSKOPFMEERÄSCHE

Die Großkopfmeeräsche (*Mugil cephalus*) wird in Italien *muggine* oder *cefalo* genannt. Vor allem in Sizilien und Sardinien wird der Rogen der Weibchen gerne eingesalzen und getrocknet als *bottarga* gegessen. Die Großkopfmeeräschen aus der Lagune von Orbetello sollen besonders gut schmecken.

ROTBARBE UND STREIFENBARBE

Triglie sind beliebte Speisefische. Man unterscheidet die *triglia di fango* (*Mullus barbatus*, Rotbarbe) von der *triglia di scoglio* (*Mullus surmuletus*, Streifenbarbe). Die beiden Arten sehen einander ziemlich ähnlich, doch hat Letztere schimmernde gelbe Streifen. Sie ist auch der beliebtere Speisefisch, was sich im Preis niederschlägt. Die alten Römer mochten die Rotbarben lieber und züchteten sie. Dabei versuchten sie, möglichst große Exemplare zu erzielen, die unglaublich teuer waren. Normalerweise sind diese Fische

15–20 Zentimeter lang. Ihr zartes Fleisch sollte so frisch wie möglich verarbeitet werden. Sie eignen sich hervorragend zum Braten.

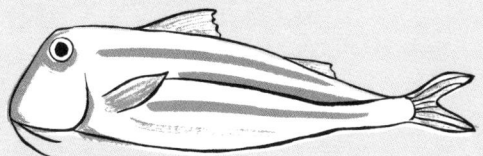

OKTOPUS

In Italien heißt er *polpo* (*Octopus vulgaris*). Halten Sie möglichst nach *polpo di scoglio* (Fels-Oktopus) Ausschau: Man erkennt ihn an den Doppelreihen von Saugnäpfen an den Fangarmen. *Moscardini* (*Eledone cirrhosa*, Zirrenkrake) haben nur einfache Saugnapfreihen. Sie genießen in der italienischen Küche kein hohes Ansehen, eignen sich aber als Ersatz. Gekochter Oktopus kann ziemlich zäh sein. Im Laufe der Jahrhunderte entwickelten die Fischerfrauen daher vielfältige Strategien, um sein Fleisch zart zu machen. Ich koche ihn gerne lange im eigenen Saft, wie für *Polpo e patate* (siehe Seite 86).

GARNELEN UND KRABBEN

Mazzancolla oder *gambero reale* (*Penaeus kerathurus*) ähnelt der Furchengarnele (*Melicertus kerathurus*) oder der Giant Tiger Prawn (*Penaeus monodon*). Diese Garnelen schmecken wunderbar, wenn man sie ganz einfach nur grillt oder kurz in einer Suppe mitkocht (siehe *Acquacotta del pescatore*, Seite 88). Kleine Garnelen eignen sich gut frittiert als Bestandteil einer *Frittura di paranza* (siehe Seite 115). Siehe auch Fangschreckenkrebs (gegenüber) und Scampi (Seite 64).

SCAMPI

Die bei uns ebenfalls als Scampi bekannten Kaisergranaten (*Nephrops norvegicus*) sind schlanke Krebstiere, die wie Miniaturhummer aussehen. Sie leben im Atlantischen Ozean und im Mittelmeer. Im Argentario macht man aus ihnen eine köstliche Suppe (siehe *Zuppa di scampi e patate*, Seite 103), reicht sie aber auch roh als Antipasto, ungeschält und mit Zitronensaft und Olivenöl angerichtet. Ihre Zubereitung sollte schlicht sein, um das süße Hummeraroma nicht zu überdecken. Man kann sie auch anstelle von Fangschreckenkrebsen für *Spaghetti alle spernocchie* verwenden (siehe Seite 93).

GROSSER ROTER DRACHENKOPF

Der in Italien *scorfano* und in Frankreich *rascasse* genannte Große Rote Drachenkopf (*Scorpaena scrofa*) wird überwiegend für Suppe verwendet und dann im Ganzen gekocht. Auf dem Originalumschlag des Buchs *Mediterranean Seafood* (1972) des britischen Kochbuchautors und Historikers Alan Davidson war dieser Fisch abgebildet. Der Autor erklärte: „Für mich ist ein schöner Großer Roter Drachenkopf das Symbol für den Mittelmeerfisch schlechthin." Er war ihm deshalb so wichtig, weil „er zur Bouillabaisse etwas beitragen kann, was kein anderer Fisch vermag". Ebenso gut passt dieser Fisch in *caldaro* (siehe Seite 110) und *Minestra di pesce* (siehe Seite 101).

EUROPÄISCHER WOLFSBARSCH

Branzino, auch *spigola* genannt, ist in Italien ein sehr geschätzter Speisefisch (*Dicentrarchus labrax*). Die britische Gastronomiekritikerin Elizabeth David nannte ihn als „einen der schmackhaftesten Mittelmeerfische". Wolfsbarsche werden in der Lagune von Orbetello gezüchtet, und zwar schon seit der Zeit der alten Römer, ebenso wie Seebrassen, Großkopfmeeräschen und Aale. Das feste, kaum grätige Fleisch schmeckt gebacken (zubereitet wie bei *Orata al cartoccio*, siehe Seite 120) oder einfach nur gegrillt und in einer Pastasoße (siehe Seite 99). In der Toskana nennt man die Art auch *ragno*, „Spinne", aber niemand weiß genau warum.

MEERBRASSE

Unter *orata* versteht man in Italien die Goldbrasse oder Dorade (*Sparus aurata*). Das ist ein köstlicher, vielseitiger und leicht zuzubereitender Fisch, der im Ganzen gebacken als *Orata al cartoccio* (siehe Seite 120) einfach fantastisch schmeckt. An der Silberküste findet man auch die Meerbrassenarten *boga* (*Boops boops*, Gelbstriemenbrasse) und *sparaglione* (*Diplodus annularis*, Ringelbrasse). *Orate* werden nachhaltig in der Lagune von Orbetello gezüchtet.

SHRIMPS

siehe Garnelen und Krabben, Seite 63

SCHWARZER DEGENFISCH

Pesce sciabola (*Aphanopus carbo*) ist ein eindrucksvoll und gefährlich aussehender langer, schlanker Fisch, dessen Körperbau an ein Schwert erinnert und der bis zu anderthalb Meter lang wird. Im Argentario sieht man ihn oft auf Fischmärkten und er taucht auch auf Speisekarten auf. Aufgrund seiner Länge und seiner feinen Haut wird er gerne zu *involtini* verarbeitet, also wie eine Roulade um eine Füllung herum gerollt, mit einem Spießchen fixiert und gebacken. Ein köstlicher Speisefisch, den man auch gut frittieren oder marinieren kann.

TINTENFISCH/KALMAR

Calamari (*Loligo vulgaris*) sind leichter zu verarbeiten als große Sepien. Die ganz jungen nennt man *calamaretti* und man frittiert sie gerne ganz, zum Beispiel als Zutat einer *Frittura di paranza* (siehe Seite 115). Man fängt sie meist in den kalten Herbst- und Wintermonaten. Im Frühjahr gibt es auf dem Markt *totani* (*Todarodes sagittatus*, Großer Pfeilkalmar), die bei Gefahr aus dem Wasser schnellen. Es sind kleine mahagonibraune Tintenfische, die man dünsten kann, wie für *Calamari e funghi* (siehe Seite 80).

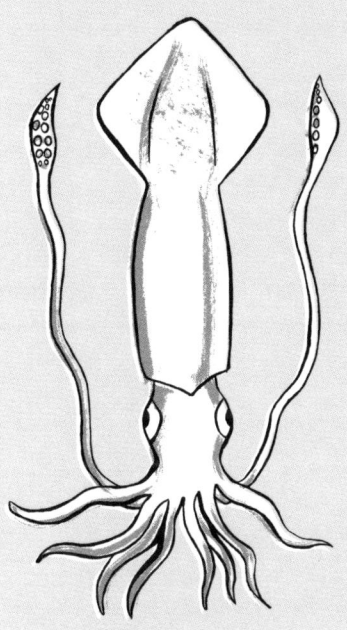

SEEZUNGE UND STEINBUTT

Sogliola (*Solea solea*) ist ein delikater Plattfisch, der sich für viele Zubereitungsarten eignet. Ich mag ihn besonders gerne über Nacht in eine Zitronensaftmarinade eingelegt. Am folgenden Tag isst man *sogliola* roh mit Petersilie und Oliven (siehe Seite 123). An der Silberküste findet man auch *rombo quattrocchi* (*Lepidorhombus boscii*, Gefleckter Flügelbutt). Kleine Exemplare landen häufig in Suppen wie der *Minestra di pesce* (siehe Seite 101) oder frittiert in einer *Frittura di paranza* (siehe Seite 115). *Rombo giallo* (*Lepidorhombus whiffiagonis*, Flügelbutt) ist ein enger und ähnlicher Verwandter, und beide Steinbutte können genau wie Seezungen verwendet werden.

HIMMELSGUCKER

Pesce prete (*Uranoscopus scaber*, bei uns auch Meerpfaff genannt) schaut durch seine Augenstellung ständig nach oben und ist kein besonders hübscher Fisch. In der Toskana schätzt man ihn jedoch sehr als Zutat für Suppen, wie etwa *caldaro* (siehe Seite 110), *Minestra di pesce* (siehe Seite 101) und im *cacciucco* aus Livorno. Diese Fische zu verarbeiten ist knifflig: Hinter den Augen stecken Giftstacheln!

WITTLING

siehe Kabeljau (Seite 61).

ACCIUGHE E CARCIOFI GRATINATI
SARDELLEN-ARTISCHOCKENGRATIN

Dieses Gericht ist einem alten Fischerrezept von der Insel Giglio entlehnt. Dort isst man ein Püree aus frischen Tomaten zu den Sardellen. An der Silberküste gedeihen aber Artischocken sehr gut. Im Spätwinter und Frühjahr sieht man auf den Märkten Kisten voller Artischocken. Ihr frisch-bitterer Geschmack passt gut zu den fleischigen kleinen Fischen, und sobald man die Sardellenfilets fertig hat, geht die Zubereitung dieses Gerichts sehr schnell.

Außerhalb der Artischockensaison schmeckt es auch mit sehr dünn gehobelten Kartoffelscheiben.

FÜR 4 PORTIONEN

Die Sardellen ausnehmen und säubern (siehe Anleitung Seite 75). Das sollte 400 Gramm Sardellenfilets ergeben.

Für die Artischocken eine große Schüssel mit kaltem Wasser füllen und den Zitronensaft einrühren. Die zähen äußeren Blätter der Artischocken entfernen, die Stängel auf ca. 2 Zentimeter kürzen und abschälen. Die Artischocken halbieren, die Hälfte, an der gerade nicht gearbeitet wird, in das Zitronenwasser legen. Bei beiden Hälften das Heu entfernen, sodann in feine Scheiben schneiden. Die Scheiben ins Zitronenwasser legen. Mit allen Artischocken auf dieselbe Weise verfahren. Die Schüssel bis zur weiteren Verwendung der Artischockenscheiben mit zwei Lagen Küchenpapier abdecken.

Den Backofen auf 180 °C vorheizen.

Die Artischockenscheiben abtropfen lassen. Eine viereckige Auflaufform mit 1 Esslöffel des Olivenöls einfetten. Den Boden der Form mit gehacktem Knoblauch und Petersilie bestreuen, sodann eine Schicht (ungefähr die Hälfte) der Sardellenfilets mit der Haut nach unten darüberlegen und mit Salz und frisch gemahlenem schwarzem Pfeffer würzen. Darüber kommen je eine Schicht Artischockenscheiben und eine Schicht Sardellenfilets. Jede Schicht würzen.

Die oberste Schicht mit dem Weißwein begießen, mit den Semmelbröseln bestreuen und anschließend mit dem restlichen Olivenöl beträufeln. 15–20 Minuten backen. Zusammen mit einem Weißbrot mit knuspriger Kruste servieren.

600 g ganze frische Sardellen
Saft von 1 Zitrone
3 Artischocken
3 EL Olivenöl
1 Knoblauchzehe, gehackt
3–4 Stängel frische glatte
    Petersilie, fein gehackt
1½ EL Weißwein
25 g Semmelbrösel
Weißbrot mit Kruste zum
    Servieren
Salz
Frisch gemahlener schwarzer
    Pfeffer

VARIANTEN
Wenn Sie die Sardellen küchenfertig kaufen wollen, verlangen Sie 400 Gramm Sardellenfilets.

PALAMITA SOTT'OLIO
BONITO IN ÖL

Atlantischer Bonito wird in den Gewässern des Toskanischen Archipels zwischen Frühling und Sommer und dann wieder im Frühherbst gefangen. Es ist ein größerer, köstlich-fetter Fisch, der dem Thunfisch ähnelt, allerdings wesentlich günstiger ist. Deshalb nennt man ihn mancherorts auch „Thunfisch der armen Leute". In Öl eingelegt, hält er sich sehr gut und man hat immer Fisch im Haus, aus dem sich eine schnelle Mahlzeit zubereiten lässt.

Ebenso wie Thunfisch in Öl eignet sich Bonito in Öl als Bestandteil eines Antipasto-Tellers (nur dass der Bonito noch besser schmeckt). Ich esse ihn am liebsten mit einem Salat aus weißen *Cannellini*-Bohnen, 10 Minuten in kaltem Wasser eingelegten dünnen Scheiben von roten Zwiebeln, Olivenöl und rotem Weinessig. Man kann ihn auch in eine Tomaten-Basilikum-Pastasoße krümeln oder zusammen mit in Scheiben geschnittenen hart gekochten Eiern, Tomatenscheiben, Petersilie und Zitronenschalenstreifen zwischen zwei Brötchenhälften legen. Oder ihn anstelle der dort angegebenen Dosenmakrelen für den Fischsalat von Seite 72 verwenden.

Das folgende Rezept ist meine Überarbeitung einer Anleitung aus *Zuppe e Stornelli* von Alvaro Claudi und Sergio Rossi (1991). Ich empfehle die Verwendung kleinerer Schraubgläser als der dort angegebenen Halblitergläser, damit man den Inhalt rascher aufbrauchen kann.

FÜR UNGEFÄHR 4 SCHRAUBGLÄSER ZU JE 250 MILLILITER

Bonito ausnehmen und Kopf entfernen. Den Fisch in dicke, ca. 5 Zentimeter breite Steaks zerteilen, Knochen und Haut belassen. Die schmäleren Teile des Fischs in Schwanznähe nicht verarbeiten, da sie gewöhnlich allzu salzig werden. Die Steaks in eine Schüssel mit kaltem Wasser legen (traditionell wird dafür Meerwasser verwendet, doch auch Leitungswasser erfüllt den Zweck) und 2–3 Stunden im Kühlschrank abkühlen lassen. In dieser Zeit das Wasser ein- bis zweimal wechseln, um Blutreste zu entfernen.

In einen großen Topf 3 Liter Wasser und das Salz geben und bei hoher Temperatur zum Kochen bringen. Die Bonitosteaks abtropfen lassen, in den Topf legen und bei niedriger Temperatur im geschlossenen Topf 1½–2 Stunden garen. Sie sollten dann fest und gut durch sein.

Die Bonitosteaks abtropfen lassen und trocken tupfen. Sobald sie abgekühlt sind, von Hand in kleinere Stücke brechen und dabei Knochen und Haut entfernen. Die Bonitostücke in ein sauberes Geschirrhandtuch oder

1 kg Atlantischer Bonito, ganz
600 g grobes Salz
10 Körner schwarzer Pfeffer, ganz
4 Lorbeerblätter
1 rote Chilischote, frisch oder
   getrocknet, gehackt (optional)
Mildes Pflanzenöl,
   z. B. Traubenkernöl

Fortsetzung folgende Seiten >

in Lagen von Küchenpapier wickeln und in ein auf einen Teller gestelltes Sieb legen. Mehrere Stunden oder über Nacht in den Kühlschrank stellen, damit die restliche Flüssigkeit entweicht.

Die trockenen Bonitostücke in die sterilisierten Gläser (siehe Anleitung Seite 137) geben und die Pfefferkörner, die Lorbeerblätter und nach Belieben den Chili gleichmäßig auf die Gläser verteilen. So viel Öl darübergießen, dass die obersten Fischstücke ungefähr 1 Zentimeter hoch bedeckt sind. Mit dem offenen Glas auf die Arbeitsfläche klopfen, um eventuelle Luftblasen entweichen zu lassen, und gegebenenfalls die Fischstücke mit einer Gabel weiter zerkleinern, damit sie besser hineinpassen. Sobald keine Luftblasen mehr im Glas sind, das Glas verschließen. Gläser, die länger gelagert werden sollen, wie auf Seite 135 beschrieben (*Carciofini sott' olio*) versiegeln.

An einem kühlen, dunklen Ort aufbewahren (ich stelle meine Gläser in den Kühlschrank). Der Bonito schmeckt am besten einen Monat nach Zubereitung und hält sich drei Monate. Geöffnete Gläser im Kühlschrank aufbewahren und sicherstellen, dass die Fischstücke von Öl bedeckt sind. Auf diese Weise halten sie sich 7–10 Tage.

INSALATA DI PESCE ALLA GROSSETANA
FISCHSALAT NACH GROSSETO-ART

Wenn es im Sommer zu heiß zum Kochen ist und man eine schnell zuzubereitende, sättigende Mahlzeit braucht, kommt dieser Salat gerade recht. Er eignet sich auch gut als Beitrag zu einem Picknick. Damit er ausreichend ziehen kann, sollte man ihn im Voraus zubereiten. Traditionell verwendet man gekochten fetten Fisch, wie etwa Sardellen, Sardinen oder Makrelen, doch auch der selbst in Öl eingelegte Atlantische Bonito (siehe Seite 69) eignet sich gut.

Hierfür orientierte ich mich an einem Rezept von Laura Rangoni aus ihrem Kochbuch *La cucina toscana di mare* (2015), das ich ein wenig an meinen Geschmack angepasst habe. Im Originalrezept sind 4–5 rohe Knoblauchzehen angegeben, die gehackt unter den Salat gemischt werden. Mir ist das ein bisschen zu viel. Ich lasse den Knoblauch lieber ganz weg, doch natürlich kann man ihn nach Belieben dazugeben. Anstelle der in Salz eingelegten Kapern kann man auch Kapern in Salzlake verwenden, die nicht vor der Verwendung gewässert werden müssen. Mir persönlich sind Salzkapern lieber.

FÜR 4 PORTIONEN

Von den Salzkapern das Salz abspülen und die Kapern in einer Schüssel mit Wasser ca. 15 Minuten wässern. Abtropfen lassen, trocken tupfen und fein hacken.

Die Oliven entkernen, indem man sie mit dem flachen Messer zusammendrückt und den Kern herauszieht. Anschließend grob hacken.

Kapern, Oliven und Tomaten in einer Salatschüssel miteinander vermengen. Den Dosenfisch abtropfen lassen und in die Schüssel krümeln. Zitronensaft, Olivenöl und Petersilie zugeben und alles gut vermischen. Abschmecken und gegebenenfalls mit frisch gemahlenem schwarzem Pfeffer würzen. (Fisch, Kapern und Oliven sind bereits sehr aromatisch, sodass man eigentlich, wenn überhaupt, nur eine winzige Prise Salz zugeben muss.)

2 TL Salzkapern
10–12 grüne Oliven in Salzlake
2 frische Tomaten, gehackt
300 g Ölsardinen (Dose) oder auch anderer Dosenfisch, wie z. B. Thunfisch oder Makrele
Saft von 2 Zitronen
2 EL Olivenöl
1 Handvoll frische glatte Petersilie, fein gehackt
Salz (optional)
Frisch gemahlener schwarzer Pfeffer (optional)

ALICI DORATE
FRITTIERTE SARDELLEN

Das beste Fischgeschäft in Porto Ercole heißt *Da Ledo* und wird von Elisa Costagliola geführt, einer italienischen Doppelgängerin von Sally Field. Das Boot ihrer Familie läuft Abend für Abend mit dem Fang in den Hafen ein, und die Fische, Krebse und Tintenfische sind so frisch, dass sie sich oft noch bewegen. Im Laden stehen dann ganze Kisten voller Scampi und großer *manzacolle* (den Tiger Prawns ähnlich), Unmengen kleiner Fische für Suppe und *frittura*, rot glänzende *triglie* (Rotbarben), Gefleckte Flügelbutte und lange Degenfische. Außerdem gibt es hier natürlich Sardellen, und zwar die fleischigsten, frischesten und festesten mit den klarsten Augen, die ich jemals gesehen habe.

Als ich Elisa einmal bat, mir eines der typischsten Fischgerichte zu nennen, antwortete sie, ohne zu zögern: *Alici dorate*, „Goldene Sardellen". Sie sind eine Spezialität von Porto Ercole und eine meiner Leibspeisen.

Man kann immer den Fischhändler bitten, die Fische auszunehmen, doch in Porto Ercole macht das jeder selbst. Wenn man erst einmal den Kniff raus hat, ist es eine meiner Ansicht nach sehr meditative Beschäftigung.

FÜR 4 PORTIONEN ALS ANTIPASTO ODER SNACK

Die Sardellen wie beschrieben (siehe gegenüberliegende Seite) vorbereiten und auf einen Teller legen.

Das Mehl in eine flache Schale geben. Das Ei in einer separaten flachen Schale mit 1 Prise Salz schlagen und bis zur weiteren Verwendung in den Kühlschrank stellen. Die doppelten Sardellenfilets nacheinander einzeln im Mehl wälzen, bis sie gleichmäßig auf allen Seiten bedeckt sind. Überschüssiges Mehl abschütteln, auf einen Rost legen.

Auf einem Rost mehrere Lagen Küchenpapier ausbreiten. In eine mittelgroße Pfanne so viel Pflanzenöl gießen, dass es mindestens 3 Zentimeter hoch steht und die Sardellen darin schwimmen können. Wenn das Öl ca. 170 °C heiß geworden ist (siehe Tipps fürs Frittieren, Seite 24), kann mit dem Frittieren der ersten Partie begonnen werden (je nach Größe der Pfanne und der Sardellen ca. 4–6 Stück).

Die bemehlten Sardellen in dem geschlagenen Ei wälzen, überschüssiges Ei kurz abtropfen lassen und anschließend in das heiße Öl legen. Braten lassen, bis die Fische außen knusprig und goldgelb und innen gar sind.

500–600 g frische ganze Sardellen
2–3 EL Mehl zum Panieren
1 Ei, gekühlt
Pflanzenöl zum Frittieren
Salz

(nach ca. 2 Minuten, bei besonders kleinen Fischen kann es auch nur 90 Sekunden dauern). Werden die Fische allzu schnell braun und dunkel, Temperatur reduzieren.

Aus dem Öl nehmen und auf das Küchenpapier legen. Mit Salz würzen.

Am besten schmecken diese Sardellen sehr heiß und sollten daher parallel zum Frittieren serviert werden. Alternativ kann man die fertigen Fische im Backofen warm halten (nicht abdecken), bis alle frittiert sind.

FRISCHE SARDELLEN SÄUBERN UND AUSNEHMEN

Frische Sardellen sind sehr fest, was das Herauslösen der Gräten erschwert. Sind die Sardellen schon ein paar Tage alt, geht das leichter. Allerdings fallen die älteren Sardellen dabei leicht auseinander. Zum Frittieren sollte man möglichst frische Sardellen wählen, weil sie besser „in Form" bleiben.

Bereiten Sie Ihren Arbeitsplatz vor: Ich lege ein großes Schneidebrett direkt neben die Küchenspüle und stelle ein mit Küchenpapier ausgelegtes Tablett für die gesäuberten Fische auf die andere Seite. Sie können sich mit einem kleineren Messer bewaffnen, aber mir gelingt diese Arbeit mit bloßen Händen am besten. Vielleicht legen Sie sich auch eine scharfe Küchenschere bereit, wenn Sie die Rückenflossen abschneiden wollen (so wie ich es tue). Die Schwanzflossen lasse ich immer dran.

1. *Kneifen Sie den Kopf ab. Führen Sie den Daumennagel unten am Bauch entlang, um diesen aufzuschlitzen und gleichzeitig die Innereien herauszuziehen, die sich leicht herauslösen lassen.*

2. *Ziehen Sie Ihren Daumennagel an der gesamten Länge des Bauchs entlang, um den Fisch der Länge nach zu spalten und ihn wie ein Buch aufklappen zu können. Jetzt sollten die Wirbelsäule und die Gräten frei liegen. Beginnen Sie, an der Kopfseite daran zu ziehen, und kneifen Sie die Wirbelsäule am Schwanz ab. Sobald man den Trick raus hat, geht das mit einer einzigen schnellen Bewegung und Kopf, Gräten und Innereien lassen sich fast gleichzeitig entfernen.*

3. *Spülen Sie den Fisch rasch unter dem Hahn ab und legen Sie ihn zum Abtropfen auf das Küchenpapier.*

CALAMARI E FUNGHI
TINTENFISCHE MIT PILZEN

Das erste Mal aß ich dieses saftige Gericht aus Tintenfischen und Pilzen in einem Restaurant an einem hübschen Kiesstrand zwischen den Ortschaften Porto Ercole und Porto Santo Stefano, und ich dachte, wie symbolisch dieses Gericht für den Argentario war: Eine ungewöhnliche, aber wohlschmeckende Kombination von *mare e monti*, „Meer und Bergen". Das erinnerte mich an ein japanisches Sprichwort, das besagt, dass eine perfekte Mahlzeit etwas enthalten sollte, das vom Meer, und etwas, das von den Bergen kommt. In der Maremma kennt man allerdings noch jede Menge anderer wunderbarer Kombinationen, wie etwa in Rotwein gekochten Oktopus mit Esskastanien.

Dieses Gericht sollte am besten mit Sepien zubereitet werden, aber es funktioniert auch mit Calamari und *calamaretti* (kleine Kalmare), die leichter erhältlich sind. Serviert wird *Calamari e funghi* meist als Teil eines Antipasto (mit viel Brot zum Auftunken der Soße), man könnte es allerdings auch als Soße zu Pasta essen. Verdoppelt man die Zutatenmengen, so eignet es sich auch pur als Hauptgang.

FÜR 4 PORTIONEN ALS VORSPEISE

Zuerst die Sepien säubern. Dazu den Kopf abschneiden und die Augen und den mittig zwischen den Fangarmen steckenden Schnabel (er lässt sich leicht herausziehen) entfernen. Aus dem Körperinneren die Sepiaschale und die Innereien vorsichtig herausziehen, damit der Mantel ganz bleibt. Mit den Innereien kann man Risotto würzen oder Pasta schwarz färben, sie eignen sich auch gut als Zutat zum Wolfsbarsch-Ragout (siehe Seite 99). Den Mantel der Länge nach halbieren und in ca. 1 Zentimeter breite Streifen schneiden. Kleine Fangarme kann man ganz lassen, größere halbieren.

Die Pilze säubern, den unteren Teil des Stiels abschneiden und die Pilze in Scheiben schneiden oder hacken. Beiseitestellen.

Das Olivenöl in einer großen Bratpfanne bei hoher Temperatur erhitzen und die Sepien in der Pfanne 5–7 Minuten braten, bis sie schön gebräunt sind und am Pfannenboden zu kleben beginnen.

Knoblauch und Wein zugeben. Mit Salz und frisch gemahlenem schwarzem Pfeffer würzen, die Pfanne zudecken und die Temperatur niedrig stellen. Ungefähr 30 Minuten schwach köcheln lassen, bis das Fleisch extrem zart ist: Ein Messer sollte wie durch Butter hindurchgleiten können. Eventuell muss zwischendurch Wasser nachgegossen werden, denn die Sepien sollten in sehr viel Flüssigkeit garen.

400 g Sepien
300 g frische Pilze
60 ml Olivenöl
2 Knoblauchzehen, fein gehackt
250 ml trockener Weißwein
1 Handvoll frische glatte Petersilie, gehackt
Salz
Frisch gemahlener schwarzer Pfeffer

TIPP
Verwenden Sie eine Mischung frischer Pilze, zum Beispiel Frühe Ackerlinge, Steinpilze, Pfifferlinge, Champignons oder was Sie sonst gerade zur Hand haben.

Die Pilze und 125 Milliliter Wasser zugeben. Wieder zum Köcheln bringen und weitere 7–10 Minuten garen, bis die Pilze zart und gar sind.

Mit der gehackten Petersilie bestreuen und warm servieren. Dazu Weißbrot mit knuspriger Kruste reichen.

SCAVECCIO DI SGOMBRO
MAKRELEN-SCAVECCIO

Dies ist eine Variante eines der berühmtesten Gerichte von Orbetello: *scaveccio*. Traditionell bereitete man ihn mit Aalen zu, die in der Lagune gefangen und dann in Essig, Kräutern und Chili mariniert wurden. Weil man diese Aale außerhalb von Orbetello kaum bekommt, kann man stattdessen auch Makrelen verwenden, deren Fleisch ähnlich fest und fett wie das des Aals ist. Mich erinnert das an ein japanisches Gericht namens *nanbanzuke*, das meine Mutter häufig mit Makrelen zubereitete. Für das japanische Gericht wird der bemehlte Fisch in einer Mischung aus Reisessig, Sojasoße, Zwiebeln, Chili und *mirin* (süßem Reiswein) mariniert.

Mitunter sind weit voneinander entfernte Orte auf eigenartige Weise durch Essen verbunden. So auch hier: Sowohl in Orbetello als auch in Japan wurde diese Technik der Fischkonservierung im 16. Jahrhundert von den Spaniern eingeführt (die sie wiederum von den Arabern übernommen hatten). Orbetello kam Mitte des 16. Jahrhunderts unter spanische Herrschaft. Davon zeugen auch heute noch der Stil zahlreicher Gebäude der Altstadt sowie traditionelle Gerichte wie *bottarga* und eben der *scaveccio*, dessen Name von der spanischen Bezeichnung für diese Zubereitung von Fisch kommt: *escabeche*.

Ein wunderbares Sommergericht, das man gut am Vorabend zubereiten und dann nach einem am Strand verbrachten Vormittag genießen kann. Serviert wird es kalt oder lauwarm, zusammen mit Kartoffeln, die dem Gericht etwas von seiner würzigen Säure nehmen.

FÜR 4 PORTIONEN

Die Makrelen säubern und ausnehmen und den Kopf entfernen. Das kann aber auch schon im Fischgeschäft erledigt werden. Die küchenfertigen Makrelenfilets in ca. 5 Zentimeter breite Stücke schneiden. Die Gräten mit einer Pinzette entfernen.

Die Fischstücke in Mehl wälzen.

In eine kleine Pfanne so viel Pflanzenöl gießen, dass es darin 3–4 Zentimeter hoch steht, und bei mittlerer Temperatur erhitzen, bis das Öl 170–180 °C heiß ist. Falls Sie kein Zuckerthermometer zur Hand haben, hilft der Kochlöffeltest (siehe Tipps fürs Frittieren, Seite 24). Die Fischstücke portionsweise frittieren, bis sie goldgelb, fest und gar sind (2–3 Minuten). Anschließend auf Küchenpapier abtropfen lassen und mit Salz bestreuen.

1 kg ganze Makrelen
(ca. 4 kleinere Fische)
2–3 EL Mehl oder Maisstärke
zum Panieren
Pflanzenöl zum Frittieren
250 ml Weißweinessig
250 ml trockener Weißwein
oder Wasser
1 frische oder getrocknete
Chilischote, ganz
2 Knoblauchzehen, ganz
1 Zweig Rosmarin
1 Lorbeerblatt
Salz

VARIANTEN

In Italien werden Aale lebend verkauft, sogar im Supermarkt, und es wird eine ziemlich gruselige Methode praktiziert, um die lebenden Aale zu töten. Ich muss zugeben, dass dies der Hauptgrund dafür ist, dass ich scaveccio lieber mit Makrelen zubereite. Sie können für dieses Gericht aber auch Stücke von orata (Seebrasse) oder ganze frische Sardinen oder Sardellen verwenden. Ich kenne auch lokale Scaveccio-Varianten mit anderen hier vorkommenden Fischen, wie Meeraal oder boga oder sparaglione (Meerbrassenarten) oder aber mit sugarello, einem Mitglied der Pferdemakrelenfamilie und in Japan gerne für nanbanzuke verwendet. Atlantischer Bonito ist ebenfalls geeignet.

In einem separaten Topf die Marinade zubereiten. Essig und Weißwein (oder Wasser) in der Pfanne aufkochen lassen, Chili, Knoblauch und Kräuter zugeben und weitere 2 Minuten kochen.

Die frittierten Fischstücke in eine flache Schüssel geben (traditionell wird dafür eine Terrakottaschüssel verwendet, aber eine feuerfeste Auflaufform aus Glas eignet sich ebenso). Die noch heiße Marinade über die Fischstücke gießen und das Ganze einige Stunden lang ziehen lassen. Am besten schmeckt der *scaveccio*, wenn er über Nacht oder sogar ein paar Tage lang ziehen konnte. Soll das Gericht länger aufbewahrt werden, nach dem zweiten Tag die Marinade entfernen. Da der eingezogene Essig die Fischstücke konserviert, halten sie sich im Kühlschrank bis zu eine Woche lang.

ORBETELLOS AALE

Orbetellos andere berühmte Aal-Kreation ist anguilla sfumata, *geräucherter Aal. Dafür wurden die Aale früher gesäubert, ausgenommen und zum Trocknen in Sonne und Wind aufgehängt. Anschließend hat man sie mit einer Soße aus roten Paprikaschoten, scharfem Chili, Essig und Salz bestrichen und sodann geräuchert. Dem Feuerholz fügte man einheimische Kräuter wie Rosmarin und Lorbeer hinzu. Auf diese Weise wurden die Aale nicht nur konserviert, sondern auch aromatisiert. Bei Bedarf wurden die Aalfilets dann in Stücke geschnitten und frittiert.*

Abbildung folgende Seite >

POLPO E PATATE

OKTOPUS MIT KARTOFFELN

Das Problem bei der Zubereitung von Oktopus besteht darin, ihn zart werden zu lassen. Dafür kursieren in Italien viele Methoden. Manche geben zum Kochwasser einen Weinflaschenkorken, Essig oder Meerwasser, andere klopfen den Oktopus gründlich durch, um die Fasern zu brechen. Wieder andere kochen ihn nicht in Wasser, sondern im eigenen Saft. Eine einfache und bewährte Methode besteht darin, den frischen Oktopus am Tag vor der Zubereitung ins Eisfach zu legen (oder ihn gleich tiefgefroren zu kaufen). Ich erziele auf diese Weise immer sehr zufriedenstellende Ergebnisse.

Zur Flaschenkorken-Methode gibt es eine lustige kleine Geschichte, die Marco, mein Mann, mir einmal erzählte. In den sizilianischen Häfen wurde frischer Oktopus traditionell sofort nach dem Einlaufen der Boote in riesigen Kesseln gekocht. Damit jeder seinen Oktopus wiederfand, befestigte man an den Tieren verschiedene Korken. Nicht eingeweihte Beobachter hielten dies wohl für eine besondere Zubereitungsmethode und nahmen die Idee mit nach Hause. Die Methode verfestigte sich, doch tatsächlich bewirkt der Korken bei der Zubereitung leider überhaupt nichts.

Die Faustregel ist, den Oktopus entweder sehr kurz zu kochen, also zu pochieren, oder aber ihn sehr lange zu kochen, bis er schmelzend weich wird. Sie können dieses Gericht auch mit Baby-Oktopoden zubereiten, die sich wesentlich leichter säubern lassen und in nur 20 Minuten gar werden. Für einen großen Oktopus genügt gewöhnlich 1 Stunde Kochzeit. Man kann das Gericht sofort warm servieren oder aber gekühlt, was an einem heißen Sommertag sehr angenehm ist.

FÜR 4 PORTIONEN

1 kg Oktopus

3 Knoblauchzehen, ganz

60 ml Olivenöl

125 ml Weißwein

500 g Kartoffeln, geschält und in größere Stücke geschnitten

1 Handvoll frische glatte Petersilie, ohne Stängel, fein gehackt

Saft von 1 Zitrone

Salz

Frisch gemahlener schwarzer Pfeffer

Den Oktopus unter fließendem Wasser abspülen, Fangarme gründlich reinigen. Die Augen entfernen und das Innere des Kopfs säubern, den Oktopus ansonsten ganz lassen.

Einen hohen Kochtopf mit fest schließendem Deckel verwenden. Den Knoblauch und 3 Esslöffel von dem Olivenöl hineingeben und leicht erhitzen, damit das Öl das Knoblaucharoma annimmt. Den Oktopus hinzufügen und 2 Minuten bei mittlerer Hitze kochen, bis er vollständig die Farbe gewechselt hat. Den Wein darübergießen, die Flüssigkeit zum Köcheln bringen und sodann im geschlossenen Topf ungefähr 45 Minuten garen lassen. Um zu prüfen, ob das Fleisch zart ist, mit einer Gabel in den dicksten Teil einstechen: Sie sollte weich hindurchgehen. Ansonsten weitere 10–15 Minuten im geschlossenen Topf weiterköcheln lassen.

In der Zwischenzeit die Kartoffeln in einen mittelgroßen Topf geben, mit kaltem Wasser bedecken und mit einer großzügigen Prise Salz würzen. Zum Kochen bringen und bei mittlerer Hitze 12–15 Minuten kochen, bis sie gar sind. Abtropfen lassen.

Den sehr zart gewordenen Oktopus vom Herd nehmen und im Topf etwas abkühlen lassen. Den Saft im Topf belassen, den Oktopus auf Küchenpapier abtropfen lassen. Bei einem sehr großen Oktopus die Haut durch behutsames Reiben oder Schaben entfernen – bei kleineren Exemplaren ist dies nicht nötig. Dann den Oktopus in etwa 5 Zentimeter große Stücke zerlegen. Anschließend zusammen mit den Kartoffeln wieder in den Topf zum Saft geben. Petersilie, Zitronensaft und restliches Olivenöl zugeben, mit Salz und frisch gemahlenem schwarzem Pfeffer abschmecken. Alles miteinander vermengen und warm oder kalt servieren. Dazu reichlich Brot zum Auftunken der Soße reichen.

Wenn Reste am folgenden Tag kalt serviert werden sollen, den Saft abtropfen lassen, auffangen und getrennt im Kühlschrank aufbewahren. Oktopus und Kartoffeln als Salat anrichten, eventuell mit schwarzen Oliven oder in Stücke geschnittenen Selleriestangen ergänzen. Den aufgefangenen Saft erwärmen, bis er wieder flüssig ist, und löffelweise über den Salat geben. Kleine Mengen Olivenöl und Zitronensaft zugeben und alles vermengen.

< Abbildung vorhergehende Seite

ACQUACOTTA DEL PESCATORE
FISCHER-ACQUACOTTA

Acquacotta ist ein Arme-Leute-Gericht. Fischer gaben zur Suppe früher vielleicht *baccalà* (Stockfisch) oder kleine Fische aus dem eigenen Fang. In diese moderne Version kommen Koffermuscheln, Miesmuscheln und Garnelen – dieselbe Meeresfrüchtemischung wie in *Spaghetti allo scoglio* –, aber Sie können die Zutaten je nach Lust und Geschmack variieren.

FÜR 4 PORTIONEN

Die Muscheln gemäß der Anleitung auf Seite 95 mindestens eine Stunde lang reinigen. Alle Muscheln mit beschädigten Schalen aussortieren (feine Risse stellen keine schlimme Beschädigung dar) sowie alle Muscheln, die offen sind oder nicht auf Druck reagieren. (Faustregel: Muscheln, *die vor dem Kochen offen sind*, sind tot, Muscheln, *die nach dem Kochen nicht offen sind*, ebenfalls. Sie alle müssen entsorgt werden.) Und gleichgültig, ob Sie sie reinigen oder nicht: Überspringen Sie auf keinen Fall Schritt 5 der Anleitung von Seite 95!

Die Muscheln außen abschrubben und die Fäden entfernen. Kleinere Garnelen können ganz belassen oder aber der Länge nach halbiert werden, sodass man beim Essen leichter an das Fleisch kommt.

Das Olivenöl in eine große Kasserole gießen und bei niedriger Hitze erwärmen. Zwiebeln und Sellerie zusammen mit einer Prise Salz zugeben und 15–20 Minuten im Öl braten, bis sie sehr weich sind. Damit die Zwiebeln dabei nicht braun werden, häufig umrühren und bei Bedarf etwas Wasser zugeben. Eine der Knoblauchzehen und nach Belieben den Chili hinzufügen und 1 Minute kochen. Sodann die Tomaten und 500 Milliliter Wasser zugeben. Mit Salz würzen und zum Köcheln bringen. 40 Minuten bei mittlerer Hitze kochen. Falls die Flüssigkeit zu stark eindickt, Wasser zugeben.

In der Zwischenzeit das Brot vorbereiten. Altes Brot eignet sich gut, da es Flüssigkeit aufnimmt, ohne matschig zu werden. Frisches Brot kann im Ofen getrocknet werden. Die Brotscheiben mit der restlichen Knoblauchzehe einreiben.

Garnelen und Muscheln in die köchelnde Flüssigkeit geben. Im geschlossenen Topf ca. 2 Minuten kochen lassen, bis sich die Muschelschalen geöffnet haben und die Garnelen gerade eben gar sind.

Vom Herd nehmen und die Petersilie einrühren. Die trockenen Brotscheiben in die Suppenteller legen und die *acquacotta* mit dem Schöpflöffel darübergeben, dabei die Meeresfrüchte gleichmäßig verteilen.

500 g Koffermuscheln und Miesmuscheln

4 große Garnelen (z. B. Giant Tiger Prawns)

60 ml Olivenöl

2 gelbe Zwiebeln, in dünnen Scheiben

1 Selleriestange, in dünnen Scheiben

2 Knoblauchzehen, ganz

1 kleine frische rote Chilischote, gehackt (optional)

700 g passierte Tomaten (Glas)

4 dicke Scheiben hartes Weißbrot mit Kruste

1 Handvoll frische glatte Petersilie, gehackt

Salz

VARIANTEN

In ihrem Kochbuch La cucina toscana di mare *(2015) stellt Laura Rangoni zwei* Acquacotta-*Rezepte mit Meeresfrüchten vor. Bei der Variante mit Sardellen, Anchovis und Mangold werden die Eier mit geriebenem Pecorino schaumig geschlagen und über die fertige, noch köchelnde Suppe gegossen. Die andere Variante ist mit Kichererbsen und Koffermuscheln. Die Muscheln vorher separat kochen, dann das gegarte Muschelfleisch ohne Schalen in die Suppe geben. Auf die Brotscheiben geriebenen Pecorino streuen und die Suppe darübergießen.*

ORBETELLO

Wenn man vom Monte Argentario kommend nach Orbetello fährt, sieht man es inmitten seiner Lagune liegen wie ein kleines toskanisches Venedig.

Die Lagune verleiht der Stadt einen besonderen Charakter. Sie entstand durch zwei Nehrungen mit herrlichen Stränden, Feniglia und Giannella, die den Monte Argentario mit dem toskanischen Festland verbinden. Die historische Altstadt von Orbetello hat die längliche Form eines Fingers und ragt in die Lagune hinein, sodass sie fast vollständig von Wasser umgeben ist. Wer in Orbetello ist, wird von den hartnäckigen kleinen Mücken verfolgt und spürt ständig sowohl die hohe Luftfeuchtigkeit als auch den durch das Gewässer hervorgerufenen waagerecht wehenden Wind. Die Lagune ist auch für die Entstehung der besonderen traditionellen *cuisine* mitverantwortlich, zu der sie unter anderem den Fischrogen für die *bottarga* und die Aale beisteuert (siehe Orbetellos Aale, Seite 83).

Wenn man sich mit den Einheimischen über Essen und lokale Spezialitäten unterhält, fällt einem auf, dass dieses Thema hier eine besondere Bedeutung hat. Land, Wasser und lokale Traditionen brachten einzigartige Gerichte hervor beziehungsweise Gerichte, die zwar auch anderswo zubereitet werden, jedoch nirgendwo so schmecken wie hier. *Bottarga* wird auch in Sardinien gemacht, doch die aus Orbetello ist ganz anders.

Bottarga ist abgeleitet vom arabischen *butārikh* für konservierte Fischeier. Die Konservierungstechnik wurde von den Spaniern, die hier vor über 500 Jahren herrschten, in Orbetello eingeführt. *Bottarga* wird auch heute noch von der Fischerkooperative von Orbetello hergestellt. Wenn die Großkopfmeeräschen-Weibchen im August und September Rogen haben, werden die in dieser Jahreszeit in ihre Laichgebiete ziehenden Fische an der Einmündung zur Lagune gefangen. Der Rogen wird behutsam von Hand entnommen, gereinigt und kurze Zeit über in Salz eingelegt, danach abgespült und getrocknet.

Als ich einen Fischer aus Orbetello fragte, was denn an der *bottarga* so besonders sei, antwortete er, es sei Orbetello, das den Unterschied ausmache. Es liegt wohl teilweise am Wasser der Lagune, denn das ist salzhaltiger als der offene Atlantische Ozean vor der westafrikanischen Küste, in dem diese Fischart ebenfalls anzutreffen ist. Teilweise liegt es auch an dem, was die Fische in der Lagune fressen.

Das Rezept für *Spaghetti alla bottarga di Orbetello* (gegenüberliegende Seite) wurde mir von den Fischern von Orbetello verraten.

SPAGHETTI ALLA BOTTARGA DI ORBETELLO

SPAGHETTI MIT BOTTARGA AUS ORBETELLO

Die *bottarga* aus Orbetello schmeckt anders als die aus Sardinien oder aus anderen Gegenden. Sie ist würziger, von Natur aus salziger, aber mit einem Abgang, den ich nicht benennen kann. Vielleicht trifft „bittersüß" es am ehesten. Weil sie auch weicher ist, kann man sie einfach mit einem Spritzer Zitronensaft und ein paar Tropfen Olivenöl auf *crostini* essen. Je länger man *bottarga* lagert, desto dunkler und härter wird sie, bis man sie nur noch reiben kann.

Die äußerste Sorgfalt, mit der *bottarga* in Orbetello gewonnen, zubereitet und konserviert wird, schlägt sich natürlich im Preis nieder: Ein Teller *Spaghetti alla bottarga di Orbetello* ist meist das teuerste Nudelgericht auf der Speisekarte. Zum Glück ist es sehr leicht, es zu Hause nachzukochen, und schon eine kleine Menge *bottarga* reicht sehr lange. Außerdem eignet sich dieses Gericht als sehr schnell zubereitetes und schmackhaftes Abendessen.

320 g trockene Spaghetti (Fertigprodukt)
50 g bottarga di Orbetello, gerieben
Saft von 1 Zitrone
2 EL Olivenöl
1 Handvoll frische glatte Petersilie, fein gehackt
Salz

FÜR 4 PORTIONEN

Die Spaghetti in einem großen Topf mit kochendem gesalzenen Wasser (siehe Seite 13) al dente garen (dabei die Anleitung auf der Packung beachten).

Die Nudeln abtropfen lassen und etwas von dem Kochwasser auffangen. Sofort die geriebene *bottarga*, den Zitronensaft, das Olivenöl und ein wenig Kochwasser mit den noch heißen Spaghetti vermengen, sodass sich die Flüssigkeiten zu einer Soße vermischen. Mit der gehackten Petersilie garnieren und servieren.

TIPP

Bottarga erhält man in gut sortierten Fachgeschäften für italienische Spezialitäten oder in Delikatessenläden.

Bevor man sie reibt oder in Scheiben schneidet, muss man die bottarga *von ihrer dünnen „Haut" befreien: Sobald man sie eingeschnitten hat, lässt sie sich leicht abziehen. Belassen Sie die Haut auf der restlichen* bottarga, *damit diese bis zur nächsten Verwendung frisch bleibt. Wenn Sie die* bottarga *nicht sehr häufig essen, sollte sie im Kühlschrank aufbewahrt werden.*

SPAGHETTI ALLE ARSELLE
SPAGHETTI MIT KOFFERMUSCHELN

Diese auch *telline* genannten, eher kleinen, flachen und sehr schmackhaften Muscheln genießen in der italienischen Küche hohes Ansehen. Marco erzählt oft von Familienurlauben an der toskanischen Küste, bei denen sein Vater stundenlang im Sand nach *arselle* suchte und dann mit vollen Sandeimerchen zurückkam. Leider findet man sie heute nicht mehr in solchen Mengen, und sie sind auch teilweise geschützt, was ihren Preis auf dem Markt in die Höhe treibt.

Arselle haben von Mai bis September Saison, doch am leichtesten findet man sie vor und nach der heißesten Zeit von Juni bis August, da sie sich bei starker Hitze tiefer im Sand eingraben. In Monte Argentario leben sie am flachen, feinsandigen Strand von Feniglia. Am leckersten schmecken sie an Ort und Stelle, und die Restaurants an Porto Ercoles Ende des Feniglia-Strandes bieten deshalb alle dieses Gericht an.

FÜR 6 PORTIONEN

Die Muscheln rasch unter fließendem Wasser spülen und diejenigen mit größeren Beschädigungen aussortieren, ebenso alle, die offen sind und nicht auf Druck reagieren. Ansonsten bitte an der Anleitung von Seite 95 orientieren. Besonders wichtig ist Schritt 5 der Anleitung.

Für die Spaghetti einen großen Topf mit gesalzenem Wasser aufsetzen (siehe Seite 13).

Für die Muscheln 2 Esslöffel des Olivenöls und den Knoblauch in eine große Bratpfanne geben und bei mittlerer Hitze 1 Minute anschwitzen, bis der Knoblauch hellgoldgelb ist. Sodann die Muscheln hinzufügen. Kurz umrühren, damit die Muscheln von Öl überzogen sind, anschließend den Weißwein dazugießen. Die Bratpfanne abdecken und alles bei hoher Temperatur 90 Sekunden schmoren, dabei gut durchschütteln. Vom Herd nehmen und beiseitestellen. Nach Belieben mit frisch gemahlenem schwarzem Pfeffer oder Chili würzen.

Sobald das Wasser für die Spaghetti kocht, diese hineingeben und (nach Packungsanweisung) al dente garen. Abtropfen lassen, dabei etwas von dem Kochwasser auffangen. Die Spaghetti mit dem restlichen Olivenöl, der Petersilie, den Muscheln und deren Saft vermengen. Falls zu trocken, aufgefangenes Nudelwasser zugeben.

Sofort servieren.

1 kg Koffermuscheln (oder Venusmuscheln)

3–4 EL Olivenöl

2 Knoblauchzehen, gehackt

250 ml trockener Weißwein

1 frische rote Chilischote, gehackt, oder Chiliflocken (optional)

500 g trockene Spaghetti (Fertigprodukt)

1 Handvoll frische glatte Petersilie, gehackt

Salz

Frisch gemahlener schwarzer Pfeffer

TIPP

In Italien werden Muscheln oft in Plastiknetzen mit 500 g oder 1 kg Inhalt verkauft und deshalb ist dies ein Rezept für 1 kg Muscheln, das für gut 6 Portionen reicht. Wenn Sie eine geringere Menge zubereiten wollen, verwenden Sie für 4 Portionen ungefähr 750 g Muscheln und 320 g Nudeln. Statt der hier angegebenen Koffermuscheln können Sie auch vongole (Venusmuscheln) kaufen, die etwas fleischiger und oft weniger sandig sind.

SPAGHETTI ALLE SPERNOCCHIE
SPAGHETTI MIT FANGSCHRECKENKREBSEN

Fangschreckenkrebse sehen aus wie eine Kreuzung aus Scampi und Insekten, mit hübschen Augen-Ornamenten auf den Schwänzen. Ihr süßes Fleisch ähnelt geschmacklich dem des Hummers. Weil sie harte Panzer und darunter verborgene spitze Stacheln haben, sind sie nicht leicht zu knacken, und manchmal erntet man für seine Bemühungen enttäuschend wenig Fleisch. Das alles wiegen sie durch ihr intensives Aroma auf. Im Argentario werden sie praktisch in jeden gemischten Meeresfrüchte-Eintopf integriert und unzerteilt gekocht, da ihr Panzer dem Gericht sehr viel Aroma verleiht.

Ich liebe die hier beschriebene Methode, alles zu nutzen, um ein einfaches, aber unglaublich leckeres Pastagericht zuzubereiten. Die Fangschreckenkrebse werden zuerst gekocht, und dann holt man das Fleisch aus dem Panzer. Die Nudeln werden in dem Kochwasser der Fangschreckenkrebse gegart, was das Aroma verstärkt.

FÜR 4 PORTIONEN

Ungefähr 2 Liter Wasser in einem großen Topf zum Kochen bringen. Die Fangschreckenkrebse darin bei hoher Temperatur 2 Minuten kochen, bis sie gar und nicht mehr durchsichtig sind.

Die Krebse abtropfen, das Wasser weiter köcheln lassen. Wenn die Krebse so weit abgekühlt sind, dass man sie anfassen kann, das Fleisch aus dem Panzer herausnehmen. Dazu den Körper der Länge nach mit einer scharfen Schere aufschneiden. Vorsicht! Seitlich am Körper sind Stacheln.

In einer großen Bratpfanne das Olivenöl, den Knoblauch und die Petersilie bei niedriger bis mittlerer Hitze erwärmen. Dem Öl 2 Minuten Zeit lassen, um das Knoblaucharoma aufzunehmen. Zwischendurch umrühren. Den Weißwein zugießen und ungefähr 3 Minuten köcheln lassen. Das Krebsfleisch zugeben und alles miteinander vermengen. Vom Herd nehmen und bis zur weiteren Verwendung beiseitestellen. Nach Belieben mit frisch gemahlenem schwarzem Pfeffer oder Chili abschmecken.

Dem Kochwasser der Fangschreckenkrebse Salz zugeben und die Pasta darin al dente kochen (1 Minute kürzer als auf der Packung angegeben). Abtropfen lassen, dabei 60 Milliliter Kochwasser auffangen. Die Spaghetti in die Pfanne zu der Krebsfleischmischung geben, zusammen mit dem aufgefangenen Kochwasser. Bei leichter Hitze alles ca. 1 Minute miteinander vermengen. Sofort servieren.

1 kg Fangschreckenkrebse

60 ml Olivenöl

2 Knoblauchzehen

1 Handvoll frische glatte Petersilie, fein gehackt

125 ml Weißwein

1 frische rote Chilischote, gehackt, oder Chiliflocken (optional)

320 g trockene Spaghetti (Fertigprodukt)

2 TL Salz

Frisch gemahlener schwarzer Pfeffer

ALTERNATIVE ZUTATEN

Wenn Sie keine Fangschreckenkrebse bekommen, können Sie mit der hier beschriebenen Methode scampetti (kleine Scampi) zubereiten, die wesentlich kostengünstiger sind als die großen. Die scampetti 2 Minuten kochen, sodann schälen und die Köpfe (das Beste an ihnen!) in den Topf zurückgeben und weiter köcheln lassen, während Sie weiterschälen und die Soße zubereiten. Wenn es dann Zeit ist, die Nudeln zu kochen, steht dafür eine köstlich aromatisierte Brühe bereit.

MUSCHELN REINIGEN

Muscheln werden lebend verkauft und müssen sorgfältig zubereitet werden. In Italien ist es üblich, vor dem Kochen den Sand zu entfernen, der zwischen die Muschelschalen geraten ist. Nichts ist schlimmer, als beim Pastaessen auf Sand zu beißen! Man legt dazu die Muscheln in Wasser und wechselt dieses mehrmals aus. Jeder hat da so seine eigenen Tricks und Kniffe, viele davon wurden von Generation zu Generation weitergegeben.

Ich beherzige die Ratschläge von Muschelexperten wie Hank Shaw (amerikanischer Journalist, Sammler und Autor von *Hunt, Gather, Cook,* 2011, und des hervorragenden Blogs *Honest Food*).

Die meisten im Handel erhältlichen Muscheln sind bereits gereinigt. Muscheln aus dem Supermarkt sind küchenfertig. Befolgen Sie in diesem Fall nur Schritt 1 (Aussortieren) und Schritt 5 für den Fall, dass tote Muscheln darunter sind, die viel Sand enthalten. Beherzigen Sie bitte Schritt 5: Er hört sich mühsam an, ist aber der wichtigste! Wenn Sie auch nur eine tote Muschel voller Sand in der Pfanne haben, ist das ganze Gericht ruiniert. Falls Sie die Muscheln im Fischgeschäft kaufen, erkundigen Sie sich, ob sie gründlich von Sand befreit wurden.

Die beste Methode, um sie selbst zu reinigen, ist folgende:

1. Die Muscheln rasch unter dem Wasserhahn abspülen, Muscheln mit größeren Beschädigungen aussortieren, ebenso alle, die offen sind und nicht auf Druck reagieren. Die Muscheln in eine große Schüssel aus Glas oder Keramik geben.

2. So viel Salzwasser dazugießen, dass die Muscheln 2–3 Zentimeter hoch bedeckt sind. Am besten eignet sich dafür durch Filtern von Sand befreites Meerwasser. Geben Sie ansonsten Leitungswasser Meersalz zu, um einen Salzgehalt von ungefähr 3,5 % zu erreichen (ca. 35 Gramm Salz auf 1 Liter Wasser). In Süßwasser würden die Muscheln sofort sterben. Achten Sie auch darauf, die Muscheln nicht allzu starken Temperaturschwankungen auszusetzen. Falls die Muscheln gekühlt gelagert wurden (etwa im Fischgeschäft), können Sie kaltes Wasser verwenden und die Schüssel mit den Muscheln in den Kühlschrank tun. Sonst in eine kühle Ecke stellen.

3. Mindestens 1 Stunde wässern. Für Muscheln aus dem Fischgeschäft reicht dieser Zeitraum aus. Falls Sie sie länger wässern, sollten Sie das Wasser ab und zu auswechseln, damit die Muscheln nicht aufgrund von Sauerstoffmangel ersticken. Wenn Sie an die Muscheln klopfen oder sie schütteln, sollten sie sich schließen (langsam, aber irgendwann vollständig). Auf gar keinen Fall dürfen Sie die Muscheln vergessen – und dann eine Schüssel voller toter Muscheln vorfinden.

4. Die Muscheln mit den Händen oder einer Schaumkelle in ein Sieb geben. (Nicht einfach den Schüsselinhalt in das Sieb kippen, da sonst ausgespülter Sand mit ins Sieb gelangen würde.)

5. Italienische Fischhändler klopfen mit jeder einzelnen Muschel auf eine Unterlage, um die toten Muscheln auszusortieren. Dieser Schritt ist unglaublich wichtig. Klopfen Sie mit jeder Muschel auf ein Schneidebrett. Die lebenden bleiben dabei fest verschlossen, die toten aber gehen auf – und sind sehr wahrscheinlich voller Sand. Wenn auch dieser Schritt getan ist, kann mit dem Kochen begonnen werden.

BAVETTE AL BRANZINO
BAVETTE MIT WOLFSBARSCHRAGOUT

Der Europäische Wolfsbarsch heißt auf Italienisch *branzino* oder *spigola* und ist im Argentario und in und um Orbetello Teil einer jeden guten Speisekarte. Denn in der Lagune werden hochwertige Wolfsbarsche gezüchtet, die in ganz Italien einen guten Ruf genießen.

Fischzucht ist in dieser Region schon seit der Zeit der alten Römer etabliert. An der Nehrung Giannella liegt ein Strand mit dem Namen Bagni di Domiziano, an dem man die Ruine einer auf 36 v. Chr. datierten römischen Villa findet. Bei Ebbe sind dort die teilweise überfluteten Überreste der Steinbecken erkennbar, in denen Wolfsbarsche und Großkopfmeeräschen gezüchtet wurden. Dem römischen Autor Gaius Suetonius Tranquillus zufolge, der eine Sammlung von Kaiserbiografien verfasste (121 n. Chr.), verbrachte Kaiser Nero die Sommer seiner Kindheit in dieser Villa und versorgte die Fische, die mit einer Mischung aus Garnelen, Muscheln, Krabben, Früchten des Erdbeerbaums und Feigen ernährt wurden und deshalb besonders schmackhaft waren. Nero stammte aus einer wohlhabenden Bankiersfamilie. Ihr gehörte der gesamte Monte Argentario.

Die schmalen und dicken *bavette* sind typische ligurische Nudeln. Zu dem Wolfsbarschragout passt jeder Pastatyp, besonders gut auch lange dünne Nudeln wie Spaghetti oder *tagliolini*.

FÜR 4 PORTIONEN

Die Fischfilets in 1,5 Zentimeter große Würfel schneiden. Beiseitestellen.

Das Olivenöl in einer Bratpfanne bei niedriger Temperatur erhitzen und Zwiebel, Knoblauch und Petersilienstängel zugeben. Mit einer Prise Salz würzen und ca. 10–15 Minuten bei niedriger Temperatur anschwitzen, bis die Zwiebel glasig, aber nicht braun ist (gegebenenfalls etwas Wasser zugeben).

Für die Nudeln einen großen Topf gesalzenes Wasser zum Kochen bringen (siehe Seite 13).

Den Weißwein über die Zwiebelmischung gießen und diese bei mittlerer Temperatur 2 Minuten köcheln lassen. Sodann die Tomaten und die Brühe (siehe Seite 100) zugeben und weitere 10 Minuten köcheln lassen. Den gewürfelten Fisch zugeben und nochmals 5 Minuten köcheln lassen. Anschließend vom Herd nehmen.

400 g Wolfsbarschfilets
2 EL Olivenöl
1 kleine gelbe Zwiebel, fein gehackt
1 Knoblauchzehe, fein gehackt
1 große Handvoll frische glatte Petersilie, Stängel grob gehackt, Blätter fein gehackt
125 ml trockener Weißwein
1 frische Tomate (oder 1 Handvoll frische Kirschtomaten), gehackt
250 ml Fischbrühe (Fertigprodukt oder selbst gemacht, siehe Seite 100)
320 g trockene bavette oder 400 g frische bavette (bzw. Spaghetti oder tagliolini, Fertigprodukte)
Salz
Frisch gemahlener schwarzer Pfeffer

TIPP

Wenn Sie ganze Fische kaufen, um sie selbst zu filetieren, benötigen Sie das Zweifache der hier angegebenen Menge. Kochen Sie aus den Köpfen und Gräten eine Fischbrühe.

Fortsetzung folgende Seite >

Sobald das Wasser kocht, die Nudeln hineingeben und (nach Packungs-anweisung) al dente kochen. Abgießen, dabei etwas von dem Kochwasser auffangen. Nudeln und gehackte Petersilienblätter zum Fischragout geben und alles miteinander vermengen. Falls das Ganze zu trocken ist, etwas von dem aufgefangenen Nudelwasser unterrühren.

Sofort servieren.

VARIANTEN

Dieses Gericht wird häufig mit ganzen Fischen zubereitet, die man dann zusammen mit Zwiebel, Knoblauch, Petersilie und Weißwein in der Pfanne brät. Sodann nimmt man die Fische aus der Pfanne, ent-fernt Köpfe, Haut, Schwanz und Gräten und zerpflückt das Fleisch, um es wieder zu den anderen Zutaten in die Pfanne zu geben. Dies ist eine sinnvolle Methode, ein Fischragout zuzubereiten, da der ganze Fisch viel Aroma abgibt und man dann keine Fischbrühe mehr benötigt. Die Verwendung von Filets dagegen erleichtert die Zubereitung. Wenn Sie die Fische selbst filetiert haben, können Sie Köpfe und Gräten für die Fischbrühe (siehe unten) nutzen. Auch Rotbarbe, Roter Knurrhahn und Seebrasse eignen sich gut für dieses Rezept.

FISCHBRÜHE

FÜR 1 LITER

Das Olivenöl bei mittlerer bis hoher Temperatur in einem Suppentopf erhit-zen. Die Fischteile 1–2 Minuten scharf anbraten, damit sie ein stärkeres Aroma entwickeln. Das Gemüse zugeben und 1 Minute weiterbraten, an-schließend 1,5 Liter kaltes Wasser zugeben.

Aufkochen lassen, dann bei niedriger Hitze 30 Minuten im offenen Topf köcheln lassen. Vom Herd nehmen und durch ein feines Sieb gießen.

Auf diese Weise erhält man über 1 Liter Brühe, die man anstelle von Wasser für alle Fischsuppen, Fischeintöpfe oder Fischragouts zu Nudeln verwenden kann. Die Brühe lässt sich auch einfrieren.

1 EL Olivenöl
300–500 g Fischköpfe, Gräten und Schwänze
1 gelbe Zwiebel, grob gehackt
1 Selleriestange, grob gehackt
1 Möhre, grob gehackt

MINESTRA DI PESCE
FISCHSUPPE MIT NUDELN

Ebenso wie viele andere einfache Gerichte ist auch diese samtige, sämige Suppe ein wärmendes, wohltuendes Gericht. Es stellt sozusagen die Fischer-Version der hühnersuppenähnlichen *Pastina in brodo* dar. Das Geheimnis der *Minestra di pesce* ist die Verwendung einer Mischung verschiedener kleiner Fische, die man auf italienischen Fischmärkten als *pesce da zuppa*, „Suppenfisch", erhält.

In ihrem Kochbuchklassiker *Honey from a Weed* (1986) beschreibt Patience Gray ein Gericht aus dem Salento in Apulien, *Zuppa di pesciolini di scoglio* („Suppe aus kleinen Felsenfischen"), und fragt sich, ob es in Ordnung ist, solche kleinen, jungen Fische zu kochen. „Würden sie im Meer zu großen Fischen heranwachsen?" Weil diese kleinen Fische außerhalb von Italien wohl nur schwer zu bekommen sind, kann man auch ausgewachsene Fische verwenden, was es aber wiederum erschwert, eine Mischung zusammenzustellen – es sei denn, man kocht für 12 Portionen!

Die kleinen Fische küchenfertig vorzubereiten kann etwas mühsam sein. Doch man braucht dabei eigentlich gar nicht so viel zu machen, weil man sie ohnehin passiert – in einem Passiergerät, bei uns auch „Flotte Lotte" und im Italienischen *passaverdura* oder *passatutto* genannt. Wenn Sie so ein Gerät noch nicht besitzen, rate ich dringend zur Anschaffung, denn es wird Ihnen helfen, fantastische Soßen, Pürees und Konfitüren herzustellen. Der Unterschied zum Pürierstab oder zum Mixer ist, dass die Flotte Lotte das, was man im Essen haben will, von dem trennt, auf das man gerne verzichtet. Gräten, Köpfe und Haut kleiner Fische bleiben ebenso im Sieb zurück wie Tomatenkerne und anderes. Und in den Topf gelangt nur die schmackhafte, saftige und samtige Mischung der Zutaten.

FÜR 4 PORTIONEN

Die Fische abspülen, entschuppen und ausnehmen (an der Bauchseite vom Kopf an aufschlitzen und Gedärme entfernen). Abspülen und trocken tupfen.

Das Olivenöl langsam in einem Kochtopf erhitzen und darin die ganze Knoblauchzehe, die Zwiebel und den Sellerie 5 Minuten bei niedriger Hitze anschwitzen. Gelegentlich umrühren. Den Fisch zugeben und bei mittlerer Hitze weitere 3 Minuten braten. Den Wein zugeben und ungefähr 5 Minuten einkochen lassen.

300 g gemischte kleine Fische

3 EL Olivenöl

1 Knoblauchzehe, ganz und ungeschält

1 gelbe Zwiebel, fein gehackt

1 Selleriestange, fein gehackt

125 ml Weißwein

4 frische große Tomaten oder 400 g geschälte Tomaten (Dose) bzw. passierte Tomaten (Glas)

1 Handvoll frische Basilikumblätter, gehackt

1 Handvoll frische glatte Petersilie ohne Stängel, gehackt

1 frische rote Chilischote, gehackt, oder Chiliflocken (optional)

120 g trockene kleine Nudeln, wie z. B. ditalini, risoni, stelline, quadretti oder in Stücke gebrochene Spaghetti (Fertigprodukt)

Salz

Frisch gemahlener schwarzer Pfeffer

Fortsetzung folgende Seite >

Frische Tomaten auf der Unterseite kreuzweise einschneiden, in kochendem Wasser 30 Sekunden blanchieren, anschließend sofort in eine Schüssel mit Eiswasser geben. Auf diese Weise sollten sie sich sehr leicht schälen lassen. Die geschälten Tomaten vierteln, entkernen und klein hacken.

Die Tomaten, die Kräuter und den Chili (nach Belieben) ebenfalls in den Topf geben. Mit Salz und frisch gemahlenem schwarzem Pfeffer würzen. 1 Liter kaltes Wasser zugießen. Aufkochen lassen, bei niedrigerer Temperatur im offenen Topf 10 Minuten köcheln lassen, dann abdecken und weitere 30 Minuten köcheln lassen.

Die Suppe passieren, um feste Gemüse- und Fischstückchen herauszufiltern. (Falls sehr große Stücke von Fleisch und Gemüse verwendet wurden, Mischung vor dem Passieren mit Pürierstab oder im Mixer zerkleinern.) Die so erhaltene Suppe anschließend durch ein feines Sieb filtern. Oder aber die Mischung mit Pürierstab oder im Mixer zerkleinern und anschließend durch ein feines Sieb gießen.

Die Suppe in den Topf zurückgeben und zum Köcheln bringen. Die Pasta in der Suppe al dente kochen (siehe Anleitung auf der Packung), auf Suppenteller verteilen und sofort servieren.

ALTERNATIVE ZUTATEN
Typischerweise werden für diese Suppe Roter Knurrhahn, Rotbarbe, Großer Roter Drachenfisch, Seehecht, Flügelbutt, Himmelsgucker und Seebrasse verwendet. Wenn Sie keine kleinen Fische finden, können Sie auch einen der genannten Fische plus Filets anderer Arten verwenden. Das Aroma verstärken kann man auch, indem man von anderen Zubereitungen übrig gebliebene Fischköpfe und Schwänze nutzt. Anstatt sie nach dem Filetieren wegzuwerfen, kann man sie für Gelegenheiten wie diese tiefgefroren aufbewahren.

ZUPPA DI SCAMPI E PATATE

SUPPE AUS SCAMPI UND KARTOFFELN

Von diesem klassischen Gericht aus dem Argentario hörte ich zum ersten Mal, als wir an einem herrlichen Tag mit unseren Freunden Umberto und Alessandra nach kurzer Fahrt mit ihrem Boot an der Spiaggia Lunga in der Sonne lagen. Als wir – wie so oft – auf Essen zu sprechen kamen, erzählten sie von einer Familie, die früher jedes Mal an *Ferragosto* (Mariä Himmelfahrt, 15. August) nicht nur wie andere Leute an den Strand fuhr und dort picknickte, sondern ein Feuer machte und darüber in einem großen Topf eine Suppe aus Scampi und Kartoffeln kochte, die so köstlich war, dass die anderen Strandbesucher diese Familie für Restaurantbesitzer hielten.

Ich bin mir ziemlich sicher, dass es sich um diejenige Familie handelt, die in dem Buch *Noi di Port'Ercole* (2011) von Enrico Bistazzoni und Vincenzo Sabatini beschrieben ist und in dem Erinnerungen an das Leben in früheren Zeiten in diesem Ort geschildert werden. Die Autoren beschreiben die Spiaggia Lunga als Lieblingsstrand der *portercolesi* und berichten von einer „Gruppe von 30, 40 Leuten, die in der Morgendämmerung ein Zelt aufschlugen, mittags mit einem *caldaro* begannen, dann mit *fritto misto* und überbackener Pasta weitermachten und mit Wassermelone abschlossen".

Wir begannen über dieses Suppenrezept zu sprechen. Alessandra erzählte, dass sie manchmal Zucchini oder in Streifen geschnittene rote Paprikaschoten mit hineintut … Und mir lief beim Gedanken an diese über knusprig geröstete, mit Knoblauch eingeriebene Brotscheiben gegossene Scampisuppe das Wasser im Munde zusammen.

Normalerweise verwendet man für dieses Gericht kleine Scampi (*scampetti*), doch gibt es auch eine preisgünstigere, aber nicht weniger leckere Variante mit Sardinen: *Zuppa di sarde e patate*.

FÜR 4 PORTIONEN

Die Köpfe und Panzer der *scampetti* entfernen und Fleisch und Schwänze beiseitelegen. In einem Topf die Köpfe und Panzer ca. 2 Minuten ohne Zugabe von Öl oder anderem rösten. Etwas mehr als 1 Liter kaltes Wasser dazugießen, aufkochen lassen und bei niedriger Temperatur im geschlossenen Topf 30 Minuten köcheln lassen. Die fertige Scampibrühe beiseitestellen.

In einer großen Bratpfanne das Olivenöl bei niedriger Temperatur erhitzen und den gehackten Knoblauch und die Petersilienstängel darin 5 Minuten anschwitzen. Den Wein dazugießen und bei mittlerer Hitze ca. 5 Minuten

500 g scampetti

3 EL Olivenöl

2 Knoblauchzehen, davon 1 fein gehackt und 1 ganz zum Einreiben der Brotscheiben

1 Handvoll frische glatte Petersilie, Stängel und Blätter separat fein gehackt

125 ml trockener Weißwein

400 g geschälte Tomaten (Dose)

500 g Kartoffeln, geschält und in 2 cm große Würfel geschnitten

4 Scheiben Weißbrot mit knuspriger Kruste

Salz

Frisch gemahlener schwarzer Pfeffer

Fortsetzung folgende Seiten >

kochen lassen. Die Tomaten und die Scampibrühe dazugeben, mit Salz und frisch gemahlenem schwarzem Pfeffer würzen und aufkochen lassen.

Bei niedrigerer Temperatur 15 Minuten köcheln lassen. Die Kartoffeln gar kochen, dann Fleisch, Schwänze der *scampetti* sowie Petersilienblätter dazugeben und 2 Minuten kochen. Mit Salz und Pfeffer abschmecken.

Die Brotscheiben toasten und mit der ganzen Knoblauchzehe einreiben.

Zum Servieren in jeden Suppenteller eine Brotscheibe legen und die Suppe mit einer Schöpfkelle darübergeben.

VONGOLE E POLENTA
VENUSMUSCHELEINTOPF MIT POLENTA

Dieser Eintopf verlangt nach einer cremigen, weichen Polenta aus *Fioretto*- oder einem anderen fein gemahlenen Maisgrieß. Diese Polenta sollte also eine andere Konsistenz haben als die feste Masse, die bei Polenta-*Crostini* mit Pilzen (siehe Seite 25) verwendet wird. Ein solch weicher, an Kartoffelpüree erinnernder Maisbrei muss sehr sorgfältig zubereitet und gewürzt werden. Das dauert seine Zeit, aber wenn man ohnehin am Herd steht, um die Tomatensoße zu überwachen und die Muscheln zuzubereiten, macht es einem nichts aus, die Polenta alle 4–5 Minuten umzurühren.

Polenta sollte gut gesalzen werden, aber passend zu einem Meeresfrüchtegericht kann man sie anstatt mit Salz auch mit geriebener *bottarga* würzen.

FÜR 4 PORTIONEN

Die Muscheln wie auf Seite 95 beschrieben reinigen. Sie dazu zunächst unter fließendem Wasser spülen und alle Muscheln aussortieren, die beschädigt sind, offen sind und nicht auf Druck reagieren. Nach dem Wässern jede Muschel auf eine Unterlage klopfen, um sicherzugehen, dass keine tote darunter ist (siehe Schritt 5 auf Seite 95).

In einem Kochtopf den Knoblauch in 2 Esslöffel Olivenöl langsam erhitzen. Chili (nach Belieben) und Tomaten sowie 250 Milliliter Wasser zugeben und mit Salz würzen. 30 Minuten köcheln lassen, bis die Flüssigkeit etwas eingekocht ist.

Für die Polenta 1 Liter Wasser in einem hohen antihaftbeschichteten Topf zum Kochen bringen. Salz (oder geriebene *bottarga*) und das restliche Olivenöl zugeben. Unter ständigem Rühren (mit einem Holzlöffel oder Schneebesen) den Maisgrieß langsam einrieseln lassen, um Klumpenbildung zu vermeiden. 1–2 Minuten weiterrühren, bis die Mischung dicker wird. Gleichzeitig in einem zweiten Topf gesalzenes Wasser köcheln lassen.

Die Polenta bei niedrigst möglicher Temperatur im geschlossenen Topf kochen, dabei alle 4–5 Minuten kräftig durchrühren, bis die Polenta cremig und seidig aussieht und sich von den Topfrändern zu lösen beginnt. Wenn die Polenta zu dick oder aber klumpig wird, aus dem zweiten Topf etwas köchelndes Salzwasser löffelweise zugeben. Nach ca. 45 Minuten Kochzeit die Polenta kosten: Sie sollte ganz weich und ohne Biss sein. Polenta mit Frischhaltefolie so abdecken, dass die gesamte Oberfläche bedeckt ist und sich keine Haut bildet. Beiseitestellen.

1 kg Venusmuscheln
1 Knoblauchzehe, gehackt
3 EL Olivenöl
1 frische rote Chilischote, gehackt, oder Chiliflocken (optional)
400 g passierte Tomaten (Glas)
200 g feiner Maisgrieß für Polenta
125 ml trockener Weißwein
1 Handvoll frische glatte Petersilie, ohne Stängel, grob gehackt
1 Handvoll frisches Basilikum, ohne Stängel, grob gehackt
2 TL Salz

Fortsetzung folgende Seiten >

Für die Venusmuscheln einen Topf oder eine Pfanne mit Deckel bei sehr hoher Temperatur erhitzen. Sobald das Gefäß sehr heiß ist, die gereinigten und abgetropften Muscheln hineingeben und den Weißwein darübergießen. 1–2 Minuten im offenen Topf kochen lassen. Anschließend den Deckel auflegen, damit sich die Muscheln im Dampf öffnen. Den Topf zwischendurch mehrmals schütteln. Nach 1–2 Minuten kontrollieren: Jetzt sollten sich alle Muscheln geöffnet haben.

Je nach Geschmack könnten nun die Schalen entfernt werden: Das Muschelfleisch aus den Schalen zupfen, die Schalen entsorgen, das Muschelfleisch und den Kochsaft zusammen mit den Kräutern zur Tomatensoße geben. Man kann aber auch die Muscheln mit Schale verwenden – das sieht einfach interessanter aus.

Die warme cremige Polenta auf Suppenteller verteilen und den Muscheleintopf mit einem Schöpflöffel darübergeben. Sofort servieren.

METHODEN FÜR DIE ZUBEREITUNG VON POLENTA
Es gibt geniale Methoden, sich das Kochen der Polenta zu erleichtern. Die italienische Kochbuchautorin Anna Del Conte kocht die Polenta 10 Minuten auf dem Herd unter regelmäßigem Umrühren, füllt sie dann aber in eine gebutterte feuerfeste Form um und backt sie zugedeckt 1 Stunde im Backofen. Die Oberfläche wird dann zur Kruste (die viele sehr mögen) und darunter ist der Maisbrei weich. In ihrem Buch Simply Ancient Grains *(2015) schlägt Maria Speck eine andere Methode vor: Sie übergießt den rohen Maisgrieß lange vor der eigentlichen Zubereitung mit kochendem Wasser und deckt ihn anschließend mit Frischhaltefolie so ab, dass sich die Oberfläche nicht zu einer festen Haut verhärtet. Dann lässt sie die Masse 8–12 Stunden stehen (oder bis zu zwei Tage im Kühlschrank). Für die eigentliche Zubereitung fügt sie mehr Wasser hinzu und lässt die Polenta unter Rühren 10–12 Minuten köcheln.*

CALDARO DELL'ARGENTARIO
ARGENTARIO-FISCHEINTOPF

Am Mittelmeer hat jede Hafenstadt ihren eigenen Fischeintopf: Marseille die *bouillabaisse*, Portugals Häfen ihre jeweils eigenen Versionen der *caldeirada*. In der Argentario-Region liebt man den *caldaro*, der ebenso wie die *caldeirada* nach dem „Kessel" benannt ist, in dem man ihn ursprünglich kochte. Die Liste der Zutaten variiert von Familie zu Familie und hängt auch davon ab, welche Fische und Meeresfrüchte gerade verfügbar sind.

Ebenso wie der *cacciucco* aus Livorno muss der *caldaro* zu einem Großteil aus frischesten Meerestieren bestehen. In diesem Teil der Toskana bieten sich dafür aromatische, fleischige Fische wie Großer Roter Drachenkopf, Roter Knurrhahn, Petersfisch und Kleingefleckter Katzenhai an sowie Oktopus und andere Tintenfische und speziell in dieser Gegend Aale. Aber auch eine Handvoll Fangschreckenkrebse oder Scampi passen gut dazu. Falls erhältlich, sollte man noch ein paar Napfschnecken zugeben, die dem Eintopf einen intensiven Geschmack nach Meer verleihen. Es ist diese Kombination lokaler Meeresfrüchte, die den *caldaro* einzigartig macht.

Das Vorbild für mein Rezept stammt aus *Il grande libro della vera cucina toscana* (2002) von Paolo Petroni. Ebenso wie bei einer *bouillabaisse* ist es schwierig, diesen Eintopf für wenige Portionen herzustellen, weil man so viele Zutaten verwendet. Die hier angegebenen Mengen sind für 6 Portionen berechnet, reichen aber auch für 8, wenn der Fischeintopf als Vorspeise gereicht wird.

FÜR 6 PORTIONEN

Die Tintenfische grob in Stücke schneiden (sehr kleine Tintenfische können ganz bleiben). Fangarme können ganz bleiben, Mäntel aber sollten in Streifen oder Ringe geschnitten werden. Der Fisch kann filetiert werden, sodass man nur die Filets nutzt. Bei Rotem Knurrhahn ist es allerdings üblich, ihn in dicke Steaks mit Knochen zu zerteilen, weil diese dem Gericht mehr Aroma verleihen. (Wer keine Knochen in der Suppe haben will, kann natürlich auch diesen Fisch filetieren.) Kleine Filets kann man ganz lassen, große sollten klein geschnitten werden.

Die Zwiebel, den zerdrückten Knoblauch, die Petersilie und den Chili mit einer Prise Salz bei niedriger Hitze 10 Minuten im Öl ziehen lassen, bis alles weich ist. Tintenfische hinzufügen und bei mittlerer Hitze 5 Minuten auf allen Seiten anbraten. Anschließend den Weißwein darübergießen und bei mittlerer bis hoher Temperatur 5 Minuten nahezu vollständig einkochen

800 g gereinigte Baby-Tintenfische und Calamari

1 kg Fischmischung, z. B. aus Rotem Knurrhahn, Großem Roten Drachenkopf, Petersfisch und Kleingeflecktem Katzenhai

1 gelbe Zwiebel, fein gehackt

3 Knoblauchzehen, davon 2 zerdrückt und 1 ganz zur Aromatisierung von Brot

1 kleiner Bund frische glatte Petersilie, gehackt

1 frische rote Chilischote, gehackt

3 EL Olivenöl

125 ml trockener Weißwein

400 g geschälte oder gehackte Tomaten (Dose)

150 g Fangschreckenkrebse

150 g Scampi, abgespült, ganz oder längs halbiert

6 Scheiben trockenes oder geröstetes Weißbrot mit Kruste

Salz

Frisch gemahlener schwarzer Pfeffer

Fortsetzung folgende Seite >

lassen. Nun die Tomaten und ca. 250 Milliliter Wasser hinzufügen. Mit Salz und frisch gemahlenem schwarzem Pfeffer würzen. Bei niedriger Hitze weitere 25–30 Minuten köcheln lassen.

Die Fischstücke hinzufügen und 15 Minuten in der Brühe kochen lassen. Bei Bedarf Wasser hinzugeben. Schließlich Fangschreckenkrebse und Scampi zufügen und 3 Minuten kochen. Vom Herd nehmen und die Suppe zusammen mit dem zuvor mit Knoblauch eingeriebenen Brot in eine große Schüssel geben. (Manche dekorieren die Ränder der Schüssel mit dem Brot, andere legen in jeden Suppenteller eine Scheibe, bevor sie die Suppe hineingeben.)

TIPP

Bei dieser Menge ist es sinnvoll, Fische und Meeresfrüchte im Fischgeschäft reinigen zu lassen. Die Fische müssen entschuppt und ausgenommen, die Tintenfische gesäubert und ihre Augen und Schnäbel entfernt werden. Oder Sie machen es selbst, anhand der Anleitungen auf Seite 80 (Tintenfische) und Seite 87 (Oktopus).

MONTE ARGENTARIO

Den Anblick der sich unter mir an den Klippen brechenden Wellen werde ich nie vergessen. Wir hatten für einen kurzen Osterurlaub ein kleines Ferienhaus hoch oben auf den Klippen gemietet. Unter uns lag der unweit von Porto Santo Stefano gelegene hübsche Strand Cala Piccola. Von der Terrasse aus genossen wir ein 180°-Rundpanorama des Meeres und camparirote Sonnenuntergänge. Wenn man sich über das Geländer beugte, sah man, wie die heranrollenden Wellen ihre Farbe von Dunkelblau zu Türkis veränderten.

Monte Argentario war ursprünglich eine Insel. Im Laufe der Zeit bildeten sich zwei Nehrungen, die den Monte Argentario mit dem Festland verbanden und so die Lagune von Orbetello schufen. Gianella, die eine dieser Nehrungen, ist so breit, dass auf ihr eine Straße sowie mehrere Hotels und Campingeinrichtungen Platz fanden. Feniglia, die andere Nehrung, ist nur ein langer Strandstreifen mit einem von Damwild bewohnten Wald aus Mittelmeerkiefern.

Dennoch behielt Monte Argentario seinen Inselcharakter bei, nicht zuletzt dank seiner steilen Felsküsten, seiner Kiesstrände und der bewaldeten Mitte. Es gibt nur zwei kleine Städte, und beide besitzen Fischerhäfen, an denen vor allem Thunfische, Sardellen und Sardinen ausgeladen werden.

Porto Santo Stefano, der größere und jüngere der beiden Orte, wurde im 16. Jahrhundert gegründet. Inzwischen dehnt er sich weit über die umgebenden Hänge aus, und in dem freundlichen Hafen liegen zwischen den Fischerbooten auch große Jachten vor Anker. Heute sieht man dem Ort nicht mehr an, dass er nach schlimmen Bombardierungen im Zweiten Weltkrieg nahezu vollständig zerstört war.

Porto Ercole blickt auf eine etruskische Vergangenheit zurück. Die außerordentlich hübsche Altstadt hoch oben über dem Hafen ist leider nahezu verlassen, denn das Leben spielt sich heute rings um den Hafen ab. Die am Hafen entlangführende Promenade lädt zu einem reizvollen Spaziergang ein. Im südlichen Hafenbereich laufen abends die Fischerboote ein, um ihre Ladung an Land zu bringen. Es lohnt sich, dabei zuzuschauen.

STOCCHETTO ALLA PORTERCOLESE
KABELJAU MIT PINIENKERNEN UND OLIVEN

Unter *stocchetto* versteht man den getrockneten und eingesalzenen Fisch, der früher ein günstiges Grundnahrungsmittel war, ähnlich dem luftgetrockneten *stoccafisso* und dem *baccalà* (getrockneter eingesalzener Kabeljau). Der Fisch für dieses Gericht kam allerdings nicht aus Norwegen, man verwendete *ficamaschia* oder Südlichen Wittling, einen Verwandten des Kabeljaus, der in den Gewässern rings um den Monte Argentario verbreitet ist und gebraten oder paniert gegessen wird.

Außerhalb von Porto Ercole ist *stocchetto* nur schwer aufzutreiben, und heutzutage bekommt man ihn auch hier fast nur, wenn man einen Fischer kennt, weil die Fische gewöhnlich noch an Bord filetiert, gesalzen und ein bis zwei Tage lang getrocknet werden, bevor die Fischer und ihre Familien sie für den Eigengebrauch verwenden. Eigentlich ist *stocchetto* so etwas wie ein „Arme-Leute-*Baccalà*".

Weil *ficamaschia a stocchetto* so eine Rarität ist, sind in diesem Rezept stattdessen frische Kabeljaufilets angegeben. Man kann jedoch auch Schellfisch oder *baccalà* verwenden.

FÜR 4 PORTIONEN

Haut (falls vorhanden) und Gräten des Kabeljaus entfernen. (Letztere sind groß und lassen sich leicht entdecken und entfernen.) In Stücke schneiden und beiseitestellen.

Das Olivenöl in einer Kasserole erhitzen und darin bei niedriger Hitze die Zwiebel, den Chili (nach Belieben) und den Rosmarin 10 Minuten braten, bis die Zwiebel sehr weich, aber nicht gebräunt ist (gegebenenfalls etwas Wasser zugeben oder die Temperatur verringern, falls die Zwiebel zu bräunen beginnt). Den Fisch und anschließend den Wein zugeben und bei mittlerer Temperatur 5 Minuten kochen lassen.

Die Tomaten und die Kartoffeln darübergeben, Wasser zugießen, bis alles bedeckt ist (ca. 250 Milliliter). Zum Köcheln bringen und sodann bei niedriger Hitze ca. 15 Minuten köcheln lassen, bis die Kartoffeln gar und leicht mit einem Messer zu durchstechen sind. Dabei gelegentlich umrühren. Abschmecken, zuvor aber die Oliven probieren, um herauszufinden, wie salzig sie sind – dementsprechend dem Gericht mehr oder weniger Salz zugeben. Falls die Soße jetzt zu stark einkocht, etwas Wasser zugeben. Schließlich Oliven und Pinienkerne zugeben und vom Herd nehmen.

Als Hauptgang mit reichlich Weißbrot zum Auftunken der Soße servieren.

800 g frische Kabeljaufilets oder
   eingeweichter baccalà
2 EL Olivenöl
1 gelbe Zwiebel, fein gehackt
1 frische Chilischote, gehackt,
   oder Chiliflocken (optional)
1 Zweig Rosmarin, Nadeln
   abgezupft
125 ml trockener Weißwein
400 g gehackte Tomaten (Dose)
   oder passierte Tomaten (Glas)
3 mittelgroße Kartoffeln, geschält
   und in 2 x 2 cm große Würfel
   geschnitten
150 g schwarze Oliven in Salzlake
2 EL Pinienkerne
Weißbrot mit knuspriger Kruste
   zum Servieren
Salz

TIPP
Baccalà *findet man in italienischen Spezialitätenläden oder Delikatessenläden entweder getrocknet oder eingeweicht. Eingeweichter* baccalà *ist natürlich praktischer, getrockneten kann man andererseits genau dann einweichen, wenn man ihn braucht, beziehungsweise 24 Stunden vor der Verwendung. Manche raten sogar, ihn zwei bis vier Tage vorher einzuweichen. Das Wasser wird dann zweimal am Tag gewechselt. Ich selbst ziehe frische Kabeljaufilets vor, auch wenn* baccalà *aufgrund seiner Textur dem Originalrezept eher entspricht.*

FRITTURA DI PARANZA
FRITTIERTER FISCH NACH FISCHERART

Wenn ich die Geräusche von Monte Argentario irgendwie einfangen und in eine Flasche füllen könnte, dann wären in meiner Flasche das Gezirpe der Zikaden, die hallenden Schreie der riesigen, über dem Hafen kreisenden Möwen und das Knacken der Piniennadeln unter den Füßen bei einem Spaziergang durch den Pinienwald. Könnte ich Gerüche festhalten, dann den einer soeben aufgeschnittenen reifen Wassermelone, vermischt mit dem Duft, der aus einer Küche entströmt, in der gerade Fisch frittiert wird.

Dieses Gericht zählt ausnahmsweise nicht zu den typischen, nur in dieser Region bekannten Spezialitäten. Unter dem Namen *fritto misto* findet man es fast in allen Restaurants an Italiens Küsten.

Die kleinen, dafür geeigneten Fische gibt es auf Fischmärkten und in Fischgeschäften, wo sie unter der Bezeichnung *pesce per fritto* gehandelt werden. Sie sind maximal handtellergroß, sehen wie Miniaturversionen größerer Exemplare aus und würden in anderen Ländern nach dem Fang wohl ins Meer zurückgeworfen werden. Ich empfehle, eine Mischung aus von Natur aus kleinen, ganzen Fischen wie Sardellen und Sardinen zusammen mit den Filets größerer Arten wie Kabeljau, Rotbarbe und Makrele zu verwenden. Sie können auch kleine ganze Garnelen dazunehmen. Frittiert werden sie so herrlich knusprig, dass man sie ganz essen kann, mit Kopf und Panzer.

Anstelle von normalem Mehl kann man zum Panieren auch Reismehl verwenden. Die frittierte Panade ist dann hauchdünn.

FÜR 4 PORTIONEN

Die Garnelen können ganz und ungeschält bleiben. Nur bei sehr großen Exemplaren wird der Panzer entfernt, Kopf und Schwanz jedoch nicht. Ebenso können kleine Fische ganz bleiben, müssen aber ausgenommen werden, da die Gedärme sonst bitter schmecken. (Fische von der Kehle bis zum Bauch aufschlitzen, Gedärme herausnehmen, ausspülen und trocken tupfen.) Größere Fischfilets in 4–5 Zentimeter große Stücke schneiden.

Das Mehl in eine Schüssel oder auf einen großen Teller geben und die Garnelen, Fische und Fischstücke darin wälzen, bis sie dünn und gleichmäßig von Mehl überzogen sind. Überschüssiges Mehl abschütteln.

In eine mittelgroße Pfanne so viel Öl gießen, dass es darin ca. 4 Zentimeter hoch steht und die Fische darin schwimmen können. Sobald das Öl ungefähr 170 °C heiß ist, kann mit dem Frittieren begonnen werden (siehe

300 g kleine rohe Garnelen (Shrimps)
500 g kleine Fische, wie z. B. junge Heringe, Sardellen, Sardinen (oder Filets größerer Fische)
60 g Mehl zum Panieren
Pflanzenöl zum Frittieren
1 Bio-Zitrone, in Achtel geschnitten, zum Servieren
Salz

Fortsetzung folgende Seiten >

Holzlöffeltest, Seite 24). Den Fisch portionsweise frittieren. Wenn man zu viel in die Pfanne legt, sinkt die Temperatur des Öls allzu stark ab.

Die Garnelen 1 Minute frittieren und herausnehmen. Auf Küchenpapierlagen abtropfen lassen. Fischfiletstücke 2 Minuten, ganze kleine Fische 3 Minuten frittieren, alles auf Küchenpapier abtropfen lassen.

Mit Salz bestreuen und sofort mit Zitronenachteln servieren.

ORATA AL CARTOCCIO CON I FUNGHI

IN PAPIER GEBACKENE SEEBRASSE MIT PILZEN

Ich mag unkomplizierte Gerichte, bei denen einer einfachen und schnellen Zubereitung ein großer Genuss gegenübersteht, mit anderen Worten: mehr Output als Input. In Papier gebackener Fisch ist eines dieser Gerichte. Man bringt den Fisch nach Hause, schaltet den Backofen ein, füllt den Fisch mit Kräutern, spritzt etwas Wein oder Zitronensaft darüber, wickelt ihn in Kochpergament ein und 20 Minuten später ist das Abendessen fertig. Es ist leicht, es schmeckt lecker und der Fisch bleibt saftig, weil er im eigenen aromatischen Saft gart.

Goldbrassen (auch Doraden), die in Orbetellos Lagune gezüchtet werden, eignen sich ideal für diese Zubereitungsart, doch kann man auf diese Weise auch jeden anderen größeren Fisch garen, wie etwa Wolfsbarsch oder Roten Schnapper. Ich liebe die Kombination von *mare e monti*, bei der sich Meer und Berge vereinen. Eine Mischung erdig schmeckender Pilze, mit Knoblauch aromatisiert, eignet sich gut als Bett für den Fisch. Statt der Pilze kann man auch dünne Kartoffelscheiben verwenden, die ebenso wie die Pilze den Geschmack von Zitrone und Kräutern aufnehmen und die man ebenso wie die Pilze gart, bevor man sie unter den Fisch legt. Brassen schmecken aber auch solo sehr gut.

FÜR 4 PORTIONEN

Bei dem entschuppten und ausgenommenen Fisch die Flossen mit einer Küchenschere abschneiden, abspülen und trocken tupfen. In die fleischigsten Teile auf beiden Seiten drei ca. 1,5 Zentimeter tiefe Schlitze schneiden. Haut und Schlitze mit Salz und frisch gemahlenem schwarzem Pfeffer einreiben. Salz in das Bauchinnere streuen und dieses sodann mit zwei Dritteln der Kräuter und ein paar Scheiben der Zitrone füllen. Bis zur weiteren Verwendung in den Kühlschrank stellen.

Von den restlichen Kräuterstängeln die Blätter abzupfen. Die Hälfte des Olivenöls in einer Pfanne erhitzen und den Knoblauch darin bei mittlerer Temperatur 1 Minute braten. Die Pilze und die restlichen Kräuter dazugeben und 5–6 Minuten im Öl braten, bis die Pilze goldgelb und weich sind. Anschließend abkühlen lassen.

Den Backofen auf 200 °C vorheizen.

Für jeden Fisch ein großes Stück Kochpergament abreißen, das etwa doppelt so lang wie der Fisch ist. Die Pilze auf der Mitte des Papiers anrichten.

2 mittelgroße Goldbrassen zu je ca. 500–600 g, entschuppt und ausgenommen

2 Handvoll frische gemischte Kräuter, z. B. Thymian, Basilikum, Oregano, Bergminze, Minze, glatte Petersilie und Rosmarin

1 Bio-Zitrone, in Scheiben

Saft von 1 Zitrone

80 ml Olivenöl

2 Knoblauchzehen, in Scheiben

400 g frische Pilze, gesäubert und in Scheiben

Salz

Frisch gemahlener schwarzer Pfeffer

Fortsetzung folgende Seite >

Den Fisch auf die Pilze legen, mit Zitronensaft und mit dem restlichen Olivenöl beträufeln.

Um den Fisch einzuwickeln, die Längsseiten des Papiers zusammenlegen und sie so falten, dass sie leicht überlappen. Die kurzen Seiten an Kopf und Schwanz des Fischs werden zur Mitte des Fischs hin gefaltet und mit Küchengarn zusammengebunden, sodass ein Päckchen entsteht.

20–25 Minuten backen. Den Fisch aus dem Ofen nehmen und vor dem Servieren 5 Minuten ziehen lassen. Bei einem größeren Fisch als dem hier angegebenen sollte zuvor überprüft werden, ob er bereits gar ist. Dazu das Papier vorsichtig auffalten – der entweichende Dampf ist sehr heiß! – und mit einem Messer prüfen, ob sich Haut und Fleisch leicht von der Wirbelsäule abheben lassen. Das Fleisch an den Schlitzen sollte undurchsichtig und weich sein. Falls dies noch nicht der Fall sein sollte, die Verpackung wieder schließen, im Backofen weiter garen lassen und nach 5 Minuten erneut prüfen.

Zum Servieren den ganzen Fisch auf einen länglich-ovalen Teller legen und Pilze und Saft darübergeben. Ich selbst ziehe es vor, den Fisch im Papier auf den Teller zu legen.

SOGLIOLA AL LIMONE
FLÜGELBUTT IN ZITRONENMARINADE

Ich habe dieses Rezept in Edda Servi Machlins faszinierendem Koch-buch *The Classic Cuisine of the Italian Jews* (1981) gefunden. Die darin gesammelten Rezepte und Geschichten stammen aus dem jüdi-schen Pitigliano, in dem die Autorin ihre Kindheit verbrachte (siehe auch ihr Rezept für *Sfratti*, Seite 213). Ihr Buch zu lesen ist, als be-gebe man sich auf eine Zeitreise in die Maremma der 1930er-Jahre.

Servi Machlins Originalrezept heißt *Filetti di sogliola al limone del sabato*, ist also ein Gericht für den Sabbat, einen der Ruhe und dem Gebet vorbehaltenen Tag. Die Sabbatruhe setzt mit dem Sonnenunter-gang am Freitag ein und endet am Samstagabend, und der nach diesem Rezept zubereitete Flügelbutt soll die ganze Nacht über in ihrer Marinade liegen. Somit lässt sich dieses Gericht ausgezeichnet am Vortag vorbereiten. Ähnlich wie für die südamerikanische *ceviche* werden zarte Flügelbuttfilets über Nacht in Zitronensaft eingelegt und am Folgetag roh mit einem Dressing aus Olivenöl, Petersilie und Oliven gegessen. Aber auch wenn man die Filets nach dem Einlegen dämpft, schmecken sie köstlich. Aber beachten Sie bitte: Fisch, der roh serviert werden soll, muss unbedingt vorher einige Tage lang ein-gefroren werden (siehe Seite 124).

Im Argentario findet man Gefleckten Flügelbutt recht häufig. Er ähnelt dem Flügelbutt, der sich hervorragend für dieses köstliche, erfrischende Gericht eignet. Die angegebenen Mengen sind für 4 Portionen als Hauptgericht gedacht. Mit der halben Menge an Zutaten erhält man eine für 4 Personen ausreichende Vorspeise.

FÜR 4 PORTIONEN

Eine Anleitung für den Umgang mit rohem Fisch finden Sie auf Seite 124.

Die Filets auf einen flachen Teller oder in eine Frischhaltedose legen und so mit dem Zitronensaft begießen, dass sie vollständig bedeckt sind. Über Nacht (8–12 Stunden) im Kühlschrank ziehen lassen.

Die Flüssigkeit abgießen und die Filets auf eine Servierplatte legen. Mit Olivenöl und Petersilie anrichten und mit Salz und frisch gemahlenem schwarzem Pfeffer würzen. Die Oliven mit dem flachen Messer zusammen-drücken und die Kerne herausziehen. Grob hacken und über den Fisch streuen.

600 g oder 4 ganze kleinere Flügelbutte
Saft von 2–3 Zitronen
1–2 EL Olivenöl
1 Handvoll frische glatte Petersilie, fein gehackt
4–6 schwarze Oliven in Salzlake (vorzugsweise Taggiasca-Oliven)
Salz
Frisch gemahlener schwarzer Pfeffer

VARIANTEN

Man kann die Fischfilets auch garen. Bei ihrem Originalrezept vermerkt Edda Servi Machlin, dass man den Teller mit dem marinierten Fisch 5 Minuten auf einen Topf mit kochendem Wasser stellen kann. Falls man den Fisch mit einem Kochtopfdeckel zudeckt, genügen 2 Minuten. (Der Fisch darf nicht zu lange garen, da er sonst zäh wird.) Um die Filets auf diese Weise zu garen, nehme ich sie aus der Marinade und gebe sie zusammen mit dem Olivenöl auf einen Teller, den ich dann auf einen Topf mit kochendem Wasser stelle und zudecke. Nach dem Garen gebe ich die Petersilie und die Oliven zu und würze mit Salz und frisch gemahlenem schwar-zem Pfeffer. Vorsicht! Der über dem Kochtopf erhitzte Teller ist sehr heiß!

UMGANG MIT ROHEM FISCH

Bevor Sie frischen Fisch zubereiten, sollten Sie sich vergewissern, dass er tatsächlich frisch ist. Kaufen Sie ihn am besten am Stück, da Sie die Frische am Aussehen von Haut und Augen gut erkennen. Bitten Sie den Fischverkäufer, den Fisch für Sie zu filetieren. Alternativ können Sie das auch zu Hause selbst machen.

Für die Zubereitung von frischem Fisch sollten Sie unbedingt ein sauberes Schneidebrett (vorzugsweise nicht aus Holz) und saubere Messer verwenden und der Versuchung widerstehen, die Filets mit Wasser abzuspülen.

Die Säure im Zitronensaft beizt das Fischfleisch, aber sie kann Bakterien nicht abtöten. Um Fisch roh essen zu können, muss man die frisch vorbereiteten Filets sieben Tage in einen Gefrierschrank oder ein Gefrierfach bei einer Temperatur von -20 °C legen und sie vor dem Marinieren im Kühlschrank auftauen lassen.

AUS DEM GEMÜSE-GARTEN

DALL'ORTO

FETTUNTA AL LIMONE
GERÖSTETES BROT MIT ZITRONE

Lassen Sie uns dieses Kapitel mit *fettunta* beginnen, der ältesten Form der *bruschetta*. Es ist eine Scheibe von toskanischem Brot, die geröstet und großzügig mit Olivenöl beträufelt wird. Daher der Name *fetta unta*, „fettige Scheibe". Wenn man das richtige Brot und das richtige Olivenöl hat, stellt warme *fettunta* eine unvergleichliche Köstlichkeit dar. Die Menschen in der Maremma wissen das und verwenden nur ihr eigenes toskanisches Holzofenbrot und Öl aus eigenen Oliven, die im gemeindeeigenen *frantoio* gepresst werden.

Das Wort *bruschetta* ist abgeleitet von *bruscare*, „rösten", und am besten schmecken *fettunta* und *bruschetta*, wenn man die Brotscheiben beidseitig über einem Holzkohlegrill röstet. Ausbauen kann man die Zubereitung, indem man die Brotscheiben mit einer rohen Knoblauchzehe einreibt oder mit Salz bestreut. Eine weitere Steigerung stellt das Belegen mit frischen gehackten Tomaten und klein gezupften Basilikumblättern dar. Alternativ reibt man die Brotscheiben mit einer frischen Tomatenhälfte ein, um ihr das Tomatenaroma zu verleihen, und belegt sie mit aromatischen Sardellenfilets (siehe *Pane e pomodoro con le acciughe*, Seite 130).

Meine erfrischende *fettunta* aber lasse ich ganz schlicht, indem ich nur einen Hauch von Zitrone zufüge. Diese Inspiration verdanke ich *Quaderno delle ricette di Maremma* (2009), einer reizend illustrierten kleinen Rezeptsammlung von Claudia Spargi. Sie nannte ihre Version *La bruschetta all'Amiatina*, „Bruschetta vom Monte Amiata".

FÜR 4 PORTIONEN

4 dicke Scheiben Weißbrot mit knuspriger Kruste
½ Bio-Zitrone
1–2 EL Olivenöl
1 Prise Meersalzflocken

Die Brotscheiben beidseitig rösten, bis sie knusprig und warm sind. Jede Scheibe mit der Zitronenhälfte einreiben, mit Olivenöl beträufeln und mit Meersalzflocken bestreuen. Sofort servieren.

LA MERENDA

Eine *merenda* ist eine typisch italienische Zwischenmahlzeit, die für viele Italiener eine Erinnerung an die Kindheit darstellt, weil es sie nachmittags nach der Schule gab. Zeit für die *merenda* wird es gegen 16 Uhr, wenn viele kleine Mägen knurren und eine Stärkung brauchen, um bis zum Abendessen durchzuhalten.

Marco, mein Mann, hatte als Kind eine besondere Vorliebe für gefaltete Mortadellascheiben zwischen Brotstücken und für *pane al pomodoro*, wie es seine *nonna* für ihn zubereitete, indem sie einfach eine Scheibe geröstetes Brot mit Tomate einrieb. Als Energy Food vor dem Fußballspielen bekam er von ihr *uovo sbattuto*: ein im Wasserbad mit etwas Zucker und Kaffee geschlagenes Eigelb. Pellegrino Artusi beschreibt dies als Tröster für weinende Kinder. Unsere Tochter mag als *merenda* am liebten Eis, an heißen Sommernachmittagen wohl der Favorit vieler Menschen.

Aber nicht nur Kinderbäuche brauchen mal eine Zwischenmahlzeit. Eine *merenda* als kleine Stärkung zwischendurch kann jeder vertragen.

PANE E POMODORO CON LE ACCIUGHE
TOAST MIT TOMATEN UND SARDELLENFILETS

Der folgende Snack ist so einfach, dass man gar kein Rezept dafür braucht. Eigentlich ist es eher nur eine Idee, die nach Belieben variiert werden kann. Brotscheiben werden mit halbierten Tomaten eingerieben, bis sie rosa sind. Mann kann die Brotscheiben auch vorher toasten oder rösten. Dazu kommen nur noch ein wenig Salz, frisch gemahlener schwarzer Pfeffer und ein gutes Olivenöl. Natürlich kann man noch Basilikum zufügen und Knoblauch (wenn es einen nicht stört, hinterher noch eine ganze Zeit lang nach frischem Knoblauch zu riechen). Ich lasse gerne das Salz weg und belege meine Brotscheiben mit öltriefenden Sardellenfilets. Das ist eine sehr herzhafte *merenda*, zu der ein Glas kalter Weißwein ganz hervorragend passt. Sie kann an sehr heißen Tagen, wenn man einfach keine Lust zum Kochen und auch nicht viel Hunger hat, auch mal ein Mittag- oder Abendessen ersetzen.

FÜR 4 PORTIONEN

Die Brotscheiben beidseitig rösten, bis sie warm und knusprig sind. Nach Belieben mit Knoblauch einreiben. Dann mit einer Tomatenhälfte einreiben, bis die Scheiben rosa sind, die Sardellenfilets darauflegen und schließlich mit dem Olivenöl beträufeln. Etwas frisch gemahlener schwarzer Pfeffer passt auch gut dazu, das Salz lasse ich meist weg. Sofort warm servieren.

4 dicke Scheiben Weißbrot mit knuspriger Kruste

1 Knoblauchzehe (optional)

1 frische Tomate, halbiert

8 Sardellenfilets in Öl (Dose), abgetropft

1–2 EL Olivenöl

Frisch gemahlener schwarzer Pfeffer

Salz (optional)

TIPP

Bei anderen Rezepten rate ich zu in Salz eingelegten Anchovis – siehe die Rezepte für Pizza Gigliese *(Seite 145) und* Pizza rossa con salsa verde *(Seite 141). Hier aber schmecken mir die weichen, öligen Sardellenfilets besser, die auf dem warmen Brot nahezu schmelzen.*

PANE, VINO E ZUCCHERO

BROT, WEIN UND ZUCKER

Dieser sympathische, leckere und sehr einfache Snack zählt zu den Dingen, die aus dem heutigen Alltag verschwunden zu sein scheinen, bei deren Erwähnung aber viele Einheimische leuchtende Augen bekommen. Marco erinnert sich, dass er als Kind bei großen Familienessen auf dem Lande gelegentlich von dem mit Rotwein beträufelten und mit Zucker bestreuten Brot kosten durfte. Ein toskanischer Freund erzählte mir einmal, dass sein Vater Landwirt war und Brot, Wein und Zucker zum Frühstück aß, bevor es auf die Felder hinausging. Das galt als einfache und leichte Mahlzeit, die aber schnell Energie lieferte.

Am besten eignet sich dafür ein Weißbrot mit Kruste, das einen Tag alt ist, weil es dann vom Wein nicht so schnell aufgeweicht wird. Besonders ein ungesalzenes Brot bringt die herbe Säure des Weins und die Süße des Zuckers gut zur Geltung. Wenn Sie kein Weißbrot vom Vortag zur Hand haben, empfehle ich, das Brot im Backofen bei niedriger Temperatur zu trocknen. Sie können es auch einmal mit einem leicht gesüßten Brot wie zum Beispiel Brioche versuchen.

FÜR 4 PORTIONEN

Den Rotwein möglichst gleichmäßig auf die Brotscheiben träufeln. Den Zucker über die von Wein getränkten Stellen streuen und sofort servieren. Der Wein wird ein wenig in das Brot eindringen, und der Zucker knirscht bei jedem Bissen herrlich zwischen den Zähnen!

60 ml Rotwein

4 dicke Scheiben Weißbrot mit Kruste

1 EL Hagelzucker oder Rohrzucker, je nach Belieben

CARCIOFINI SOTT'OLIO

ARTISCHOCKENHERZEN IN ÖL

Auf kleinen Tellern über den Tisch verteilt, ist dies ein hervorragendes Antipasto, das genauso süchtig macht wie gute Oliven. Zusammen mit Brot und einem Glas Wein ergeben die Artischockenherzen ein leichtes Mittagessen. Man kann sie aber auch in Scheiben schneiden, um mit ihnen und Thunfisch oder Schinken ein *panino* zu belegen.

In der Region Maremma werden die dafür geeigneten kleinen Artischocken in großen Kisten auf den Markt gebracht. Das Einlegen – *sott'olio*, „in Öl", oder *sott'aceto*, „in Essig" – dient dazu, das Gemüse dann zu verarbeiten, wenn es reichlich vorhanden beziehungsweise am preisgünstigsten ist, um es dann das ganze Jahr über verzehren zu können.

ERGIBT 2 GLÄSER ZU JE 250 MILLILITER

Eine Schüssel mit Wasser füllen und den Zitronensaft hineingießen. Das Zitronenwasser verhindert, dass Schnittränder der Artischocken oxidieren. Die äußeren Blätter der Artischocken entfernen, bis die zarteren hellen Blätter beginnen. Die Stängel abschneiden und die Basis der Artischocke abschälen. Die obere Hälfte abschneiden und die bearbeitete Artischocke in das Zitronenwasser legen.

Den Weißwein (oder das Wasser) und den Weißweinessig zusammen mit einer Prise Salz in einen Topf geben und zum Kochen bringen. Die Artischocken abtropfen lassen, in den Topf geben und bei mittlerer Hitze weich kochen. (Wenn sie gar sind, gleitet ein Messer wie durch Butter durch den Artischockenboden.) Das sollte 10–15 Minuten dauern. Nach Belieben 2 Minuten vor Ende der Kochzeit die Knoblauchscheiben zugeben.

Über ein Gitterrost ein sauberes Geschirrtuch legen und die Artischocken mit der Unterseite nach oben daraufstellen. Auf diese Weise mehrere Stunden oder über Nacht abtropfen lassen. Anschließend in sterilisierte Gläser geben, Lorbeerblätter und nach Belieben die Knoblauchscheiben dazwischenstecken und mit der Ölmischung begießen, bis alle Artischockenherzen vom Öl bedeckt sind.

Mit dem Glas leicht auf die Arbeitsfläche klopfen, damit Luftblasen entweichen, oder mit einem Messer innen an den Glaswänden entlangfahren, um Luftblasen aufsteigen zu lassen. Eventuell Öl nachgießen: Es sollte die Artischocken ca. 5 Millimeter hoch bedecken.

Saft von 1 Zitrone
1 kg kleine Artischocken (Baby-Artischocken), ca. 25 Stück
500 ml Weißwein (oder Wasser)
500 ml Weißweinessig
2 Knoblauchzehen, in Scheiben (optional)
4 getrocknete oder frische Lorbeerblätter
Pflanzenöl zum Aufgießen (z. B. Olivenöl und Sonnenblumenöl gemischt)
Salz

Fortsetzung folgende Seite >

Das Glas verschließen und versiegeln (siehe Anleitung zum Sterilisieren von Gläsern, Seite 137). Wenn Sie die Artischockenherzen gleich essen wollen, können Sie sie im Kühlschrank aufbewahren, ohne das Glas zu sterilisieren oder zu versiegeln. Es empfiehlt sich, mit dem Verzehr drei Tage zu warten. Nach einem Monat schmecken die Artischocken sogar noch besser – also lohnt sich der Aufwand des Konservierens!

Die versiegelten Gläser an einem kühlen, dunklen Ort lagern und nach dem Öffnen im Kühlschrank aufbewahren. Im ungeöffneten Glas halten sich die Artischockenherzen drei Monate. Ein geöffnetes Glas sollte innerhalb weniger Wochen aufgebraucht werden. Achten Sie darauf, dass das Gemüse immer von Öl bedeckt bleibt.

VARIANTEN

Nach derselben Anleitung kann man auch Auberginen einlegen, besonders die fingerlangen, fast schwarzen sowie die weiß und lavendelfarben marmorierten Baby-Auberginen. Auch kleine Pilze eignen sich für dieses Rezept. Die Auberginen in 1 Zentimeter dicke Scheiben schneiden und großzügig mit Salz bestreuen. Im Kühlschrank (am besten unter einem Gewicht) ein paar Stunden schwitzen lassen. Anschließend abtropfen lassen und abspülen. Trocken tupfen oder, noch besser, über Nacht auf einem sauberen Geschirrtuch im Kühlschrank trocknen lassen. Dann so fortfahren wie mit den Artischocken. Man kann auf diese Weise auch große Artischocken konservieren, muss sie dafür aber vierteln. In ihrem Kochbuch Il talismano della felicità *(1929) empfahl Ada Boni, zwischen die ins Glas gefüllten Artischocken Zitronenscheiben zu geben.*

GLÄSER STERILISIEREN UND VERSIEGELN

Sterilisieren Sie Gläser und Deckel, die Sie für das Einmachen verwenden, unmittelbar vor dem Befüllen, damit das Eingemachte nicht verdirbt.

Es gibt zwei verschiedene Methoden, um Einmachgläser zu sterilisieren. In Italien stellt man die offenen Gläser zumeist in einen großen Topf, legt die Deckel ebenfalls in den Topf, füllt den Topf mit Wasser, bis alles bedeckt ist, und kocht das Ganze 10 Minuten. In Gegenden mit hartem Wasser bleibt danach auf den Gläsern ein Kalkfilm zurück. Um das zu vermeiden, gibt man einen Spritzer Essig ins Kochwasser. Gläser und Deckel mit einer Zange herausnehmen und das Wasser abgießen, dann mit den Öffnungen nach oben auf ein sauberes Geschirrtuch stellen und an der Luft trocknen lassen. Von den heißen Gläsern verdampft das Wasser schnell. Sobald alles trocken ist, können die Gläser befüllt werden.

Bei der anderen Methode sterilisiert man Gläser im Backofen. Dafür die Gläser in heißem Seifenwasser waschen. Anschließend mit der Öffnung nach oben auf ein Backblech stellen und bei niedriger Temperatur im Backofen trocknen lassen. Die Deckel kocht man 10 Minuten aus und lässt sie anschließend auf einem Geschirrtuch an der Luft trocknen.

Wenn die Gläser mit kaltem Einmachgut gefüllt werden, wie zum Beispiel mit Artischockenherzen (siehe Seite 135), sollten sie ausgekocht werden. Sobald sie gefüllt sind und das Einmachgut 5 Millimeter hoch von Öl bedeckt ist, den Deckel zuschrauben und die Gläser aufrecht in einen Topf stellen. Wasser in den Topf gießen, bis es bis zu den Deckeln reicht (bei hartem Wasser einen Spritzer Essig zugeben). 10 Minuten kochen. Mit einer Zange die Gläser aus dem Topf nehmen und sie auf der Arbeitsfläche vollständig abkühlen lassen.

Füllt man seine Gläser mit kochend heißem Einmachgut, zum Beispiel mit soeben fertig gekochter Konfitüre, dann sollte man sie knapp randvoll füllen, sodass darüber nur noch 5–10 Millimeter Luft sind. Die Deckel sofort zuschrauben – Vorsicht, die Gläser sind jetzt sehr heiß! – und die Gläser auf der Arbeitsfläche abkühlen lassen. Weil sich beim Abkühlen von Gläsern und Inhalt der Druck im Glas ändert, versiegeln sie sich von selbst. Die sogenannten Twist-off-Deckel haben oft eine Einwölbung, mit deren Hilfe man prüfen kann, ob sie tatsächlich versiegelt sind: Drücken Sie auf den gewölbten Bereich des Deckels: Ist das Glas versiegelt, passiert nichts, ist es aber nicht komplett verschlossen, ploppt die Wölbung mit einem Klacken auf. Anders, als viele meinen, ist es nicht notwendig, das Glas nach dem Befüllen und Verschließen auf den Kopf zu stellen.

TORTINO DI CARCIOFI
ARTISCHOCKEN-OMELETT

Wenn ich auf dem Markt einfach nicht widerstehen kann und mit Unmengen Artischocken nach Hause komme, fallen mir sofort Rezepte für Pasta, Risotto, Salate und *frittate* ein und ich würde am liebsten alles sofort verarbeiten. Für Artischocken gibt es viele köstliche Verwendungsmöglichkeiten, aber was das folgende Gericht zu etwas Besonderem macht, ist die Kombination der frittierten Artischockenscheiben, die sofort außen knusprig und innen schmelzend weich werden und dabei ein nussiges Aroma entwickeln, mit dem Ei, das die Konsistenz von soeben gestocktem Rührei haben sollte.

Die Idee für dieses Gericht basiert auf einem Rezept von Edda Servi Machlin: *Tortino della nonna Debora* („Oma Deboras Omelett") aus ihrem Buch *The Classic Cuisine of the Italien Jews* (1981).

FÜR 4 PORTIONEN ALS VORSPEISE

Saft von 1 Zitrone
4 mittelgroße Artischocken
4 Eier
60 ml Olivenöl
Salz
Frisch gemahlener schwarzer
   Pfeffer

Eine Schüssel mit Wasser füllen und den Zitronensaft hineingießen. Er verhindert, dass die hineingelegten Artischocken an den Schnitträndern oxidieren. Von den Artischocken die äußeren Blätter entfernen, bis die zarteren hellen Blätter erscheinen. Die Stängel auf 1,5 Zentimeter kürzen und Stängel und Boden abschälen (wie man es bei Möhren macht). Die oberen Hälften der Artischocken vollständig entfernen. Die Böden halbieren und das Heu mit einem Löffel entfernen. In dünne Scheiben schneiden und diese ins Zitronenwasser legen.

Die Eier in einer Schüssel schlagen, 1 Esslöffel Wasser und eine großzügige Prise Salz zugeben und mit einer Gabel nur so lange schlagen, bis sich Eigelb und Eiweiß vermischt haben.

Die Artischockenscheiben abtropfen lassen und mit Küchenpapier trocken tupfen. Das Olivenöl in einer Pfanne mit Antihaftbeschichtung bei mittlerer bis hoher Temperatur erhitzen. Die Artischockenscheiben in das heiße Öl geben und frittieren, bis sie zart und an ihren dünnsten Stellen goldbraun sind (ca. 5–7 Minuten).

Die geschlagenen Eier darübergießen (sie sollten sofort an den Rändern stocken) und alles ca. 10 Sekunden braten lassen. Mit einem Spatel das noch flüssige Ei in der Pfanne bewegen, sodass hier und da der Pfannenboden sichtbar wird. Die Pfanne dabei auch immer wieder schräg halten, sodass rohes Ei auf die freien Stellen fließt. Auf diese Weise ca. 1 Minute weiterbraten. Sobald die Mischung fester stockt, aber noch weich ist und an der Oberfläche glänzt, vom Herd nehmen. Auf einen Teller gleiten lassen und sofort mit viel frisch gemahlenem schwarzem Pfeffer servieren.

PIZZA ROSSA CON SALSA VERDE
PIZZA MIT TOMATEN UND SALSA VERDE

In Porto Ercole gibt es eine kleine Pizzeria namens *Grano*, in der die Pizza auf großen Blechen gebacken und in geschnittenen Stücken verkauft wird. Dieses Rezept ähnelt dem für meine Lieblingspizza von *Grano*: Sie ist mit Anchovis und *Salsa verde* garniert, einer würzigen, leuchtend grünen Soße aus Petersilie und Kapern, ohne Käse, den man aber auch nicht vermisst.

Für mein *Salsa-verde*-Rezept habe ich eine Anleitung von Artusi überarbeitet. Mit den angegebenen Zutaten stellt man ungefähr 200 Gramm *Salsa verde* her, also mehr, als man für diese Pizza benötigt. Das macht aber nichts, denn in einem Schraubglas hält sich die *Salsa* im Kühlschrank gut – und sie schmeckt zu gegrilltem Fisch oder Fleisch, hart gekochten Eiern, Frühkartoffeln oder Toast.

Die Petersilie verleiht dieser Soße ihre Farbe, den Namen und das Volumen, den pikanten Geschmack aber geben ihr die Kapern. Beste Ergebnisse erzielen Sie mit Salzkapern (anstelle von Kapern in Salzlake). Dasselbe gilt für Anchovis. Mir sind in Salz konservierte Anchovis lieber als die in Öl eingelegten Sardellenfilets, auch wenn sich Letztere leichter verarbeiten lassen. Salzkapern und in Salz konservierte Anchovis müssen allerdings vor der Verwendung gründlich gewässert werden. Kosten Sie sie anschließend, damit Sie wissen, wie viel Salz Sie der Soße noch zugeben müssen.

Die angegebenen Zutaten reichen für eine Zwischenmahlzeit für 6 Personen oder für eine Hauptmahlzeit für 2 Personen.

FÜR 2 PIZZEN

Das Wasser in eine Rührschüssel gießen, die frische Hefe hineinkrümeln oder einrühren und 10 Minuten einweichen lassen. Das Mehl in eine große Schüssel sieben, das Salz zugeben und die Hefe-Wassermischung sowie das Olivenöl darübergießen. Alles zu einem glatten, klebrigen Teig verrühren. Den Teig auf einer leicht mit Mehl bestäubten Arbeitsfläche kneten, bis er nicht mehr klebt. Das dauert nur wenige Minuten.

Den Teigball in eine große, leicht eingefettete Schüssel legen, mit einem sauberen, feuchten Geschirrtuch oder mit Frischhaltefolie abdecken und an einem warmen, zugfreien Ort ca. 1 Stunde gehen lassen, bis er auf die doppelte Größe angewachsen ist. Alternativ im Kühlschrank 8–12 Stunden oder über Nacht gehen lassen.

Sobald mit dem Belegen der Pizza begonnen werden kann, den Backofen auf 250 °C vorheizen.

FÜR DEN PIZZATEIG:

280 ml lauwarmes Wasser

20 g frische Hefe oder
    7 g Trockenhefe

500 g Mehl plus etwas mehr
    für die Arbeitsfläche

1½ TL Salz

60 ml Olivenöl plus etwas mehr
    zum Einfetten

1 Handvoll Weizengrieß für die
    Arbeitsfläche (optional)

FÜR DEN BELAG:

6 in Salz konservierte Anchovis
    (siehe Seite 142) oder
    12 Sardellenfilets in Öl

100 g Salsa verde (ungefähr
    die Hälfte der aus den
    unten angegebenen Zutaten
    hergestellten Menge)

60 ml Olivenöl plus etwas mehr
    zum Beträufeln

240 g passierte Tomaten (Glas)

Salz

Frisch gemahlener schwarzer
    Pfeffer

FÜR DIE SALSA VERDE:

1 in Salz konservierte Anchovis
    (oder 2 Sardellenfilets in Öl)

2 gehäufte EL Salzkapern

¼ gelbe Zwiebel

½ Knoblauchzehe

100 g frische glatte Petersilie

10 frische Basilikumblätter

Saft von 1 Zitrone

Olivenöl

Salz

Frisch gemahlener schwarzer
    Pfeffer

Fortsetzung folgende Seiten >

In Salz konservierte Anchovis unter fließendem Wasser abspülen und sodann 15 Minuten in einer Schüssel mit Wasser wässern. Gräten entfernen wie auf Seite 75 beschrieben.

Mit den Salzkapern ebenso verfahren. Bei Verwendung von in Öl eingelegten Sardellenfilets diese auf Küchenpapier abtropfen lassen.

Für die *Salsa verde* eine Anchovis sowie Kapern, Zwiebel, Knoblauch, Kräuter und Zitronensaft im Mixer oder mit einem Pürierstab zerkleinern und miteinander vermengen, anschließend das Olivenöl zugeben, bis eine pastenartige Konsistenz entsteht. Mit Salz und Pfeffer abschmecken. Für den Pizzabelag ungefähr die Hälfte der *Salsa verde* mit ca. 60 Milliliter Olivenöl verrühren, damit sie etwas flüssiger wird. Beiseitestellen.

Die passierten Tomaten in eine kleine Schüssel geben und mit einer großzügigen Prise Salz und schwarzem Pfeffer würzen. Beiseitestellen.

Den Teig in zwei gleich große Portionen teilen. Während der Arbeit mit der einen die andere abdecken. Jede Teigportion einzeln auf einer mit Weizengrieß oder Mehl bestäubten Arbeitsfläche auf 3 Millimeter Dicke ausrollen oder ausziehen (die Ränder dürfen dicker sein) und auf ein Back- oder Pizzablech legen. Die passierten Tomaten mit einem Löffel so auf dem Teig verteilen, dass er bedeckt ist. Ringsherum einen ca. 2 Zentimeter breiten tomatenfreien Rand lassen. Die Anchovis gleichmäßig über die Pizza verteilen, dann mit Öl beträufeln.

Die belegten Pizzen einzeln nacheinander auf der niedrigsten Schiene backen oder aber gleichzeitig auf der niedrigsten und der mittleren Schiene. Insgesamt 12–15 Minuten backen. Wenn beide Pizzen gleichzeitig im Ofen backen, ungefähr nach der Hälfte der Backzeit die Schienen wechseln. Sie sind fertig, wenn der Rand goldgelb und knusprig, der mit Tomatenpüree bedeckte Teil beinahe trocken ist und die Anchovis brutzeln.

Aus dem Backofen nehmen, *Salsa verde* darübergeben und servieren.

SALZKAPERN UND ANCHOVIS

Bei Verwendung von Salzkapern für ein Rezept die Kapern unter fließendem Wasser von überschüssigem Salz befreien und anschließend in einer Schüssel 15 Minuten wässern. Das geöffnete Glas mit den nicht benötigten Salzkapern am besten im Kühlschrank aufbewahren.

In Salz konservierte Anchovis schmecken frischer und sind fleischiger, und sollten nur im Kühlschrank aufbewahrt werden. Sie werden zuerst unter fließendem Wasser abgespült, um überschüssiges Salz zu entfernen, und dann 15 Minuten gewässert. Dadurch werden sie auch weicher und biegsamer. Anschließend entfernt man die Gräten, indem man den Fisch am Schwanzende beginnend spaltet, sodass man zwei grätenfreie Filets erhält.

Der Pizzateig lässt sich gut einfrieren. Dazu packt man die einzelnen Portionen sorgfältig in Frischhaltefolie ein. Vor der Verwendung über Nacht im Kühlschrank oder aber 2 Stunden auf der Arbeitsfläche auftauen lassen. Erst weiterverarbeiten, wenn sich der Teig auf Zimmertemperatur erwärmt hat.

PIZZA GIGLIESE

PIZZA NACH GIGLIO-ART MIT ZWIEBELN UND ANCHOVIS

Die Überfahrt mit der Fähre von Porto Santo Stefano zu dem kleinen Inselparadies Giglio ist kurz und windgepeitscht. Wenn man in den Hafen einläuft und jenseits des türkisblauen Wassers die kleinen Läden aufgereiht sieht, bekommt man vielleicht Appetit. In diesem Fall sollte man sofort nach dem Anlegen zur nächsten Bäckerei gehen und sich ein Stück Pizza nach Giglio-Art kaufen. Man erhält dann ein Pizza-Sandwich aus zwei zusammengeklappten Hälften, zwischen denen weiche karamellisierte Zwiebeln, frische Tomaten und Anchovis stecken, die so salzig schmecken, als hätte man vorhin an Deck einen Mundvoll Gischt abbekommen. Nachdem ich sie das erste Mal probiert hatte, wusste ich, dass ich sie zu Hause nachbacken musste. Als Arbeitsgrundlage diente mir ein kleines Buch mit traditionellen Rezepten mit dem Titel *Isola del Giglio – Antiche ricette* (2010).

Diese Spezialität erinnerte mich an die gefüllte Pizza, die es im fernen Lecce im äußersten Süden Apuliens gibt und deren Belag beziehungsweise Füllung aus Zwiebeln und Anchovis besteht. Gelegentlich kommen noch weitere würzige Köstlichkeiten dazu, wie zum Beispiel schwarze Oliven, Kapern oder Thunfisch aus der Dose.

FÜR 4 PORTIONEN ALS ZWISCHENMAHLZEIT

Die Trockenhefe in ca. 60 Milliliter des Wassers einrühren und 5–10 Minuten auflösen lassen. Frische Hefe sollte zerkrümelt und eingerührt werden, bis eine cremige Mischung entsteht.

In der Zwischenzeit das Mehl in eine Schüssel geben, in die Mitte eine Mulde drücken, Salz und Olivenöl sowie das restliche Wasser und anschließend die Wasser-Hefe-Mischung zugeben. Alles mit einer Küchenmaschine oder von Hand auf einer bemehlten Arbeitsfläche zu einem Teig verkneten. Von Hand dauert es ca. 10 Minuten. Der Teig ist fertig, wenn er glatt und so elastisch ist, dass eingedrückte Dellen sofort wieder verschwinden. Den Teig in eine große, leicht mit Olivenöl eingefettete Schüssel geben. Ein wenig Olivenöl darüberträufeln und mit einem feuchten Geschirrtuch oder mit Frischhaltefolie abdecken. An einem warmen Ort ca. 1 Stunde gehen lassen, bis er seinen Umfang verdoppelt hat, oder aber über Nacht im Kühlschrank gehen lassen.

Die in Salz konservierten Anchovis wie auf Seite 142 beschrieben vorbereiten. In Öl eingelegte Sardellenfilets auf Küchenpapier abtropfen lassen. Grob hacken.

FÜR DEN PIZZATEIG:

15 g frische Hefe oder
  5 g Trockenhefe
250 ml lauwarmes Wasser
500 g Mehl plus etwas mehr
  für die Arbeitsfläche
1 TL Salz
60 ml Olivenöl plus etwas mehr
  zum Einfetten

FÜR DEN BELAG:

4 in Salz konservierte Anchovis
  (oder 8–10 Sardellenfilets
  in Öl)
2 EL Olivenöl plus etwas mehr
  zum Beträufeln
500 g gelbe Zwiebeln
  (ca. 4 mittelgroße Zwiebeln),
  in feinen Scheiben
180 g frische Kirschtomaten
  (ca. 10 Stück) oder 1 große
  frische Tomate, gehackt
Meersalzflocken
Salz

Fortsetzung folgende Seite >

Für den Belag das Olivenöl in einer großen Bratpfanne bei niedriger Temperatur erwärmen. Die Zwiebeln mit einer großzügigen Prise Salz zugeben. Die Zwiebeln unter gelegentlichem Rühren anbraten, bis sie weich, aber nicht gebräunt sind.

Ca. 30 Minuten garen lassen, bei Bedarf etwas Wasser zugeben. Ziel ist, die Süße der Zwiebeln herauszuarbeiten, indem man sie bei niedriger Hitze gart, bis sie beinahe musartig weich sind. Vom Herd nehmen und auf Zimmertemperatur abkühlen lassen.

Den Backofen auf 200 °C vorheizen.

Den Teig in zwei gleich große Portionen teilen. Die eine Hälfte ausrollen oder dehnen, bis sie nur noch ca. 5 Millimeter dick ist. Auf ein mit Backpapier ausgelegtes Backblech legen und weiter dehnen, um eine rechteckige Form von ca. 20 x 30 Zentimeter zu erhalten. Die Zwiebelmischung gleichmäßig darauf verteilen, dabei ringsherum einen ca. 1 Zentimeter breiten freien Rand lassen. Die Anchovis und Tomaten gleichmäßig auf der Pizza verteilen.

Die zweite Teigportion auf ungefähr dieselbe Größe ausrollen oder ausdehnen (es macht hierbei nichts, wenn Löcher entstehen) und über die erste Teiglage und den Belag legen. Die Ränder zusammendrücken. Mit Olivenöl beträufeln und mit Meersalzflocken bestreuen. Die Pizza 30 Minuten gehen lassen, anschließend im Backofen 25–30 Minuten backen, bis sie knusprig und goldbraun ist.

Die Pizza aus dem Backofen nehmen und ein wenig abkühlen lassen. In quadratische Stücke schneiden. Sie schmeckt auch am nächsten Tag kalt ebenso wie aufgewärmt, auch wenn der Teig dann nicht mehr so frisch ist.

TIPP

Bevor auf Giglio die „moderne" abgepackte Hefe erhältlich war, verwendete man lievito madre, *d.h. selbst angesetzten Sauerteig. Jede Hausfrau stelle ihn selbst her und verwendete ihn für ihr Brot, das zum Backen in den Gemeindeofen geschoben wurde. Sie können ebenfalls Sauerteig verwenden, wenn Sie welchen haben.*

ACQUACOTTA MAREMMANA

ACQUACOTTA NACH MAREMMA-ART

Die *acquacotta* wird in jeder Küche der Maremma anders gekocht, und das Grundprinzip ist eigentlich, das zu verwenden, was man gerade zur Hand hat. Doch wenn ich an *acquacotta* denke, denke ich vor allem an einen dicken, langsam gegarten Gemüseeintopf mit hohem Tomatenanteil, der über eine Scheibe hartes Brot gegossen wird. Außerdem gibt es ein pochiertes Ei dazu, ein *uovo in camicia*, ein „Ei im Hemd", wie die Italiener sagen, das oben auf der Suppe schwimmt. Sein weiches Eigelb macht dieses Gericht vollkommen. Man bricht es mit dem Löffel auf, lässt es in die Suppe fließen – und genießt eine wärmende, wohltuende Mahlzeit.

Ich hatte das Glück, Ilena Donati kennenzulernen, eine ältere Dame aus Capalbio, die ihr Berufsleben größtenteils damit verbracht hatte, für Restaurants zu kochen. Sie lud mich zu sich ein und verriet mir zwei Geheimnisse der *acquacotta*: Das eine war, keine Möhren zu verwenden. Zwiebeln sind von Natur aus süß, besonders dann, wenn man sie langsam brät. Gäbe man die ebenfalls süßen Möhren hinzu, wäre das geschmackliche Gleichgewicht der Suppe zerstört. Das zweite Geheimnis besteht darin, alles sehr langsam zu kochen: *piano, piano*.

FÜR 4 PORTIONEN

Die frischen Tomaten an der Unterseite kreuzweise einschneiden. 30 Sekunden in einen Topf mit kochendem Wasser tauchen, anschließend sofort in eine Schüssel mit Eiswasser geben, bis sie abgekühlt sind. Nun die Haut abpellen. Die Tomaten vierteln, entkernen und grob hacken. Beiseitestellen.

In einem großen Kochtopf das Olivenöl bei niedriger Hitze erwärmen. Die Zwiebeln und den Sellerie zugeben sowie eine großzügige Prise Salz. Unter gelegentlichem Rühren 15 Minuten braten, bis das Gemüse weich ist. Falls die Zwiebeln am Topfboden kleben, etwas Wasser zugeben.

Die Temperatur auf mittlere Hitze erhöhen und den Weißwein zugeben. 3–4 Minuten einkochen lassen.

Die Tomaten zugeben. Geschälte ganze Tomaten aus der Dose mit einem Holzlöffel im Topf zerkleinern. Nach Belieben mit Chili und einer weiteren Prise Salz würzen. Die Hälfte der Gemüsebrühe (oder des Wassers) zugießen und zum Kochen bringen, sodann bei niedriger Temperatur im offenen Topf ca. 45 Minuten köcheln. Zwischendurch gelegentlich kontrollieren und umrühren. Die Flüssigkeit sollte zu einer dicken Suppe einkochen, aber so flüssig bleiben, dass man am Schluss die Eier darin pochieren kann. Bei Bedarf restliche Brühe (Wasser) zugeben.

1 kg frische reife Tomaten oder 800 g ganze geschälte Tomaten (Dose)

3 EL Olivenöl

4 große gelbe Zwiebeln, in feinen Scheiben

½ Stange Sellerie, fein gehackt

125 ml trockener Weißwein

1 frische rote Chilischote, gehackt, oder Chiliflocken (optional)

1 l Gemüsebrühe (siehe Seite 161) oder Wasser

4 Eier

4 Scheiben hartes Weißbrot mit Kruste

50 g geriebener Parmesan oder Pecorino (optional)

Salz

Frisch gemahlener schwarzer Pfeffer

Fortsetzung folgende Seiten >

Mit Salz und frisch gemahlenem schwarzem Pfeffer abschmecken. Danach die Eier aufschlagen und behutsam nacheinander und nicht zu dicht beieinander in die Suppe gleiten lassen. Mitkochen lassen, bis das Eiweiß fest und das Eigelb noch weich und flüssig ist. (Das kann je nach Kochtopf und der Ausgangstemperatur der Eier 3–6 Minuten dauern.) Vom Herd nehmen.

In jeden Teller eine Scheibe hartes Brot legen. Mit einem Kochlöffel die vier Eier nacheinander herausnehmen und vorsichtig auf je eine Brotscheibe gleiten lassen. Dann mehr Suppe zugeben, um die Brotscheiben damit zu tränken. Jede Portion nach Belieben mit geriebenem Käse bestreuen und vor dem Servieren 1–2 Minuten warten, damit das Brot genügend Flüssigkeit aufsaugen kann.

TIPP

Dieses Gericht stellt eine perfekte Verwendungsmöglichkeit für überreife Tomaten dar, man kann aber auch ganze geschälte Tomaten aus der Dose verwenden. Passierte Tomaten (passata) sind für diese Suppe allerdings zu fein. Trockenes Brot nimmt die Flüssigkeit schön auf, ohne weich zu werden. Wenn Sie gerade kein trockenes Brot zur Hand haben, können Sie die Scheiben im Backofen bei niedriger Hitze trocknen, bis sie knusprig sind. Toasten Sie das Brot aber nicht, weil dies seinen Geschmack allzu stark verändern würde. Man kann diese Suppe gut im Voraus zubereiten, sie über Nacht im Kühlschrank aufbewahren oder sie einfrieren. Geben Sie beim Aufwärmen etwas Wasser hinzu und lassen Sie die Eier erst hineingleiten, wenn die Suppe köchelt.

ACQUACOTTA: JEDER HAUSHALT KOCHT SEINE EIGENE VARIANTE

Acquacotta gibt es in den unterschiedlichsten Versionen, je nachdem, welche Jahreszeit gerade ist, ob sie in der Stadt oder auf dem Land gekocht wird und vor allem, wer sie kocht. In seinem Buch *Cucina maremmana* (1991) vermutete Aldo Santini, dass sich die Vielfalt der Varianten allein deshalb entwickelte, weil die vielen kleinen Städte und Dörfer der malariageplagten Maremma jahrhundertelang nahezu isoliert nebeneinanderher lebten. Es entstanden so unzählige lokale Rezepte. Dazu kommt, dass jeder *maremmani*, der den Kochlöffel schwingt, seine eigene individuelle Interpretation dieses Gerichts entwickelt.

Es gibt gemeinsame Merkmale: Die großzügige Verwendung von geriebenem Käse, die in der Suppe pochierten Eier (eines pro Person), das auf den Tellerboden gelegte alte (nicht geröstete!) Brot. Persönliche Vorlieben aber bestimmen, welcher Käse gewählt wird (Puristen nehmen Pecorino, Menschen mit empfindlicheren Geschmacksnerven Parmesan) und ob die Eier ganz oder geschlagen in der *acquacotta* pochiert werden.

In Grosseto schwimmen in der klassischen *acquacotta* Streifen von roter Paprikaschote, manchmal sogar etwas Wurst. Und die Eier werden, bevor man sie über die Suppe gibt, mit einer Handvoll geriebenem Käse geschlagen.

Manche Köchinnen lassen am Anfang zusammen mit dem Gemüse etwas *pancetta* schmoren. Andere geben fein gehacktes Basilikum oder Bergminze dazu (die wie eine Kreuzung aus Oregano und Minze schmeckt). Chili ist immer eine sinnvolle Ergänzung.

In Pitigliano enthalten viele *Acquacotta*-Versionen Blattgemüse wie Spinat oder Mangold, und mitunter wird das Ei durch einen Klecks Ricotta ersetzt. In dieser kleinen Stadt zwischen Meer und Bergen kommen auch oft im Wald gesammelte Kaiserlinge und etwas *baccalà* mit in den Topf.

Traditionell verwendet man Wasser (denn schließlich heißt *acquacotta* ja „gekochtes Wasser"), aber viele kochen diese Suppe mit Brühe. Es gibt Rezepte mit Gemüsebrühe, aber auch mit Hühner- oder sogar Rinderbrühe. Ich finde allerdings, dass Fleischbrühe den Geschmack allzu stark prägt. Gemüsebrühe verleiht mehr Aroma, mit Wasser bleibt sie schlicht und rein.

Für welche Zutaten Sie sich auch immer entscheiden: *Piano, piano* ist die wichtigste Anweisung, denn je länger die Suppe gart, desto besser schmeckt sie. Manche gehen so weit, die Kochzeit auf zwei Tage auszudehnen: Sie kochen die Suppe am Vortag und wärmen sie am folgenden Tag auf – die Eier kommen natürlich erst kurz vor dem Servieren hinein.

Mehr über die Geschichte der *acquacotta* finden Sie auf Seite 14.

ZUPPA MAREMMANA
BOHNEN- UND GEMÜSESUPPE DER MAREMMA

Die einer *minestrone* ähnliche einfache Gemüsesuppe mit *Canellini*-Bohnen gibt einem ein herrlich wohliges Gefühl. Am besten schmeckt sie meiner Ansicht nach mit *bietola selvatica*, „Wilder Rübe" (*Beta maritima*), auch Wilder Mangold genannt. In Südeuropa wächst sie oft in Meeresnähe, in Deutschland ist sie jedoch extrem selten und streng geschützt. Sie ist sozusagen die wilde Urgroßmutter von Rübe, Roter Bete und Mangold. Das hier vorgestellte Rezept stammt aus Capalbio, doch Italo Arieti, der die Geschichte der Maremma erforschte, schrieb, dass man die Wurzeln und jungen Blätter der Wilden Rüben traditionell für die *Acquacotta viterbese* (siehe Seite 42) verwendete. Ersetzen kann man sie durch Blätter von Roter Bete, Spinat oder Mangold. Aber auch Ihre Lieblingspilze passen sicher gut in diese Suppe.

FÜR 4 PORTIONEN

Die Basis des Mangoldbüschels abschneiden und die Stängel gut waschen, um Sand zu entfernen. Grob hacken und beiseitestellen.

Das Olivenöl in einen mittleren bis großen Suppentopf gießen. Die Zwiebel, den Sellerie und eine Prise Salz zugeben. Bei niedriger Hitze 10 Minuten anschwitzen. Gelegentlich umrühren. Sobald die Zwiebel weich und glasig ist, die Kartoffeln und die Pilze zugeben und mit Brühe oder Wasser bedecken. Bei niedriger bis mittlerer Hitze 10–15 Minuten köcheln lassen, bis die Kartoffeln gar, aber noch fest sind. Mit Salz und frisch gemahlenem schwarzem Pfeffer abschmecken und Mangold und Bohnen zugeben. Wieder zum Köcheln bringen und 5 Minuten weitergaren, bis die Blätter weich, aber immer noch von kräftiger grüner Farbe sind. Erneut abschmecken.

Die Brotscheiben gegebenenfalls bei niedriger Hitze im Backofen trocknen. Mit der rohen Knoblauchzehe einreiben.

Die Suppe portionsweise auf Teller verteilen, mit frisch gemahlenem schwarzem Pfeffer, ein paar Tropfen Olivenöl und nach Belieben mit geriebenem Käse anrichten und servieren. Die mit Knoblauch aromatisierten Brotscheiben dazu reichen.

150 g frische Mangoldblätter
2 EL Olivenöl plus etwas mehr
zum Servieren
1 gelbe Zwiebel, in dünnen
Scheiben
1 Stange Sellerie, in dünnen
Scheiben
2 kleine Kartoffeln, geschält
und in 1,5 cm große Würfel
geschnitten
100 g frische Pilze, in dünnen
Scheiben
1 l Gemüsebrühe (siehe
Seite 161) oder Wasser
240 g gekochte Cannellini-Bohnen
4 Scheiben hartes Weißbrot mit
Kruste
1 Knoblauchzehe, ganz
1 Handvoll geriebener Pecorino
(optional) zum Servieren
Salz
Frisch gemahlener schwarzer
Pfeffer

TIPP

Wenn Sie anstelle von Dosenbohnen getrocknete Cannellini-Bohnen verwenden und diese selbst kochen wollen, finden Sie auf Seite 186 eine Anleitung. Aber auch abgetropfte Cannellini aus der Dose eignen sich für dieses Rezept sehr gut.

STROZZAPRETI AL SUGO FINTO
STROZZAPRETI MIT FALSCHER SOSSE

Strozzapreti nennt man in der Maremma eine alte hausgemachte Nudelsorte, die den *pici* aus Siena ähnelt. Sie wird auf ganz einfache Weise aus Wasser und Weizenmehl zubereitet und von Hand gerollt (also ohne Nudelmaschine). Die Teigstücke werden zwischen den Händen gerollt, bis sie wie lange gezwirnte Kordeln aussehen. In den dabei entstehenden Rillen haftet die Pastasoße sehr gut.

Ich esse *strozzapreti* am liebsten mit *Sugo finto*. „Falsch" ist diese Soße deshalb, weil sie anders als die meisten anderen ragoutähnlichen Pastasoßen kein Fleisch enthält. Das Rezept stammt aus der *cucina povera*, der Küche der armen Leute, die sich Fleisch nur sehr selten oder gar nicht leisten konnten. An die Stelle von Fleisch treten hier Gemüse und Kräuter, die grob gehackt sein sollten, um der dick eingekochten Soße einen – wenn auch rein vegetarischen – Ragoutcharakter zu verleihen.

FÜR 4 PORTIONEN

Die frischen Tomaten pellen: Sie dazu zunächst an der Unterseite kreuzweise einschneiden. Dann 30 Sekunden in einen Topf mit kochendem Wasser tauchen und anschließend sofort in eine Schüssel mit Eiswasser geben, bis sie abgekühlt sind. Jetzt sollte sich die Haut sehr leicht abpellen lassen. Die Tomaten vierteln, entkernen und in 1 cm große Würfel schneiden. Beiseitestellen.

Das Olivenöl langsam in einer großen Bratpfanne erhitzen und das fein gehackte Gemüse zusammen mit dem Knoblauch und den gehackten Petersilienstängeln hineingeben. Mit einer Prise Salz würzen und das Gemüse langsam unter gelegentlichem Rühren 15 Minuten weich kochen.

Sobald die Zwiebel glasig und die Möhre weich ist, mit dem Wein ablöschen. Sodann auf mittlerer Hitze 3–5 Minuten weiterköcheln lassen, bis die Flüssigkeit merklich eingekocht ist. Die Tomatenwürfel und 250–500 Milliliter Wasser zugeben, sodass das Gemüse bedeckt ist (wie viel Wasser benötigt wird, hängt unter anderem davon ab, wie saftig die Tomaten sind). Bei Verwendung von Dosentomaten die Tomaten mit eigenem Saft zu dem angebratenen Gemüse in den Topf geben und die Tomaten sodann mit dem Kochlöffel zerkleinern. Bei niedriger bis mittlerer Hitze zum Köcheln bringen und unter gelegentlichem Umrühren 30–40 Minuten köcheln lassen, bis die Soße dick und sämig ist. (Bei Bedarf etwas Wasser nachgießen.) Mit Salz und frisch gemahlenem schwarzem Pfeffer abschmecken und beiseitestellen.

FÜR DIE SOSSE:

600 g frische reife Tomaten oder 400 g geschälte Tomaten (Dose)
2 EL Olivenöl
1 gelbe Zwiebel, fein gehackt
1 Stange Sellerie, fein gehackt
1 Möhre, geschält und fein gehackt
2 Knoblauchzehen, gehackt
1 Handvoll frische glatte Petersilie, Stängel und Blätter separat fein gehackt
60 ml trockener Weißwein
1 Handvoll frische Basilikumblätter
1 Handvoll geriebener Parmesan oder Pecorino (optional)
Salz
Frisch gemahlener schwarzer Pfeffer

FÜR DIE NUDELN:

250 g Hartweizengrieß
250 g Mehl plus etwas mehr für die Arbeitsfläche
300 ml Wasser

VARIANTEN

In Siena isst man zu den mit den strozzapreti verwandten pici *eine ähnliche Soße. Es wird nur noch Salami hinzugefügt. Verwenden Sie dazu am besten glutenfreie Salami aus reinem Schweinefleisch. Entfernen Sie die Pelle und krümeln Sie das Fleisch zu dem angebratenen Gemüse, bevor Sie mit Wein ablöschen. Diese Sieneser Soße heißt* Sugo bugiardo, *„verlogene Soße", da sie mit Wurst statt mit frischem Rindfleisch zubereitet wird.*

Beide Teile des Gerichts können im Voraus zubereitet werden. Der Nudelteig kann auch mehrere Stunden im Kühlschrank ruhen, wird dann mit der Zeit allerdings dunkler. Eine am Vortag gekochte Sauce schmeckt noch mal so gut, weil sie dann Zeit hatte, zu ziehen. Falls Sie beides gleichzeitig zubereiten, sollten Sie zuerst den Teig machen und während er ruht mit der Zubereitung der Sauce beginnen. Während die Sauce dann vor sich hin köchelt, formen Sie die Nudeln.

Während die Soße köchelt, werden die Nudeln gemacht. Dazu Grieß, Mehl und Wasser zu einem glatten Teig verkneten. Den Teig in Frischhaltefolie oder ein sauberes Geschirrtuch wickeln und 30 Minuten ruhen lassen.

Den Teig auf einer leicht bemehlten Arbeitsfläche auf 2–3 Millimeter Dicke ausrollen und mit Mehl bestäuben. Die Teiglage zusammenrollen und in 1 Zentimeter breite Streifen schneiden. Die entstandenen Teigstreifen nun einzeln zwischen den Handflächen zu dicken Kordeln zwirbeln.

Die Nudeln in einen großen Topf mit kochendem Salzwasser geben (siehe Seite 13). 3–4 Minuten al dente kochen. Dann abtropfen lassen und mit der Soße vermengen, bis die Nudeln von ihr vollkommen überzogen sind. Mit Basilikum und nach Belieben mit einer Handvoll geriebenem Pecorino oder Parmesan bestreuen und sofort servieren.

TAGLIOLINI AL LIMONE

ZITRONEN-TAGLIOLINI

Wenn ich in Experimentierlaune bin, probiere ich gerne Neues oder Kniffliges, an anderen Tagen ist mir eher nach etwas Vertrautem, das schnell geht und von dem ich weiß, dass es gut schmecken wird. Das folgende Rezept stellt so ein verlässliches Alltagsgericht vor. Es macht so gut wie keine Arbeit und zählt zu meinen Blitzgerichten.

Es funktioniert mit allen Nudeltypen. Zu der cremigen, säuerlich-bitteren Soße aus Zitronen und Zitronenschalen esse ich am liebsten lange glatte Nudeln wie *bavette* oder *tagliolini*. Ein Klacks Sahne bindet alles. Marco gibt gelegentlich auch etwas *caprino* dazu (würzigen Ziegenquark). Die Soße kann in der Zeit zubereitet werden, in der die Nudeln kochen. Wenn es sehr schnell gehen soll, kann man frische Nudeln aus dem Kühlregal anstelle von trockenen kaufen.

FÜR 4 PORTIONEN

Die Nudeln in einen großen Topf mit kochendem Salzwasser geben (siehe Seite 13).

Die Zitronenschalen mit einer feinen Reibe abreiben. Dabei darauf achten, dass keine weiße Haut abgerieben wird, da diese unangenehm bitter schmeckt. Die Zitronen anschließend halbieren und ausdrücken. Zitronenschalen und Saft beiseitestellen.

Die Butter und das Olivenöl in einer Bratpfanne bei mittlerer Hitze erwärmen. Sobald die Butter geschmolzen ist, die Zitronenschalen hineingeben und ca. 1 Minute ziehen lassen. Dabei umrühren, damit die Zitronenschalen nicht anbrennen. Den Zitronensaft dazugießen und 3 Minuten köcheln lassen. Die Sahne und ca. die Hälfte des Käses zugeben und mit Salz und frisch gemahlenem schwarzem Pfeffer würzen. Weitere 1–2 Minuten kochen, bis die Soße dick ist. Vom Herd nehmen.

Die al dente gegarten Nudeln abgießen, dabei etwas Kochwasser auffangen. Die Nudeln in die Pfanne zu der Zitronensoße geben und alles miteinander vermengen. Falls das Ganze zu trocken ist, etwas Kochwasser zugeben. Mit dem restlichen geriebenen Käse servieren.

320 g trockene tagliolini
(oder andere lange Nudeln,
Fertigprodukt)
2 große Bio-Zitronen
50 g Butter
1 EL Olivenöl
125 ml Sahne
50 g geriebener Pecorino
oder Parmesan
Salz
Frisch gemahlener schwarzer
Pfeffer

TIPP

Verwenden Sie für dieses Gericht ausschließlich unbehandelte Zitronen, deren Schalen weder gewachst noch mit Chemikalien behandelt wurden. Spülen Sie die Zitronen vor der Verwendung trotzdem unter fließendem Wasser gründlich und trocknen Sie sie ab.

TORTELLI MAREMMANI

TORTELLI MIT RICOTTA UND SPINAT

Neben *acquacotta* und Wildschweingerichten zählt dieses zu den berühmtesten Gerichten der südlichen Maremma. *Tortelli* sind das, was man in anderen Gegenden Italiens als Ravioli bezeichnet. Sie sind leicht mit den rund gedrehten *tortellini* aus der Emilia-Romagna zu verwechseln. Allerdings sind die *tortelli* aus der Maremma größer als die gewöhnlichen Ravioli und haben rings um die Füllung einen breiteren Rand, der gerne als *il marciapiede* (der Bürgersteig) oder *la frangia* (der Streifen) bezeichnet wird. Wegen der Größe ist der Teig auch dicker als bei Ravioli, sodass sie robust genug für eine stückige, kräftige Soße sind.

Für die Füllung verwendet man Ricotta aus Schafsmilch, der fest und cremig ist und einen süß-würzigen Geschmack besitzt, sowie blanchierten und fein gehackten Spinat. Je nach Jahreszeit kann man als Gemüse aber auch Mangold nehmen oder die Blätter von Roter Bete oder Brennnesseln. Zu den *tortelli* passt *Sugo maremmano* (siehe Seite 194), man kann sie aber auch einfach nur mit frisch geschmolzener ungesalzener Butter und Salbei essen.

Wie viele Portionen die hier aufgeführten Zutatenmengen ergeben, hängt davon ab, ob die *tortelli* als Hauptmahlzeit gegessen werden oder aber als Teil eines mehrgängigen Menüs, zum Beispiel nach dem Antipasto und vor dem Hauptgang. Als zweite Vorspeise reicht die nach diesem Rezept zubereitete Menge für bis zu 8 Portionen, als Hauptmahlzeit für gut 6.

FÜR 6 PORTIONEN

Das Mehl in eine Schüssel geben, in die Mitte eine Mulde drücken. Eier, Eigelb und Wasser in die Mulde geben. Die Eier mit einer Gabel schlagen und dabei nach und nach das Mehl untermischen, bis die Masse für das Rühren mit der Gabel zu schwer wird. Mit den bemehlten Händen zu einem glatten, elastischen Teig verkneten. In Frischhaltefolie wickeln und mindestens 30 Minuten ruhen lassen.

Bei Verwendung von frischem Spinat die Stängel abschneiden und die Blätter in einem großen Topf mit stark kochendem Wasser ca. 2 Minuten blanchieren. Den blanchierten Spinat abtropfen lassen, gründlich ausdrücken und sehr fein hacken.

Für die Füllung den Spinat in einer Schüssel mit dem Ricotta, dem geschlagenen Ei, dem geriebenen Käse, dem Muskat und dem Salz vermengen.

FÜR DEN NUDELTEIG:
400 g Mehl plus etwas mehr
   zum Verarbeiten
2 ganze Eier plus 4 Eigelb
2 EL Wasser

FÜR DIE FÜLLUNG:
1 kg frischer Spinat (ergibt
   ca. 300 g blanchierten Spinat)
500 g frischer fester Ricotta,
   vorzugsweise aus Schafsmilch,
   ggf. abgetropft (siehe Tipp)
1 Ei, geschlagen
50 g fein geriebener Pecorino
   oder Parmesan
½ TL frisch geriebene Muskatnuss
¼ TL Salz

TIPP
Wenn Sie keinen Ricotta aus Schafsmilch bekommen, funktioniert das Gericht auch mit Ricotta aus Kuhmilch. Wichtig ist, dass der Ricotta hochwertig und so fest ist, dass er gestürzt steht. Weichen oder etwas wässrigen Ricotta in ein mit Käseleinen oder mit einem sauberen Geschirrtuch ausgelegtes und über eine Schüssel gelegtes Sieb geben und einige Stunden abtropfen lassen.

Fortsetzung folgende Seiten >

Den Teig in vier Portionen teilen. (Jede einzeln verarbeiten, den restlichen Teig währenddessen bedeckt lassen.) Den mit Mehl bestäubten Teig mit einer Nudelmaschine oder mit einem Nudelholz so dünn ausrollen, dass er beinahe durchsichtig ist (bei einer Nudelmaschine ist dies meist die dritt- oder vorletzte Einstellung). Allzu lange Teigstreifen halbieren. Alternativ rollt man mit einem Nudelholz auf dem Teig, der elastisch und leicht zu bearbeiten sein sollte, von der Mitte zu den Rändern hin.

Auf einen ca. 14 Zentimeter breiten und beliebig langen Nudelteigstreifen werden nun mithilfe von zwei Teelöffeln kleine Portionen der Spinatfüllung gelegt, jeweils in ca. 2 Zentimeter Abstand zu einem Teigrand der Längs-seite und in ca. 4 Zentimeter Abstand zur nächsten Portion. Sodann faltet man den breiten Teigstreifenrand so darüber, dass die beiden Längskanten übereinander zu liegen kommen. Der Nudelteig wird nun behutsam rings um jede Portion mit Spinatmasse zusammengedrückt, möglichst ohne dabei Luftblasen entstehen zu lassen. Es empfiehlt sich, einen *tortello* nach dem anderen fertigzustellen. Anschließend werden die *tortelli* mit einem gewellten Teigrädchen so voneinander getrennt, dass jeder ca. 7 x 7 Zen-timeter groß ist und ein ca. 2 Zentimeter breiter Rand die Füllung umgibt. Anstelle eines Teigrädchens kann man dafür auch ein scharfes Messer verwenden und die Ränder mit einer Gabel zusammendrücken. Auf diese Weise werden zum einen die Ränder versiegelt, zum anderen bleibt an dem gewellten Rand mehr Soße hängen. Anstatt die eine Hälfte des breiten Teigstreifens über die andere zu falten, kann man auch schmälere Streifen machen und einen leeren über einen gefüllten Streifen legen.

Auf diese Weise den gesamten Teig und die gesamte Füllung verarbeiten. Ein Backblech mit Backpapier auslegen und dieses mit Mehl bestäuben. Die fertigen *tortelli* nebeneinander auf das Backblech legen.

Die *tortelli* in einen großen Topf mit kochendem Salzwasser geben (siehe Seite 13) und ca. 5 Minuten al dente kochen. Gegarte *tortelli* blähen sich auf und schwimmen oben. Beim Probieren sollte man besonders auf die Ränder achten, an denen der Teig doppelt liegt.

Wenn die *tortelli* gar sind, den Topf vom Herd nehmen, die *tortelli* mit einem Schaumlöffel herausnehmen und auf ein sauberes angefeuchtetes Geschirrtuch legen und abtropfen lassen. Dann die *tortelli* auf einer Ser-vierplatte anrichten oder auf Suppenteller verteilen. Die präferierte Soße darübergeben, mit Pecorino bestreuen und sofort servieren.

Tortelli schmecken am besten frisch gemacht. Will man sie im Voraus herstellen, empfiehlt es sich, sie einzufrieren. Dafür die *tortelli* in kochen-dem Salzwasser, in das ein Tropfen Olivenöl gegeben wurde, 10 Sekunden blanchieren. Herausnehmen, auf einem feuchten Geschirrtuch abtropfen lassen und flach nebeneinander auf eine Lage Alufolie legen. Alupapier sorgfältig zusammenfalten, die verpackten *tortelli* in einen Gefrierbeutel geben und einfrieren. Vor dem Servieren wie oben beschrieben garen.

RISOTTO CON LE ZUCCHINE
ZUCCHINI-RISOTTO

Wenn es im späten Frühling und Frühsommer auf dem Markt Unmengen von jungen Zucchini zu kaufen gibt, an denen noch die riesigen gelben Blüten hängen, gibt es bei uns einmal pro Woche diesen Risotto. Meine Lieblings-Zucchini sind die blassgrünen, zart gesprenkelten mit leicht hervortretenden Längsrippen namens *Costata Romanesco*. Sie sind sehr delikat und lassen sich gut zubereiten. Für dieses Gericht reibe ich sie in feine Streifen, weil sie sich dann gut mit den Reiskörnern vermischen. Alternativ kann man sie auch in dünne Scheiben schneiden. Wenn man diese gerippten Zucchini verwendet, sehen die Scheiben dann wie Sterne aus.

Wer einen eigenen Garten hat, sollte sich selbst Zucchini ziehen, damit er sie später mitsamt Blüten ernten kann.

Die hier angegebene Zutatenmenge für die Gemüsebrühe ergibt doppelt so viel, wie Sie für den Risotto benötigen, aber Gemüsebrühe kann man immer brauchen. Wenn Sie im Augenblick noch keine Verwendung dafür haben, können Sie sie einfrieren. Ein Eiswürfelbehälter voll gefrorener Brühwürfel spendet Ihnen immer genau so viel, wie Sie gerade benötigen.

FÜR 4 PORTIONEN

Für die Gemüsebrühe das Gemüse grob hacken und zusammen mit den Kräutern und 3 Liter kaltem Wasser in einen großen Suppentopf geben. Zum Kochen bringen und dann bei niedrigerer Temperatur im offenen Topf 1 Stunde weiterkochen lassen. Durch ein Sieb gießen und den Sud beiseitestellen.

Die Zucchini waschen und trocken tupfen. Die Blüten abtrennen und in breite Streifen schneiden, dann beiseitestellen. Die Zucchini auf einer Reibe zu schmalen Streifen reiben und separat beiseitestellen.

3 Esslöffel Olivenöl in einer tiefen Pfanne bei niedriger Hitze erwärmen. Die gehackte Zwiebel und eine großzügige Prise Salz zugeben und ca. 10 Minuten unter gelegentlichem Umrühren anschwitzen, bis die Zwiebelstücke weich, aber nicht gebräunt sind.

Den Reis zugeben und alles umrühren, bis alle Reiskörner gleichmäßig von Öl umhüllt sind (ca. 2 Minuten). Mit dem Weißwein ablöschen und bei mittlerer Hitze den Wein ca. 5 Minuten einkochen lassen. Mit einem Schöpflöffel so viel Brühe zugeben, dass der Reis bedeckt ist. Weiter-

FÜR DIE GEMÜSEBRÜHE:

1 gelbe Zwiebel
1 große Möhre
1 Stange Sellerie
1 Handvoll Stängel von glatter Petersilie
2 frische Lorbeerblätter

FÜR DEN RISOTTO:

4 kleine Zucchini mit Blüten, ca. 250 g
4 EL Olivenöl
1 gelbe Zwiebel, fein gehackt
300 g Risottoreis (z. B. Carnaroli)
125 ml trockener Weißwein
60 g geriebener Pecorino oder Parmesan (optional) plus etwas mehr zum Servieren
Salz
Frisch gemahlener schwarzer Pfeffer

Fortsetzung folgende Seiten >

köcheln lassen, dabei gelegentlich umrühren. Sobald ein Großteil der Flüssigkeit eingekocht ist, wieder Brühe zugeben.

Nach ca. 10 Minuten die geriebenen Zucchini (aber noch nicht die Blüten) zugeben. Ca. 7 Minuten weiterkochen, dabei gelegentlich umrühren und Brühe nachgießen, bis der Reis gar ist. Zusammen mit der letzten Zugabe von Brühe den geriebenen Käse unterrühren (nach Belieben) und mit Salz und frisch gemahlenem schwarzem Pfeffer abschmecken. 1 Esslöffel Olivenöl zugeben und den Risotto energisch umrühren, bis er cremig, aber immer noch ein bisschen suppig ist. Das meinen Italiener, wenn sie sagen, Risotto sollte *all'onda* sein, „auf der Welle".

Den Risotto vom Herd nehmen. Die in Streifen geschnittenen Zucchiniblüten zugeben und unterrühren – dabei zerfallen die Blüten. Sofort auf flache Teller verteilen und nach Belieben vor dem Servieren noch mit etwas frisch gemahlenem Pfeffer und etwas zusätzlich geriebenem Käse servieren.

INSALATA GIGLIESE

TOMATEN-SELLERIE-SALAT NACH GIGLIO-ART

Diesen bunten, erfrischenden Salat könnte ich den ganzen Sommer über essen – entweder pur oder als Beilage zu gegrilltem Fisch. Das Knacken des Selleries und das weiche Fleisch sonnengereifter Tomaten liebe ich über alles. Meiner Ansicht nach findet Sellerie in der Küche viel zu wenig Beachtung. Bei diesem Salat nehmen die Sellerieblätter beinahe die Rolle von Kräutern ein. Sie sollten dafür einen schönen Staudensellerie aussuchen, der weder zu groß noch zu alt ist, sondern jung und zart, mit unbeschädigten Blättern. Es empfiehlt sich, diesen Salat im Voraus zuzubereiten, damit er eine Weile ziehen kann und sich die Aromen vermischen.

FÜR 4 PORTIONEN ALS BEILAGE

Die in dünne Scheiben geschnittenen Frühlingszwiebeln (oder die rote Zwiebel) 10 Minuten in einer Schüssel mit kaltem Wasser wässern. Abtropfen lassen und mit den Selleriescheiben und den Tomatenwürfeln vermengen. Mit Olivenöl, Rotweinessig, Salz und frisch gemahlenem schwarzem Pfeffer ca. 30 Minuten vor dem Servieren abschmecken. Auf diese Weise haben die einzelnen Zutaten Zeit, einander näher „kennenzulernen". Kurz vor dem Servieren die Petersilie zugeben und alles vermengen.

2 Frühlingszwiebeln oder ½ rote Zwiebel, in dünnen Scheiben

4 junge Stangen Sellerie mit Blättern, in dünnen Scheiben

4 große frische Tomaten, in Würfeln

2–3 EL Olivenöl

1½ EL Rotweinessig

1 Handvoll frische glatte Petersilie, fein gehackt

Salz

Frisch gemahlener schwarzer Pfeffer

SCIROCCO

Bevor wir nach Porto Ercole zogen, hatte ich noch nie vom *scirocco* gehört, und selbst dort dachte ich anfangs, es sei der romantisch klingende Name eines Boots. Dann aber hörte ich beim Einkaufen die Kassiererin im Supermarkt über den *scirocco* sprechen und stellte fest, dass es sich um eine Bezeichnung für einen speziellen Wind handelte. Während einer besonders schwülen Periode im Sommer begriff ich endlich wirklich, worum es ging: um die neblig-feuchte und dabei sehr warme Luft, die der *scirocco* mitbringt und die sich wie eine erstickende Decke über das Land legt.

Der *scirocco* kommt aus der Sahara und zieht über die Mittelmeerregion bis nach Nordeuropa. In jedem Land, über das er bläst, hat er einen anderen Namen. Er kommt nie alleine, sondern bringt Wüstenstaub und Gewitter mit – und beschert Venedig *acqua alta* (Hochwasser).

Es dauerte nicht lange und ich war ebenfalls in der Lage festzustellen, wann der Wind aus Süden herannaht. Ich brauchte dafür nur aus dem Fenster zu schauen, denn bei *scirocco* war der Hafen in Dunst gehüllt. Man kann dann am Horizont gar nicht mehr erkennen, wo das Meer aufhört und wo der Himmel beginnt: Beide verschmelzen miteinander wie nasse Farbstriche, über die man mit einem Pinsel fährt.

Nach vielen schwülen *scirocco*-Tagen wendet sich plötzlich der Wind und wird zum *maestrale*. Aufgeregt und erleichtert tauschen sich die Einheimischen in der Bäckerei und im Fischgeschäft darüber aus. Jetzt ist der Himmel klarer, das Meer blauer und ruhiger, die Luft frischer und man atmet leichter.

Die stickige Hitze der Sommermonate prägt den Alltag. Um jeden Preis versucht man zu vermeiden, in der Küche Wärmequellen einzuschalten – es sei denn, man kocht sich auf dem Herd schnell einen Espresso.

Melonen und Wassermelonen werden in großen Mengen verzehrt und ersetzen ganze Mahlzeiten. Wer schlau ist, kocht spätabends eine Mahlzeit, die man am nächsten Tag kalt essen kann, ohne Herd oder Backofen in Betrieb nehmen zu müssen. So kann man auch vormittags an den Strand gehen, statt in der Küche zu stehen.

Die Stunden in der Tagesmitte sind die ruhigsten, denn jeder verbringt sie nach Möglichkeit zu Hause, hinter geschlossenen Fensterläden, die in der Wohnung für eine gewisse Kühle sorgen. Die meisten Geschäfte bleiben ungefähr bis 17 Uhr geschlossen, doch die ersten Fußgänger zeigen sich erst gegen 18 Uhr, wenn die Promenade unten am Hafen wieder schattig genug ist, um dort ein wenig spazieren zu gehen. Allmählich werden die Straßen belebter, vor den Eisständen bilden sich Schlangen, in den Bars rings um den Hafen wird ein Tisch nach dem anderen besetzt. Die Stadt erwacht wieder zum Leben.

PEPERONI E PATATE

ROTE PAPRIKASCHOTEN UND KARTOFFELN

Dieses Gericht ähnelt der *peperonata* und dem *guglione* von Elba,
der aus in Würfel geschnittenen Auberginen, Zucchini, Paprikaschoten, Tomaten und Kartoffeln zubereitet wird. Ich wollte ihn eines
Tages kochen, merkte aber, dass mir ein paar Zutaten fehlten. Also
musste ich improvisieren. Inzwischen zählt dieses zu den Gerichten,
die wir im Sommer regelmäßig essen. Wie alles, was Paprika enthält,
wird es immer besser, je länger man es stehen lässt. Deshalb koche
ich immer eine größere Menge, die im Laufe der nächsten Tage nach
und nach aufgegessen wird. Besonders an schwülen Sommertagen, an
denen man nicht gerne am heißen Herd steht, ist das sehr praktisch.
Man kann *Peperoni e patate* als Beilage zu gegrilltem Fisch oder
Fleisch essen, pur und warm zusammen mit Brotscheiben, die man
zuvor mit Knoblauch eingerieben und mit Olivenöl beträufelt hat,
oder aber kalt mit Mozzarella und ein paar Scheiben *prosciutto*.

FÜR 4 PORTIONEN ALS BEILAGE ODER LEICHTES MITTAGESSEN

Paprikaschoten abspülen, Stängel entfernen, halbieren, entkernen und in
Streifen schneiden. Beiseitestellen.

Bei Verwendung frischer Tomaten diese an der Unterseite kreuzweise
einschneiden, kurz in einen Topf mit kochendem Wasser tauchen und anschließend in einer Schüssel mit Eiswasser abkühlen lassen. Dann die
Haut abpellen. Jetzt vierteln und Kerne entfernen. Die Tomaten grob hacken
und beiseitestellen.

Das Olivenöl in einer großen Bratpfanne bei niedriger Temperatur erhitzen
und darin die Zwiebel ca. 10 Minuten unter gelegentlichem Umrühren
garen, bis sie weich, aber nicht gebräunt ist. Den Knoblauch, die Paprikastreifen und 125 Milliliter Wasser zugeben. Zugedeckt 30–40 Minuten
kochen lassen, bis die Paprikastreifen ganz weich sind. Dabei gelegentlich
umrühren. Nun die Tomaten, die Kartoffeln und wiederrum ca. 125 Milliliter
Wasser sowie eine Prise Salz zufügen. Im offenen Topf 15–20 Minuten
köcheln lassen, bis die Kartoffeln weich sind und sich der Saft zu einer
sämigen Soße verdickt hat.

Mit Salz und frisch gemahlenem schwarzem Pfeffer abschmecken, vom
Herd nehmen und mit den Kräutern bestreuen. Heiß, lauwarm oder kalt
servieren.

2 große rote Paprikaschoten,
   600–700 g
2–3 frische reife Tomaten oder
   ca. 125 g gehackte Tomaten
   (Dose)
3 EL Olivenöl
1 gelbe Zwiebel, in dünnen
   Scheiben
1 Knoblauchzehe, in Scheiben
3 mittelgroße Kartoffeln,
   geschält und in Würfeln
1 Handvoll frische Kräuter,
   z. B. Basilikum, Oregano und/
   oder Petersilie, grob gehackt
Salz
Frisch gemahlener schwarzer
   Pfeffer

SFORMATO DI CIPOLLOTTI
FRÜHLINGSZWIEBEL-GRATIN

Der *sformato* ist eine sehr alte Beilage. In Pellegrino Artusis klassischem alten Kochbuch findet man 18 verschiedene Rezepte für diese Art von Gratin, darunter vier Desserts. Das zeigt auch, wie beliebt dieses Gericht im 19. Jahrhundert in Italien war. Nicht weiter verwunderlich, wenn man weiß, dass es sich sehr leicht zubereiten lässt und sogar einen großen Tisch voller Gäste satt macht. Außerdem macht es ebenso wie viele andere cremige Gerichte besonders zufrieden.

Für ein *sformato* wird gerne eine einzige Gemüseart verwendet, die gerade Saison hat. Das Gemüse wird gekocht oder püriert, damit das Gericht schön cremig ist. Meine Favoriten für diese Art von Gratin sind Spinat, Cardy und Artischocke. Mitunter wird *sformato* auch ähnlich wie *Crème caramel* im Wasserbad gegart, doch ich backe ihn stets wie ein klassisches Gratin – dann werden die Ränder und die Oberseite so schön knusprig.

Dieser *sformato* mit süßen Frühlingszwiebeln und Béchamelsoße wird in der Maremma traditionell als Beilage zu Wildschweineintopf (siehe Seite 52) gereicht. Ebenso wie Kartoffelpüree und weiche Polenta passt er hervorragend zu herzhaften Fleischeintöpfen, aber auch zu Brathähnchen oder gebackenem Fisch.

FÜR 4 PORTIONEN ALS BEILAGE

Für die Béchamelsoße die Butter in einem kleinen Kochtopf bei niedriger Hitze zerlassen, das Mehl zugeben und mit einem Holzlöffel oder Silikonspatel beides miteinander verrühren und 1–2 Minuten köcheln lassen. Die warme Milch zugeben (sie muss warm sein, damit keine Klümpchen entstehen), dabei weiterrühren. Unter ständigem Rühren weiterköcheln lassen, bis eine glatte, leicht eingekochte Soße entstanden ist. Vom Herd nehmen und abkühlen lassen. Die Béchamelsoße kann auch im Voraus zubereitet werden.

Die Frühlingszwiebeln gründlich abspülen. Die äußeren Blätter entfernen, die Wurzeln abschneiden. Die weißen und hellgrünen Teile der Frühlingszwiebeln in dünne Scheiben schneiden. Die dunkelgrünen Teile entsorgen.

In einer Bratpfanne 2 Esslöffel des Olivenöls bei mittlerer bis hoher Temperatur erhitzen. Die Frühlingszwiebeln und eine großzügige Prise Salz zugeben. Unter gelegentlichem Rühren 10 Minuten schmoren, bis die Frühlingszwiebeln weich, aber nicht gebräunt sind. Eventuell etwas Wasser zugeben, damit die Frühlingszwiebeln nicht anbrennen oder am Pfannenboden kleben. Vom Herd nehmen und abkühlen lassen.

25 g Butter
25 g Mehl
250 ml warme Milch
250 g Frühlingszwiebeln
3 EL Olivenöl plus etwas mehr
  zum Einfetten
1 Ei, geschlagen
½ TL frisch geriebene Muskatnuss
60 g geriebener Pecorino oder
  Parmesan
35 g feine Semmelbrösel
Salz
Frisch gemahlener schwarzer
  Pfeffer

Den Backofen auf 180 °C vorheizen.

In einer Schüssel die abgekühlte Béchamelsoße und die Frühlingszwiebeln vermengen und mit Salz und frisch gemahlenem schwarzem Pfeffer abschmecken. Das Ei, die geriebene Muskatnuss und die Hälfte des Käses zugeben und alles vermengen. Die Masse in eine leicht eingefettete Form gießen. (Optimal wäre eine quadratische Form mit 20 Zentimeter Seitenlänge oder rechteckige Form mit den Maßen 20 x 25 Zentimeter.)

In einer separaten Schüssel den restlichen geriebenen Käse mit den Semmelbröseln vermengen. Das Gratin mit der Mischung bestreuen und mit dem restlichen Olivenöl beträufeln. 25–30 Minuten backen, bis die Oberseite goldbraun ist.

ALTERNATIVE ZUTATEN
Anstelle der Frühlingszwiebeln kann man auch 4 Stangen Lauch verwenden. Das schmeckt mindestens genauso gut!

VOM BAUERN-HOF

DALLA FATTORIA

CROSTINI MAREMMANI
MAREMMA-CROSTINI

Crostini dürfen bei einem toskanischen Antipasto nicht fehlen. Es gibt sie in den unterschiedlichsten Varianten. Die klassischsten aber sind *Crostini di fegatini*, die in der Umgebung von Florenz am häufigsten gereicht werden und die man auch *Crostini neri* („schwarze crostini") oder *Crostini toscani* nennt.

Während diese *crostini* mit einer Creme aus Hühnerleber bestrichen werden, kommt auf die Maremma-Crostini ein Ragout aus Rinderhack und Hühnerleber, das durch Zugabe von Sardellenfilets und Kapern besonders pikant schmeckt. Weil dieser Belag im Voraus zubereitet werden kann, eignen sich die *crostini* auch hervorragend als Antipasto für ein Partybüffet. Und für alle, denen die reine Hühnerleber auf den *Crostini toscani* zu schwer ist, stellen sie eine köstliche Alternative dar.

Weil *crostini* ein echtes Fingerfood sind, sollte man dafür handliche kleinere Brotscheiben verwenden. Richten Sie die *crostini* auf einer großen Platte zusammen mit ein paar Scheiben *prosciutto* und Pecorino-Stücken an.

FÜR UNGEFÄHR 20 CROSTINI

Die Baguettescheiben im Backofen bei niedriger Hitze trocknen, bis sie knusprig, aber nicht gebräunt sind. Beiseitestellen.

Bei Verwendung von Salzkapern diese unter fließendem Wasser abspülen, sodann in einer Schüssel mit Wasser 15 Minuten wässern. Kapern in Salzlake dagegen einfach nur abtropfen lassen und trocken tupfen.

Die fein gehackte Zwiebel, Möhre und Selleriestange zusammen mit dem Olivenöl und einer Prise Salz in eine große Bratpfanne geben und bei niedriger Hitze und unter gelegentlichem Rühren 10 Minuten anbraten, bis das Gemüse weich ist. Das Rinderhack, die Hühnerlebern, die Sardellen und die Kapern zugeben und alles bei mittlerer Hitze unter Rühren anbraten, bis Fleisch und Leber gebräunt sind (5–10 Minuten).

Die angebratenen Hühnerlebern auf ein großes Schneidebrett legen.

Das Tomatenmark zu der verbliebenen Fleischmasse in die Pfanne geben und alles unter Rühren 1 Minute weiterbraten. Anschließend mit dem Wein ablöschen. Den Wein ca. 7 Minuten einkochen lassen, bis die Masse eingedickt ist.

In der Zwischenzeit mit einem scharfen Messer oder einem Wiegemesser die Hühnerlebern fein hacken. Um sie zu einer dicken Paste zu zerkleinern, kann man sie auch in einem Mixer pürieren. Die Lebermasse anschließend wieder in die Pfanne geben.

1 Baguette oder ähnliches Weißbrot, in dicke Scheiben geschnitten

4–5 Kapern

1 gelbe Zwiebel, fein gehackt

1 Möhre, fein gehackt

½ Stange Sellerie, fein gehackt

2 EL Olivenöl

200 g Rinderhackfleisch

150 g Hühnerleber, ganz

2 Sardellenfilets (in Öl eingelegt) oder 2 Anchovis (in Salz eingelegt, diese gemäß der Anleitungen auf Seite 75 und 142 reinigen)

1 EL Tomatenmark

160 ml trockener Weißwein

Salz

Frisch gemahlener schwarzer Pfeffer

Genügend Wasser zufügen, sodass das Ragout bedeckt ist (ca. 250 Milliliter), und das Ganze zum Köcheln bringen. Bei niedriger Hitze 40 Minuten weiterköcheln, bei Bedarf Wasser zugeben. Nach ca. 30 Minuten mit Salz und frisch gemahlenem schwarzem Pfeffer abschmecken.

Das warme Ragout auf die getrockneten Baguettescheiben verteilen und als Antipasto servieren.

TIPP
Das Ragout kann am Vortag zubereitet werden. Kurz vor dem Servieren zusammen mit 60 Milliliter Wasser erhitzen und ein paar Minuten köcheln lassen. Anschließend vom Herd nehmen und auf die Baguettescheiben verteilen.

UOVA SODE CON ACCIUGATA

HART GEKOCHTE EIER MIT ANCHOVISSOSSE

Als es noch keine Kühlschränke gab, legte man Sardellenfilets in Salz ein, um die zu bestimmten Jahreszeiten in rauen Mengen vorhandenen Fische zu konservieren. Diese Anchovis sind eine wichtige Zutat zahlloser toskanischer Spezialitäten. Eine davon ist die folgende Soße, die von der Insel Giglio stammt. Für die fertige Soße wiederum ergeben sich unzählige Verwendungsmöglichkeiten.

Ich kann sie so gut wie zu allem essen: auf Toast, zu frisch gekochten, noch dampfenden Kartoffeln oder sogar wie ein Pesto zu Pasta. Anchovis und Blumenkohl passen meiner Ansicht nach perfekt zusammen. Es gibt noch zahllose andere Möglichkeiten, die Anchovissoße zu verwenden. Sie passt im Grunde zu allem, was eine pikantere Note brauchen kann, weil es selbst eher neutral schmeckt.

Natürlich passen Anchovis wunderbar zu Eiern in jeder Form. Ich wuchs in den 1980er-Jahren auf, als es auf Partys so gut wie immer Russische Eier gab. Noch heute bin ich Fan von Servierplatten mit Eierhälften: Ich gebe einfach auf jede Eierhälfte einen Teelöffel Anchovissoße. Auch ein Rührei wird durch die Zugabe von etwas Anchovissoße zu einem vollendeten Gericht.

FÜR CA. 125 GRAMM SOSSE

Die Anchovis wässern und gemäß der Anleitung von Seite 142 säubern.

Die Anchovis und das Olivenöl in einer kleinen Pfanne bei niedriger Temperatur erhitzen. Ca. 5 Minuten braten und dabei umrühren, damit sie gleichmäßig zerfallen.

Den Essig zugießen und bei mittlerer Temperatur 1 Minute weiterkochen. Vom Herd nehmen, Petersilie zugeben und alles vermengen. Beiseitestellen und auf Zimmertemperatur abkühlen lassen.

In einen mittelgroßen Kochtopf so viel Wasser gießen, dass es darin 5 Zentimeter hoch steht. Das Wasser bei mittlerer Temperatur zum Köcheln bringen und darin die Eier 7½ Minuten beinahe hart kochen (sie sollen nicht ganz hart werden). Vom Herd nehmen und die Eier in kaltem Wasser abschrecken. Pellen und halbieren. Die Eierhälften auf einer Servierplatte anrichten und auf jede Eierhälfte ca. ½ Teelöffel Anchovissoße geben.

120 g Anchovis (ca. 10 Stück)
60 ml Olivenöl
1 EL Rotweinessig
1 große Handvoll frische glatte Petersilie, fein gehackt
6 Eier

TIPP

Versuchen Sie, für dieses Rezept eingesalzene Anchovis zu bekommen, denn sie haben eine andere Textur als die in Öl eingelegten Sardellenfilets. Verwenden Sie Eier mit einem Gewicht von je 55–60 Gramm.

Die hier angegebenen Zutatenmengen lassen sich leicht verdoppeln, und man kann überschüssige Soße gut in einem Schraubglas im Kühlschrank aufbewahren. Falls Sie diese Soße nicht so häufig verwenden, sollten Sie Olivenöl darübergießen, sodass die Soße im Glas ganz bedeckt ist und länger haltbar bleibt.

VARIANTEN

Ein Rezept aus dem Buch Isola del Giglio. Antiche ricette *(2010) empfiehlt, zu den Anchovis in der Pfanne auch eine Handvoll gehackte Kirschtomaten zu geben. Ein anderes Rezept aus dem toskanischen Valdarno ergänzt diese Soße mit Kapern.*

SATURNIA

Diese hübsche, einst von den Etruskern gegründete und wegen der nahen heißen Quellen berühmte Stadt ist nach Saturn benannt, dem römischen Gott der Zeit. Schon die alten Etrusker und die Römer legten sich gerne in das Thermalwasser. Später im Mittelalter aber hieß es, das heiße Wasser leiste der Versuchung Vorschub und ein Bad in den Quellen führe auf sicherem Weg in die Hölle. Die Stadt Saturnia wurde im Laufe der Zeit durch Kriege zerstört und war jahrhundertelang nicht bewohnt.

Heute ist ihr diese düstere Vergangenheit nicht mehr anzusehen. Das malerische, gepflegte Städtchen verdankt seinen heutigen Wohlstand den Thermalquellen.

An kühleren Tagen sieht man den von den Quellen aufsteigenden Wasserdampf schon von der kurvenreichen Straße aus, die nach Saturnia führt. Am besten sucht man die Quellen an einem kühlen Herbst- oder Wintermorgen auf, weil man sie dann ganz für sich alleine hat. Das Wasser quillt neben einer alten Mühle an die Oberfläche und fließt in treppenartig übereinanderliegende Becken. Nichts ist so herrlich, wie in dem badewasserwarmen milchig-türkisfarbenen Wasser zu liegen und auf die üppig grünen Hügel ringsum zu schauen.

CIAFFAGNONI MANCIANESI
CRÊPES NACH MANCIANO-ART

Schlicht, leicht und – das ist das Wichtigste! – papierdünn sind diese Crêpes aus ganz einfachen Zutaten (Eier, Mehl und Wasser), die in einer gusseisernen, mit *lardo* (Speck) eingefetteten Pfanne gebacken werden. In Manciano erzählt man sich, ein Koch aus der Maremma habe *ciaffagnoni* (ausgesprochen: tschaffanyoni) ursprünglich in Frankreich eingeführt. Er hatte zum Gefolge von Caterina de' Medici gehört, die nach Frankreich zog, um Heinrich II. zu heiraten. Die Franzosen gingen dann dazu über, in den Teig Milch einzurühren und diese Crêpes mit Butter zu backen. Übrigens erzählen die Florentiner über ihre *crespelle* dieselbe Geschichte.

Ob das nun stimmt oder nicht: Die *ciaffagnoni* sind köstlich, und es lohnt sich, ihre Zubereitung zu erlernen. Man braucht ein wenig Übung, um sie hinzubekommen. Das liegt zum einen daran, dass der Teig viel Wasser enthält, und zum anderen daran, dass sie wirklich papierdünn sein sollten. (Manch einer behauptet, man könne mit nur einem Ei 10 Crêpes machen.) Mehr über die Geheimnisse der perfekten *ciaffagnoni*-Zubereitung erfahren Sie auf Seite 181.

Ich arbeite hier mit den traditionellen Zutatenmengen. Etwas einfacher wird die Zubereitung, wenn man in den Teig einen Spritzer Olivenöl gibt. Auch die richtige Pfanne macht viel aus. Perfekt wäre natürlich eine spezielle Crêpes-Pfanne. Sie können aber auch eine gut eingearbeitete gusseiserne Pfanne oder eine Bratpfanne mit Antihaftbeschichtung verwenden. Letztere braucht nicht eingefettet zu werden, und mit ihr gelingen auch die allerersten Crêpes.

Man kann die *ciaffagnoni* auf verschiedene Arten essen, doch schmecken oft die einfachsten Zugaben am besten, wie zum Beispiel etwas Zucker oder ein Löffel Konfitüre, wenn man sie süß mag. Für denjenigen, der es lieber herzhaft mag, reicht etwas geriebener Pecorino. Was auch immer Sie daraufgeben: Tun Sie es, solange die Crêpe noch warm ist. Auch frischer Ricotta mit ein wenig Zucker und Zimt oder aber Honig macht eine Crêpe zum Hochgenuss.

FÜR 20–25 CRÊPES (ODER BIS ZU 30, WENN MAN GUT IST)

Die Eier und das Mehl vermengen, mit einer Gabel zu einer cremigen Masse schlagen, anschließend Wasser und Olivenöl zugeben. Weiterhin mit Gabel oder Schneebesen schlagen. Über Nacht im Kühlschrank ruhen lassen.

Eine kleine Pfanne mit etwa 15 Zentimeter Durchmesser bei Bedarf leicht mit Olivenöl einfetten und bei hoher Temperatur erhitzen, bis sie sehr heiß

3 Eier
150 g Mehl
300 ml Wasser
1 EL Olivenöl plus etwas mehr
   zum Einfetten

Fortsetzung folgende Seite >

ist. Den Teig kurz umrühren und dann eine kleine Menge (ca. 1½ Esslöffel) in die heiße Pfanne geben. Die Pfanne schnell schwenken, damit der Teig den gesamten Boden bedeckt. Sobald die Oberfläche nach 20–30 Sekunden trocken aussieht, die Crêpe wenden und die andere Seite 10–15 Sekunden backen. Die Crêpes nie zu lange backen, da sie sonst spröde werden und brechen, wenn man sie faltet.

Die Crêpe auf einen Teller legen, noch warm belegen oder bestreuen und zweimal zusammenfalten. Weiter Crêpes braten, bis die gesamte Teigmenge aufgebraucht ist.

VARIANTEN

In anderen Regionen der Maremma kennt man ähnliche Crêpes-Versionen namens migliacci *oder* fregnacce. *Die in der Maremma geborene Autorin Edda Servi Machlin (siehe Seite 212) beschreibt* migliaccini con tonno: *kleine Crêpes, die mit einer Soße aus Dosenthunfisch, Sardellenfilets in Öl sowie Petersilie bestrichen, einmal zusammengefaltet und sodann auf ein Backblech gelegt und im Backofen kurz wieder aufgewärmt wurden. In ihrer Heimatstadt Pitigliano aß man diese kleinen Crêpes an Chanukka (dem jüdischen Lichterfest) als Vorspeise, gewöhnlich mittags und zusammen mit* Cannellini-Bohnen.

DAS GEHEIMNIS DER CRÊPES
NACH MANCIANO-ART

Als ich das erste Mal versuchte, *ciaffagnoni* oder Crêpes nach Manciano-Art zu machen, musste ich die meisten Crêpes vom Pfannenboden abkratzen. Beim zweiten Versuch lief es kaum besser, und als mir beim dritten Versuch wieder nur ein paar wenige Crêpes gelangen, beschloss ich, eine Expertin zu konsultieren. Valentina Di Virginio ist Chefin im Restaurant des familieneigenen Hotels *Villa Acquaviva*, das auf halber Strecke zwischen den heißen Quellen von Saturnia und Manciano liegt. Das Restaurant ist berühmt für seine *ciaffagnoni*, die es mit den unterschiedlichsten Beilagen serviert.

„Die ersten zehn werden auseinanderbrechen", warnte sie mich. Natürlich übertrieb sie ein bisschen, es waren nur die ersten drei, aber das war ein unvermeidlicher Teil des Herstellungsprozesses. Die Pfanne (besonders wenn sie aus Gusseisen ist) muss erst einmal die perfekte Temperatur erreichen, und ab diesem Moment kleben die Crêpes weder am Pfannenboden fest noch brechen sie auseinander. Es beruhigte mich, zu hören, dass die allerersten Crêpes zwangsläufig misslingen.

Valentina verriet mir noch andere Geheimnisse: Die gusseiserne, leicht mit Olivenöl (oder traditionell mit einem Stück *lardo*) eingefettete Pfanne, muss glühend heiß sein. Sobald man den Teig hineingibt, muss es zischen und der Teig muss sofort Blasen schlagen. So und nur so erhält die Crêpe ihre zarte Textur – und bleibt nicht kleben.

Als ich Valentina bei der Arbeit zusah, fielen mir noch andere Kniffe auf. Um die Crêpes umzudrehen, fuhr Valentina zuerst mit einem Holzspieß an ihren Rändern entlang, um sie vom Pfannenboden zu lösen. Dann spießte sie die Crêpe auf und drehte sie um. Sie ver-

wendete keine anderen Hilfsmittel (doch kann einem ein Silikonspatel dabei sehr nützlich sein).

In der Küche der *Villa Acquaviva* backt man die Crêpes in einer Miniaturpfanne. Die kleinen hauchdünnen Pfannkuchen kommen oft anstelle der Nudelteiglagen in die Lasagne und trennen dort Schichten von Käse, Artischocken und Wurstbrät. „Schließlich bestehen sie ja aus Eiern und Mehl, genau wie die Nudeln", erklärte Valentina.

ZUPPA DI FARRO
DINKELSUPPE

Diese Suppe ist ganz anders als die berühmte Dinkelsuppe nach Lucca-Art, die in der Toskana gerne gekocht wird – mit pürierten Bohnen und einer cremigen Konsistenz. Sie wärmt im Winter ungemein, während die *Zuppa di farro* aus der Maremma besser in die heißeren Monate passt. Man kann sie sogar kalt essen! Sie ist erfrischend, leicht und trotzdem nahrhaft. Serviert man sie jedoch heiß, wärmt sie ebenfalls Magen und Gemüt. Deshalb isst man sie auch gerne in der Übergangszeit, wie zum Beispiel an einem kühlen Frühlingsabend. Der Dinkel saugt über Nacht die ganze Brühe auf, und am nächsten Tag hat man beinahe einen Dinkelsalat, der kalt köstlich schmeckt und keine weitere Ergänzung benötigt als einen Spritzer Olivenöl und etwas schwarzen Pfeffer.

FÜR 4 PORTIONEN

Das gehackte Gemüse mit dem Olivenöl und einer Prise Salz in einer Pfanne auf niedrigster Stufe erwärmen. In der zugedeckten Pfanne bei niedriger Temperatur ca. 20 Minuten anschwitzen, dabei gelegentlich umrühren. Klebt das Gemüse am Pfannenboden, etwas Wasser zugeben.

Den Dinkel zufügen und mit dem Gemüse vermengen. Den Dinkel unter Rühren 1 Minute rösten, dann mit der Gemüsebrühe ablöschen. Zum Kochen bringen und bei mittlerer Hitze ca. 35 Minuten köcheln lassen, bis der Dinkel weich ist. (Beachten Sie die Packungsanweisung.) Die abgetropften Bohnen zugeben. Falls die Mischung in der Pfanne zu trocken ist, Wasser zugeben. Weitere 5 Minuten kochen. Mit Salz und frisch gemahlenem schwarzem Pfeffer abschmecken.

Warm schmeckt diese Suppe besonders gut, wenn man sie nach Belieben mit geriebenem Käse bestreut, nachdem man einen Spritzer Olivenöl hineingegeben und sie mit reichlich schwarzem Pfeffer gewürzt hat.

TIPP

Dinkel heißt auf Italienisch farro und wird in Italien vermehrt angebaut, besonders in der Toskana. Dort unterscheidet man zwischen perliertem und semiperliertem Dinkel, der ganz oder teilweise von den umhüllenden Spelzen befreit ist. Hierzulande erhält man in der Regel Vollkorn-Dinkel als ganzes Korn. Diesen sollte man vor der Verarbeitung einige Stunden in Wasser einweichen, um die Kochzeit zu verringern.

Ohne vorheriges Einweichen muss man ihn 35–40 Minuten kochen.

1 gelbe Zwiebel, fein gehackt
1 Möhre, fein gehackt
1 Stange Sellerie, fein gehackt
60 ml Olivenöl plus etwas mehr zum Servieren
160 g Vollkorn-Dinkel, ganzes Korn
1 l Gemüsebrühe (siehe Seite 161)
200 g gekochte Cannellini-Bohnen, abgetropft
200 g gekochte Borlotti-Bohnen, abgetropft
1 Handvoll fein geriebenen Pecorino oder Parmesan (optional)
Salz
Frisch gemahlener schwarzer Pfeffer

ZUPPA LOMBARDA
CANNELINI-BOHNENEINTOPF

Man nimmt an, dass dieses Gericht die Alltagsnahrung der Arbeiter war, die im späten 18. Jahrhundert aus Norditalien in die Maremma geholt wurden, um die malariaverseuchten Sümpfe trockenzulegen. Genau genommen müsste das Gericht also *Zuppa per i lombardi* heißen, „Suppe für die Lombarden".

Seither wurde sie zum typischen Bauerngericht der Maremma. In der Region angebaute *Cannellini*-Bohnen werden ganz langsam zusammen mit Zwiebeln, Knoblauch und Kräutern in Wasser gekocht und anschließend auf eine Scheibe trockenes oder geröstetes Landbrot gegeben, das die Brühe aufsaugt wie ein Schwamm. Die *Zuppa lombarda* ist eines meiner Lieblingsgerichte.

Damit es gut schmeckt, muss man hochwertige Bohnen verwenden. Ich empfehle, getrocknete Bohnen zu kaufen, denn die beim Kochen dieser Bohnen entstehende Flüssigkeit verleiht dem Eintopf seine besondere Note. Wichtig ist auch, die kochenden Bohnen erst ganz zum Schluss zu salzen, weil früher zugegebenes Salz die Bohnen zäh macht und man sie dann viel länger kochen muss.

FÜR 4–6 PORTIONEN (PLUS VERWERTBARER REST)

Die Bohnen abspülen und in einer großen Schüssel mit kaltem Wasser (sie brauchen viel Platz) über Nacht einweichen.

Am nächsten Tag die Bohnen abtropfen lassen. Zusammen mit der Zwiebel, dem Knoblauch, den Kräutern und dem Olivenöl in einen großen Suppentopf mit dickem Boden oder einen feuerfesten Terrakottatopf geben. Wenn der Rosmarin nicht in der Suppe schwimmen soll, die Zweige zu einem Sträußchen zusammenbinden.

1,5 Liter Wasser zugeben, sodass die Bohnen bedeckt sind. Auf niedrigster Stufe langsam zum Köcheln bringen (wallendes Aufkochen kann die Bohnen beschädigen) und im zugedeckten Topf 1½–2 Stunden kochen (manche Bohnen können auch länger brauchen), bis die Bohnen weich sind, ohne auseinanderzufallen. Gelegentlich nachsehen, ob noch genügend Flüssigkeit im Topf ist, und Schaum an der Oberfläche abschöpfen. Bei Bedarf mehr Wasser zugeben. Erst gegen Ende der Kochzeit salzen. Sobald die Bohnen weich sind, vom Herd nehmen.

Die warme (nicht heiße) Suppe mit einem Schöpflöffel über geröstete Brotscheiben gießen. Nach Belieben das Brot zuvor mit rohem Knoblauch einreiben. Mit Olivenöl beträufeln und mit Pfeffer würzen.

300 g getrocknete Cannellini-Bohnen
1 gelbe Zwiebel, in dünnen Scheiben
4 ganze Knoblauchzehen plus 1 weitere zum Aromatisieren des Brots (optional)
4 Salbeiblätter
2 Zweige Rosmarin
3 EL Olivenöl plus etwas mehr zum Servieren
½ TL Salz
4 Scheiben Weißbrot mit knuspriger Kruste, geröstet
Frisch gemahlener schwarzer Pfeffer

TIPP

Die Faustregel lautet, dass getrocknete Bohnen durch das Kochen ihr Gewicht verdreifachen. Sie können die Zutatenmengen für dieses Gericht halbieren, um 4 Vorspeisenportionen zu erhalten. Ich bereite von den Bohnen trotzdem mehr zu, auch wenn die Suppe nur als Vorspeise gedacht ist, weil sich das übrig Gebliebene vielseitig verwenden lässt. Abgetropft und mit einem Spritzer Olivenöl angerichtet, ergeben die Bohnen eine leckere Beilage. Man kann sie aber auch in eine Zuppa di farro (siehe Seite 184) oder in eine Zuppa maremmana (siehe Seite 151) als nahr- und schmackhafte Ergänzung einrühren oder sie pürieren und als Aufstrich für crostini verwenden.

TAGLIOLINI CON CECI
TAGLIOLINI MIT KICHERERBSEN

Dieses Rezept ist eine Version von *Pasta e ceci*, die wiederum eng mit *Pasta e fagioli* („Nudeln mit Bohnen") verwandt sind. Pasta und Hülsenfrüchte sind eine klassische und sehr nahrhafte Kombination, für die es zahlreiche regionale italienische Rezepte gibt. Ebenso wie bei vielen anderen beliebten Gerichten wurden im Laufe der Zeit die unterschiedlichsten Varianten erfunden: mit Tomaten, mit ganzen Kichererbsen (*alla romana*), mit verschiedenen Anteilen pürierter Kichererbsen (ein Drittel, eine Hälfte oder drei Viertel), suppenartig mit wenigen Nudeln oder als Pastagericht mit kurzen Nudeln.

Bei der folgenden Version kocht man die Nudeln direkt in der Soße. Auf das sonst übliche *soffritto* – eine Mischung von gehackter Möhre, Sellerie und Zwiebeln – wird verzichtet, dafür können sich die Aromen von Knoblauch (ein Muss!) und Rosmarin besser entfalten. Man kann auch Anchovis zugeben, die man zuvor zusammen mit dem Knoblauch in Olivenöl weich gekocht hat. Ich bereite das Gericht gerne mit frischen Eiernudeln wie zum Beispiel *tagliolini* zu, weil diese Nudeln schnell gar werden. Man kann aber auch trockene Nudeln verwenden.

Bei einem derart schlichten Gericht kommt es natürlich sehr darauf an, hochwertige Zutaten zu verwenden. Ganz besonders wichtig sind hier gute Kichererbsen (getrocknet oder aus der Dose) und ein hervorragendes Olivenöl.

FÜR 4 PORTIONEN

Getrocknete Kichererbsen am Vorabend in eine Schüssel mit viel kaltem Wasser geben und im Kühlschrank einweichen lassen. Am folgenden Tag die Kichererbsen abtropfen lassen. Sie dann in einen Topf geben und so viel Wasser darübergießen, dass die Kichererbsen mindestens 3 Zentimeter hoch bedeckt sind. Den Knoblauch und Rosmarin zugeben und alles köcheln lassen, bis die Kichererbsen weich sind. Zwischendurch den Schaum an der Oberfläche abschöpfen und gegebenenfalls mehr Wasser zugeben. Gegen Ende der Kochzeit mit Salz würzen.

Für Kichererbsen aus der Dose das Olivenöl in eine feuerfeste Auflaufform oder eine tiefe Bratpfanne zusammen mit dem Knoblauch und dem Rosmarin geben und bei niedriger Hitze ziehen lassen. Ungefähr 10 Minuten braten und zwischendurch umrühren, der Knoblauch darf nicht anbrennen oder zu stark bräunen. Die Kichererbsen zugeben und so viel Wasser, dass sie 3 Zentimeter hoch bedeckt sind. Mit einer großzügigen Prise Salz würzen. 10 Minuten köcheln lassen.

200 g getrocknete Kichererbsen
oder 600 g vorgekochte
Kichererbsen (Dose)
1 Knoblauchzehe
1 Zweig Rosmarin
2 EL Olivenöl (bei Verwendung
von Dosen-Kichererbsen) plus
etwas mehr zum Servieren
400 g frische tagliolini oder
320 g trockene Nudeln wie
z. B. linguine (Fertigprodukte)
1 Handvoll fein geriebener
Pecorino oder Parmesan
(optional)
Salz
Frisch gemahlener schwarzer
Pfeffer

Fortsetzung folgende Seite >

Den Rosmarinzweig entfernen und die Kichererbsen zusammen mit der Kochflüssigkeit pürieren. (Für mehr Biss nur zwei Drittel der Kichererbsen pürieren.) Püree in den Topf zurückgeben, abschmecken und so viel Wasser zugießen, dass die Suppe cremig und flüssig und nicht zu dick ist. 500 Milliliter sollten genügen. Wieder zum Kochen bringen.

In der köchelnde Suppe die *tagliolini* ca. 5 Minuten al dente kochen. Bei Verwendung getrockneter Nudeln diese separat in einem Topf mit Salzwasser halb gar kochen und anschließend in die köchelnde Suppe geben. Falls die Suppe zu dick ist, das Kochwasser der Nudeln zugießen. Gelegentlich umrühren, damit die Nudeln nicht am Topfboden festkleben.

Die fertige Suppe 1–2 Minuten abkühlen lassen, damit sich der Geschmack voll entfalten kann. Mit Salz und viel frisch gemahlenem schwarzem Pfeffer abschmecken und mit einem hochwertigen Olivenöl beträufeln (nach Möglichkeit mit einem grünen, pfeffrig schmeckenden Öl). Nach Belieben mit einer Handvoll geriebenem Pecorino oder Parmesan bestreuen und servieren.

RIGATONI ALLA BUTTERA

RIGATONI NACH BUTTERI-ART

Als wir einmal eine *sagra* (siehe Seite 202) in Capalbio besuchten, aßen wir dort *Rigatoni alla buttera*. In der südlichen Maremma, in der die *butteri* als Helden angesehen werden, ist dies ein beliebtes Gericht. Wir saßen abends im Schein von Halogenstrahlern an langen Tischen, tranken süffigen, kalten Bianco di Pitigliano und aßen mit Plastikbesteck von Plastiktellern. Die Moskitos labten sich an unserem Blut, und hin und wieder wehte von den nahen Grills, auf denen dicke Bratwürste und die unterschiedlichsten Fleischstücke brutzelten, dicke Rauchwolken herüber.

Eine Schicht geriebener Pecorino bedeckte das Pastagericht, und ich rührte es ein wenig mit der Gabel um, bevor ich kostete. Ich kann mich immer noch genau an das unglaubliche Aroma erinnern. Ich ließ Marco eine Gabelvoll probieren und sah seine Augen leuchten. „Was, glaubst du, ist das?", fragte ich ihn. Mit jedem Mundvoll versuchten wir die Zutaten zu identifizieren, denen dieses Gericht seinen köstlichen Geschmack verdankte. Es war herzhaft, schmeckte würzig und war insgesamt das beste Nudelgericht, das ich jemals gegessen hatte.

Hinterher fanden wir einen Aushang, auf dem die Zutaten angegeben waren (wie es bei einer *sagra* üblich ist), und stellten fest, dass wir überwiegend falsch geraten hatten. Marco hatte gedacht, der besondere Geschmack rühre von Hühnerlebern her, tatsächlich enthielt es aber nur ganz einfache Zutaten wie Wurstbrät, *pancetta*, die übliche *soffritto*-Mischung aus Zwiebel, Sellerie und Möhre sowie Wein und Tomaten. Ich musste unbedingt versuchen, es nachzukochen.

FÜR 4 PORTIONEN

Das Olivenöl in eine große Bratpfanne geben und die Zwiebel, die Möhre, den Sellerie, den Knoblauch, den *prosciutto*, die *pancetta* und die Kräuter sowie eine Prise Salz zugeben. In der zugedeckten Pfanne bei niedriger Hitze 10 Minuten schmoren lassen, bis das Gemüse weich und der Speck glasig ist. Dabei gelegentlich umrühren. Dann das Wurstbrät in die Pfanne drücken. Bei mittlerer Hitze ca. 10 Minuten weiterkochen und dabei rühren, damit die Wurstmasse auf allen Seiten angebraten wird.

Mit dem Weißwein ablöschen und 5–7 Minuten einkochen lassen.

Die passierten Tomaten und 500 Milliliter Wasser zugeben und weitere 30 Minuten köcheln lassen. Dabei gelegentlich umrühren. Abschmecken, da Schinken, *pancetta* und Wurst bereits gesalzen sind, wird eventuell

2 EL Olivenöl

1 gelbe Zwiebel, fein gehackt

1 Möhre, fein gehackt

½ Selleriestange, fein gehackt

1 Knoblauchzehe, gehackt

30 g prosciutto, in schmalen
  Streifen

60 g pancetta, in schmalen
  Streifen oder Würfeln

einige Salbeiblätter

1 Zweig Rosmarin, Nadeln
  abgezupft

300 g Bratwurstbrät

125 ml trockener Weißwein

200 g passierte Tomaten (Glas)

320 g trockene rigatoni oder
  penne (Fertigprodukt)

fein geriebener Pecorino oder
  Parmesan zum Servieren

Salz

TIPP

In der Toskana bestehen Bratwürste immer aus Schweinefleisch im natürlichen Darm, leicht mit Fenchelsamen gewürzt. Kaufen Sie hochwertige Würste, die möglichst frisch sein sollten, denn diese sind weicher und lassen sich leichter in die Soße krümeln. Vergewissern Sie sich, dass die Wurst kein Gluten enthält, da sich dieses auf die Textur der Soße auswirken könnte. Wenn Sie keine rigatoni finden, verwenden Sie stattdessen penne.

Fortsetzung folgende Seiten >

nicht mehr allzu viel Salz benötigt. Ca. 10 Minuten weiterköcheln lassen, bis die Soße stark eingekocht, dick und sämig ist. Beiseitestellen.

Die Nudeln in einen großen Topf mit kochendem Salzwasser (siehe Seite 13) geben. Al dente kochen, abtropfen lassen und mit der Soße vermengen.

Mit fein geriebenem Pecorino oder Parmesan servieren.

ALLES AUSSER RINDFLEISCH

Wie bei allen beliebten Gerichten gibt es auch von Rigatoni alla buttera *zahlreiche Varianten. Als ich mich daranmachte, verschiedene davon auszuprobieren, fiel mir auf, dass jede anders war. Ebenso wie die Bauersfrauen, die für* alla contadina *alles verwendeten, was gerade zur Hand war, nahmen die Rinderhirtenfrauen für* alla buttera *das, was sie gerade im Haus hatten: Reste von Schinken,* pancetta, *Wurst, Hühnerleber ... Mit anderen Worten so ziemlich alles außer Rindfleisch, was im Grunde eigenartig ist, weil die* butteri *die herrlichen Maremmaner Rinder hüten, eine alte Rasse mit langen Hörnern und einem kurzen grauen Fell, das wie mit Holzkohle eingerieben aussieht. Tatsächlich war das Fleisch dieser Rinder aber in früheren Zeiten für die Hirten viel zu teuer. Nur Adelige und sehr wohlhabende Leute konnten sich Rindfleisch leisten.*

II° Edizione

CAPALBIO
FIERA COUNT
25 - 26 - 27 - 28 MAR
Borgo Carige

★ **STAND ESPOSITIVI**
DI ARTIGIANATO, ANTIQUARIATO, MODERNAR

★ **STREET FOOD**

★ **STAND GASTRONOMICI E DEGI**
DI PRODOTTI TIPICI DA TUTTA ITALIA

★ **ESIBIZIONI DEI BUTTERI**

★ **ESPOSIZIONE CANINA**
CON EDUCAZIONE CINOFILA - PET-TERAPY - (

★ **ESIBIZIONI DI SBANDIERATOR**

★ **MOTORADUNO HARLEY-DAVID**

★ **GIOSTRE E ARTISTI DI STRADA**

★ TORO MECCANICO E SOFTAIR

SUGO MAREMMANO
RAGOUT NACH MAREMMA-ART

Das italienische Wort *ragù* ist vom Französischen *ragout* abgeleitet, das mehr eine Art Gulasch oder Fleischeintopf ist als eine Nudelsoße und seiner ursprünglichen Bedeutung nach etwas bezeichnet, „das den Appetit weckt". Beiden gemeinsam ist, dass man sie ganz langsam schmort, denn je länger sie kochen, desto schmackhafter werden sie.

In der südlichen Toskana bezeichnet man Soßen zu Nudeln eher als *sugo*, wie zum Beispiel *Sugo al pomodoro* (Tomatensoße) oder *Sugo finto* (Falsche Soße, siehe Seite 152). *Sugo maremmano* ist die beste Soße für *Tortelli maremmani* (siehe Seite 156), passt aber auch optimal zu langen oder kurzen Nudeln. Diese Soße besteht aus einer Fleischmischung, zum Beispiel Wurstbrät und gehacktes Schweine- und Rindfleisch. Traditionell verwendete man dafür weniger kost- spieliges Fleisch oder solches, das vom selbst gezogenen Schwein stammte. Oft kamen auch der Schinken und die Wurst dafür aus ei- gener Herstellung. Man behielt die Kombination auch später in wohl- habenderen Zeiten bei, einfach weil sie so gut schmeckt.

Diese Soße am Vortag zubereiten und sie über Nacht ziehen lassen. Wenn sich die Aromen vermischt haben, schmeckt sie noch besser.

FÜR 4 PORTIONEN (MIT NUDELN)

Das Olivenöl in eine große Bratpfanne geben, die Zwiebel, die Möhre, den Sellerie und die Petersilienstängel zufügen, mit einer Prise Salz würzen und alles miteinander vermengen. Bei niedriger Hitze 10 Minuten braten, bis das Gemüse weich ist, zwischendurch gelegentlich umrühren. Das Ge- müse in einer Schüssel beiseitestellen.

Bei mittlerer bis hoher Temperatur nun in derselben Pfanne das Fleisch von allen Seiten anbraten. Zuerst wird das Fleisch dabei auf allen Seiten seine Farbe verändern, aber blass bleiben. Dann tritt etwas Saft heraus. Schließlich beginnt das eigentliche Bräunen. Dabei kann das Fleisch ruhig am Pfannenboden kleben, und dieser darf ebenfalls braun werden, denn beides verleiht dem Gericht mehr Aroma.

Das Gemüse zum Fleisch zurück in die Pfanne geben und mit dem Rotwein ablöschen. 5–7 Minuten einkochen lassen, dann die passierten Tomaten und ca. 500 Milliliter Wasser zugeben, damit alles bedeckt ist. Zum Kochen bringen und bei verminderter Temperatur mindestens 40 Minuten köcheln lassen. Bei Bedarf Wasser nachgießen. Nach ca. 30 Minuten mit Salz und Pfeffer abschmecken. Die gehackten Petersilienblätter kurz vor dem Servie- ren oder beim Anrichten über die Soße streuen.

2 EL Olivenöl

1 gelbe Zwiebel, fein gehackt

1 Möhre, fein gehackt

1 Selleriestange, fein gehackt

1 kleiner Bund frische glatte Petersilie, Stängel und Blätter separat gehackt

250 g Rinderhackfleisch

250 g Schweinehackfleisch

1 Bratwurst, ohne Pelle und zerkrümelt

250 ml trockener Rotwein

700 g passierte Tomaten (Glas)

Salz

Frisch gemahlener schwarzer Pfeffer

CONIGLIO RIPIENO

GEFÜLLTES KANINCHEN

Von diesem Gericht erfuhr ich erstmals durch Ilena aus Capalbio, von der auch der Wildschweineintopf auf Seite 52 stammt. Beiläufig erwähnte Ilena bei einem Gespräch ein Rezept, für das ein entbeintes Kaninchen mit *patatine* gefüllt wird. Unter *patatine* versteht man sowohl in dünne Scheiben geschnittene und gebratene Kartoffeln als auch Kartoffelchips. Ich bekam die Vorstellung von diesem Gericht nicht mehr aus dem Kopf, und bald genoss ich den besten Kaninchenbraten, den ich je gegessen hatte.

Nicht weit von Capalbio, in der Latium-Provinz Viterbo, kennt man ein ähnliches Gericht. Hier wird das Kaninchen mit Kartoffeln, Wurstbrät und schwarzen Oliven gefüllt und mit Wildem Fenchel gewürzt.

FÜR 4–6 PORTIONEN

Die Kartoffeln der Länge nach vierteln und in dünne Scheiben schneiden. In einer großen Bratpfanne 60 Milliliter des Olivenöls bei mittlerer bis hoher Temperatur erhitzen. Die Kartoffeln und 1 Zweig Rosmarin zugeben und unter gelegentlichem Rühren 10 Minuten braten, bis alle Kartoffelscheiben gebräunt und gar sind. Vom Herd nehmen, auf Küchenpapier abtropfen lassen, mit Salz würzen und abkühlen lassen.

Den Backofen auf 180 °C vorheizen.

Das ausgenommene und entbeinte Kaninchen aufklappen und die Innenseite mit dem *prosciutto* belegen. Die Kartoffeln gleichmäßig darüber verteilen. Anschließend das Kaninchen behutsam zusammenrollen und mit Küchengarn verschnüren (es ist hilfreich, wenn dabei jemand assistiert). Die restlichen Rosmarinzweige an verschiedenen Stellen zwischen Fleisch und Garn stecken.

Nun das Kaninchen auf ein leicht eingefettetes Backblech legen. Mit dem Wein begießen und mit Salz und frisch gemahlenem schwarzem Pfeffer würzen. Das restliche Olivenöl darübergeben und mit Alufolie abdecken.

30 Minuten im Backofen braten, anschließend die Folie entfernen und weitere 15 Minuten braten. Falls ein Bratenthermometer zur Hand ist: Die Temperatur im Fleisch sollte jetzt 65–75 °C betragen. Aus dem Backofen nehmen, wieder mit der Alufolie abdecken und 10 Minuten ruhen lassen. In dicke Scheiben schneiden und servieren.

2 mittelgroße rohe Kartoffeln
90 ml Olivenöl plus etwas mehr zum Einfetten
3–4 frische Zweige Rosmarin
1 kg Kaninchen, ohne Knochen
100 g prosciutto in dünnen Scheiben
180 ml Weißwein
Salz
Frisch gemahlener schwarzer Pfeffer

TIPP

Das Entbeinen eines Kaninchens ist eine Kunst, die ich noch nicht wirklich beherrsche. Wenn es Ihnen ähnlich geht, rate ich dazu, die Knochen in der Metzgerei entfernen zu lassen.

Man kann dieses Gericht im Voraus zubereiten: Lassen Sie das gefüllte, gebratene Kaninchen bis kurz vor dem Servieren ganz, entfernen Sie dann das Küchengarn und schneiden Sie es in dicke Scheiben. Wärmen Sie es in einer Pfanne zusammen mit den Säften wieder auf und servieren Sie es. Am einfachsten lässt es sich schneiden, wenn es ruhen und vollständig abkühlen konnte. Dann fällt nämlich die Füllung nicht heraus.

POLLO ALL'ACETO

HÄHNCHEN IN ESSIG

Dieses ungewöhnliche Rezept fand ich in Aldo Santinis Kochbuch *Cucina Maremmana* (1991), eine herrliche Sammlung traditioneller Rezepte aus der Maremma, die ihm von Hausfrauen, Küchenchefs und anderen Bewohnern der Region verraten wurden.

Santini schrieb, dass es sich bei *Pollo all'aceto* um ein altes Rezept handelt, das wiederum auf den Brauch zurückgeht, Wildbret vor der Zubereitung in Essig einzulegen, um es haltbar zu machen und den Wildgeschmack abzumildern. Dem Essig werden, ebenso wie der Marinade, in der man Wildschweinfleisch einlegt (siehe *Cinghiale in dolce-forte*, Seite 55), Wacholderbeeren, Lorbeerblätter und andere Kräuter beigegeben. All dem verdankt dieses Gericht seinen einzigartigen Geschmack. *Pollo all'aceto* zählt zu meinen Lieblingsgerichten.

Santini verdankt das Rezept Igino und Eloge Niccolucci vom Hotel-Restaurant *Guastini* in Pitigliano, auf dessen Terrasse man beim Essen einen atemberaubenden Ausblick auf Pitigliano und sein Tal genießt. Das mitgekochte Gemüse wird püriert und ergibt eine sämige Soße, in der man das Hähnchen serviert. Dies ist eine sehr elegante Variante, doch mag ich es lieber bäuerlich-einfach.

FÜR 4 PORTIONEN

In einem großen Schmortopf die Hähnchenteile in dem Olivenöl bei hoher Temperatur (eventuell portionsweise) 5–7 Minuten anbraten, bis sie gleichmäßig gebräunt sind. Aus dem Topf nehmen und beiseitestellen.

In demselben Topf im Olivenöl die Zwiebel, die Möhre und den Sellerie mit 1 Prise Salz anbraten. Bei niedriger Temperatur ca. 10 Minuten schmoren, bis das Gemüse weich ist. Dabei gelegentlich umrühren. Die Kräuter, die Wacholderbeeren und die Lorbeerblätter zugeben, mit dem Essig, dem Zitronensaft und dem Weißwein ablöschen. Mit dem Kochlöffel die aromatischen braunen Bratkrusten am Topfboden abschaben, sodass sie sich in der Flüssigkeit auflösen.

Die Hähnchenteile zurück in den Topf zu dem Gemüse geben, ca. 500 Milliliter Wasser zugießen und mit Salz und frisch gemahlenem schwarzem Pfeffer würzen. Zugedeckt 1 Stunde köcheln lassen. Gelegentlich nachschauen und bei Bedarf etwas Wasser nachgießen. Gegen Ende der Kochzeit abschmecken.

Das Hähnchen zusammen mit der Soße und Brot, Kartoffeln oder Polenta servieren. (Das Rezept für eine cremige Polenta finden Sie auf Seite 106.)

1 ganzes Hähnchen, 1–1,2 kg,
   in große Stücke zerteilt
3 EL Olivenöl
1 gelbe Zwiebel, fein gehackt
1 Möhre, fein gehackt
½ Selleriestange, fein gehackt
1 Handvoll frische Kräuter,
   z. B. Basilikum, Salbei,
   Petersilie, Oregano, Bergminze
   und Fenchelpollen
3–4 Wacholderbeeren
2 Lorbeerblätter
80 ml Weißweinessig
Saft von 1 Zitrone
125 ml trockener Weißwein
Salz
Frisch gemahlener schwarzer
   Pfeffer

SCOTTIGLIA

GEFLÜGEL- UND SCHWEINEFLEISCHEINTOPF

Der himmlische Geschmack der *scottiglia* rührt von der Mischung verschiedener Fleischaromen her, aber auch von den mitgeschmorten Knochen. In der Maremma zirkulieren zahlreiche Varianten dieses Rezepts, von denen viele das Kochen des Eintopfs in Tomatensoße vorsehen: Mal werden nur wenige Tomaten genommen, sodass der Eintopf einfach nur etwas Farbe bekommt, mal sehr viele. Ich mag den Eintopf am liebsten *in bianco*, ganz ohne Tomaten, und glaube, dass *scottiglia* vor dem 16. Jahrhundert in etwa so schmeckte, also bevor Tomaten Einzug in die italienische Küche hielten.

Hähnchen, Perlhuhn und Schweinefleisch stellt meine Lieblingsmischung dar, Sie können aber auch jede andere Fleischmischung verwenden. Gewöhnlich nimmt man „weißes Fleisch", also auch Kaninchen oder Pute, es gibt aber auch Versionen mit Lamm oder sogar Wildschwein.

Aldo Santini vergleicht *scottiglia* mit dem *cacciucco* aus Livorno (der wiederum dem *caldaro* aus dem Argentario ähnelt, siehe Seite 110), denn beide ermöglichen es, Fleischreste zu verwerten. Früher wurden diese Gerichte im Freien zubereitet und zusammen mit viel sättigendem Brot als Hauptmahlzeit oder sogar als einzige warme Mahlzeit des Tages verzehrt.

FÜR 4 PORTIONEN

Das Fleisch in große Stücke hacken und diese mit Salz und frisch gemahlenem schwarzem Pfeffer würzen.

Das Olivenöl in einer großen, tiefen Schmorpfanne bei hoher Temperatur erhitzen und das Fleisch darin ca. 5 Minuten portionsweise anbraten, bis es auf allen Seiten gleichmäßig gebräunt ist.

Nach dem Braten der letzten Portion das ganze Fleisch in die Pfanne zurückgeben, den Knoblauch und die Kräuter zufügen und mit 1 Prise Salz würzen. Mit dem Weißwein ablöschen und nach Belieben den Chili zugeben. Zum Kochen bringen und bei niedriger Temperatur 1 Stunde köcheln lassen, dabei ca. alle 10 Minuten das Fleisch umdrehen, bis es zart ist und Wein und Bratensäfte sich zu einer Soße eingedickt haben. Bei Bedarf etwas Gemüsebrühe (siehe Seite 161) oder Wasser zugeben.

Zusammen mit dem Bratensaft auf Polenta anrichten (das Rezept für eine cremige Polenta finden Sie auf Seite 106) oder mit geröstetem Weißbrot servieren, das zuvor mit Knoblauch eingerieben wurde.

1 kg gemischtes Fleisch
  (z. B. Hähnchen, Perlhuhn
  und Schweinenacken)
3 EL Olivenöl
3 ganze Knoblauchzehen
3 Zweige Rosmarin
1 Handvoll frische Salbeiblätter
2 Lorbeerblätter
750 ml trockener Weißwein
1 frische rote Chilischote,
  gehackt, oder Chiliflocken
  (optional)
Salz
Frisch gemahlener schwarzer
  Pfeffer

BUGLIONE

LAMM-TOMATEN-EINTOPF

Dieses Gericht hat einen ungewöhnlichen Namen, und selbst Toskaner, die nicht aus der Maremma kommen, wundern sich, wenn sie ihn hören. Er scheint mit dem französischen Wort *bouillon* („Brühe") verwandt zu sein, das wiederum von *bouillir* („kochen") kommt. Ich hörte aber auch einmal, dass *buglione* ein älteres, mittlerweile vergessenes italienisches Wort für „verwirrende Mischung" sei – eigentlich ganz passend für ein Gericht mit einem Wirrwarr von Zutaten. Dieselbe Wurzel hat der Begriff *ingarbuglione* für einen Menschen, der ungeschickt ist und für Verwirrung sorgt. In einen *buglione* kommt jedenfalls ähnlich wie in *scottiglia* (siehe Seite 198) alles, was gerade zur Hand ist. Ganz besonders gilt das für die verwendeten Kräuter und Gewürze: Manche Köche und Köchinnen geben mindestens drei verschiedene Kräuter sowie Chili hinein. Womöglich verdankt das Gericht seinen Namen sogar der Tatsache, dass sogar der ungeschickteste Koch es zustande bringen kann? Sehen wir es uns einmal genauer an.

FÜR 4 PORTIONEN

In einem großen Schmortopf das Lammfleisch (eventuell portionsweise) bei hoher Temperatur in Olivenöl 5–10 Minuten anbraten, bis es auf allen Seiten gleichmäßig gebräunt ist. Nicht zu viel auf einmal in den Topf legen.

Den Knoblauch, den Chili (nach Belieben) und die Kräuter zu dem Fleisch geben und bei mittlerer Hitze 1–2 Minuten schmoren, anschließend mit dem Wein ablöschen. 5–7 Minuten unter gelegentlichem Umrühren köcheln lassen, sodann die Tomaten zugeben. Mit Salz würzen und ca. 1 Liter Wasser zugießen, damit das Fleisch bedeckt ist. Zum Kochen bringen, dann die Hitze verringern. 1 Stunde zugedeckt schmoren. Den Deckel vom Topf nehmen und weitere 30 Minuten schmoren, bis das Fleisch zart ist und vom Knochen fällt und die Flüssigkeit etwas eingekocht ist. Das Gericht sollte allerdings einen suppenartigen Charakter behalten.

Mit geröstetem, nach Belieben mit einer Knoblauchzehe eingeriebenen Brot servieren.

1 kg Lammhachse oder -schulter, in große Stücke gehackt
Olivenöl
3 ganze Knoblauchzehen plus 1 weitere zur Aromatisierung von Brot (optional)
1 frische rote Chilischote, gehackt, oder Chiliflocken (optional)
2 frische Lorbeerblätter
2 Zweige Rosmarin
250 ml trockener Rotwein
400 g geschälte ganze Tomaten (Dose)
4 dicke Scheiben Weißbrot mit knuspriger Kruste, geröstet
Salz

TIPP
In der Toskana findet man kaum jemals in praktische Würfel geschnittenes Lammfleisch. Es ist leichter, eine ganze Schulter oder Hachse zu kaufen. Wenn Sie kein Beil besitzen, um das Fleisch selbst mit Knochen in Stücke zu hacken, bitten Sie den Metzger darum. Alternativ können Sie Lammfleisch ohne Knochen verwenden, doch weil Knochen dem Gericht mehr Aroma verleihen, sollten Sie es mit Lammhachsen versuchen (eine pro Person), die sich perfekt dazu eignen, langsam geschmort zu werden.

LA SAGRA

Die *sagra* ist ein Fest, bei dem lokale Spezialitäten, Traditionen und die Gemeinschaft gefeiert werden. Sie wird meist von einem örtlichen Verein veranstaltet und zieht sich über ein bis zwei Wochenenden hin. Bei einer *sagra* dreht sich alles ums Essen. Dabei können lokale Zutaten im Vordergrund stehen, wie etwa Kirschen, Bonito, Wildschwein, Steinpilze oder Esskastanien, oder aber ein besonderes Gericht, wie Polenta, *Zuppa di funghi*, *buglione*, *Tortelli maremmani* … Häufig gibt es außerdem noch Livemusik oder andere Unterhaltung.

Manchmal ist eine *sagra* einfach nur eine Gelegenheit, mit anderen zusammen zu essen und dicht an dicht an langen Gemeinschaftstischen zu sitzen. Es kann aber auch ganze Reihen von Ständen mit köstlichen Spezialitäten sowie Souvenirs geben. Manchmal steht die *sagra* mit einem historischen Ereignis in Verbindung. In Paganico am Fluss Ombrone veranstaltet man parallel zu der den Fröschen gewidmeten *Sagra della granocchia*, bei der maremmatypische Froschgerichte serviert werden, auch einen *palio*, bei dem die einzelnen Viertel des Städtchens gegeneinander antreten: Anders als in Siena wird das Wettrennen jedoch nicht zu Pferde ausgetragen, sondern mit Schubkarren, in denen je drei Frösche sitzen. Wer mit vollständiger und gesunder Ladung ins Ziel kommt, hat gewonnen.

Zwischen Frühling und Herbst findet in so gut wie jedem Ort der Maremma mindestens einmal eine *sagra* statt, und mitunter überlappen sich die Termine. Die meisten werden im Sommer abgehalten. Das Essen ist nicht immer perfekt, es wird gewöhnlich auf Plastiktellern serviert, und besonders abends gibt es jede Menge Mücken. Dennoch sollte man keine Gelegenheit versäumen, *sagre* zu besuchen, denn man kann beim Essen draußen sitzen, alte Bekannte treffen und neue Freunde kennenlernen, es herrscht eine festliche Atmosphäre, und das Essen ist nicht teuer. Hier stelle ich einige meiner Lieblings-*Sagre* vor.

Ich bin in Australien aufgewachsen, wo es in vielen Familien sonntags Lamm gibt. Nachdem wir nach Florenz gezogen waren, vermisste ich mein Sonntags-

mahl, denn in Florenz isst man Lamm hauptsächlich an Ostern. In der Maremma aber, dem Land der Hirten, wird gerne und oft Lamm gegessen. Es ist so beliebt, dass es sogar ein eigenes gastronomisches Festival dafür gibt. In einem Vorort von Capalbio findet seit über 30 Jahren die *Sagra del buglione* statt. Geboten werden Livemusik, Hüpfburgen für die Kinder und ein enormer Grill, an dem schwitzende Männer mit weißen Schürzen stehen, während eine Armee von Frauen riesige köchelnde Kochtöpfe überwacht. Gegessen wird in einem offenen Zelt, zu trinken gibt es preiswerten lokalen Wein. Außer *buglione* (siehe Seite 200) werden hier Klassiker wie *Tortelli maremmani* (siehe Seite 156), *Rigatoni alla buttera* (siehe Seite 189), Polenta mit Pilzen, *acquacotta* (siehe Seite 147), gegrillte Bratwürste, Rippchen und Bohnensuppe (siehe Seite 186) angeboten. Es gibt auch hausgemachte Desserts, wie *Crostata di ricotta* (siehe Seite 223), *tiramisù*, *tozzetti* (siehe Seite 209) und *tronco* (siehe Seite 236).

Außerdem gibt es in Capalbio auch noch die *Sagra del cinghiale*, die seit 50 Jahren im September stattfindet. Hier dreht sich alles um das Wildschwein, und man findet Spezialitäten wie *ammazzafegati* („Leberkiller": pikante Bratwürste aus Wildschweinfleisch und Leber), Wildschwein *alla cacciatora*, Polenta mit Wildschweineintopf und *acquacotta*.

In Porto Ercole veranstaltet man auf dem Fußballplatz die *Sagra della Ficamaschia*. Sie ist sehr schlicht gehalten, bietet aber Gelegenheit, Blauen Wittling zu kosten, einen Fisch, der in der Geschichte des Fischerdorfs eine wichtige Rolle gespielt hat.

SÜSSES

DOLCI

COROLLI ROSSI
ROTE KRANZKEKSE

Diese schönen pinkfarbenen Kekse werden in der Bäckerei von Porto Ercole gebacken. Als unser Backofen eine Zeit lang ständig die Sicherungen unserer Wohnung rausfliegen ließ, kaufte ich die *Corolli rossi*, weil wir Freunde zum Kaffee eingeladen hatten. Seither zählen die weichen, krümeligen und würzigen Kekse zu unseren Favoriten. Ihre leuchtende Farbe verdanken sie einem Florentiner Likör mit dem Namen Alchermes (siehe Seite 238).

Der Name *corolla* kommt vom lateinischen *coronula*, „Blütenkranz". *Corolli* nennt man auch ähnliche Kekse, die nach einem alten Rezept in Siena gebacken und mit Anis gewürzt werden. *Corolli* und andere kranzförmige Kekse wurden früher auf einer Schnur aufgereiht und im Café wie eine Girlande vor die Theke gehängt, um die Gäste in Versuchung zu führen.

FÜR 36 KEKSE

Das Mehl, den Zucker, die abgeriebene Zitronenschale und das Backpulver in einer großen Schüssel miteinander vermengen. Die Eier und die abgekühlte, zerlassene Butter zugeben und zu einem festen Teig verkneten. Falls er zu krümelig ist, einen Spritzer Alchermes oder etwas Wasser zugeben.

Den Backofen auf 180 °C vorheizen und ein bis zwei Backbleche (je nach deren Größe) mit Backpapier auslegen.

1 Esslöffel Teig zu einer ca. 14 Zentimeter langen Rolle formen. Die Enden übereinanderlegen und behutsam zusammendrücken, um den Ring zu schließen. Auf diese Weise den gesamten Teig zu Kränzen verarbeiten.

Die Kränze in 4–5 Zentimeter Abstand zueinander auf das Blech legen, da sie noch aufgehen, und ca. 20 Minuten backen, bis sie aufgegangen und hellgoldgelb sind. Aus dem Backofen nehmen und auf einem Rost abkühlen lassen.

Für den Guss den Alchermes-Likör in eine kleine, flache Schale gießen. Ca. ein Viertel des Zuckers in eine andere flache Schale geben. Jeden Keks mit der Oberseite nach unten zur Hälfte zuerst in den Likör und dann in den Zucker tauchen. Der Likör wird auf dem Keks einen glatten Überzug erzeugen. Alle Kekse auf einem Backblech trocknen lassen. Wenn sich der Zucker auflöst, frisch mit weiterem Zucker bestreuen.

In einem luftdichten Behälter an einem trockenen, kühlen Ort aufbewahrt, halten die Kekse mehrere Wochen lang.

FÜR DIE KEKSE:
400 g Mehl
200 g Zucker
Schale von 1 Bio-Zitrone
1 TL Backpulver
3 Eier, geschlagen
60 g zerlassene Butter

FÜR DEN GUSS:
125 ml Alchermes
200 g Zucker

CIAMBELLINE AL VINO
ROTWEINKRINGEL

Diese zarten, leckeren Kekse sind dazu gedacht, in Wein eingetunkt zu werden, sie schmecken aber genauso gut, wenn man sie in Tee oder Kaffee taucht. Man kann sie zu jeder Tageszeit essen, und weil man nur ein paar Zutaten braucht, die man meist ohnehin zu Hause hat, lassen sie sich schnell und problemlos backen.

Sie können für die Kekse Rotwein oder Weißwein verwenden. Anstelle des Weins kann man auch Milch nehmen. In Italien gibt man in den Teig außerdem gerne einen Spritzer Anislikör.

FÜR UNGEFÄHR 40 KEKSE

Das Mehl, den Zucker, das Backsoda, das Olivenöl und den Wein mit den Händen zu einem weichen Teig verkneten.

Den Backofen auf 80 °C vorheizen und ein bis zwei Backbleche (je nach deren Größe) mit Backpapier auslegen.

1 Esslöffel Teig zu einer ca. 12 Zentimeter langen und 1 Zentimeter dicken Rolle formen. Die Enden übereinanderlegen und behutsam zusammendrücken, um den Ring zu schließen. Auf diese Weise den gesamten Teig zu Kringeln verarbeiten.

Ein paar Esslöffel Zucker in eine kleine, flache Schale oder auf einen Teller geben und jeden Ring mit der Oberseite nach unten in den Zucker drücken. Die Ringe in ca. 2 Zentimeter Abstand zueinander auf das Backblech legen.

20 Minuten lang backen, bis die Kekse hell goldgelb sind und sich trocken anfühlen. Aus dem Backofen nehmen und auf einem Rost abkühlen lassen.

In einem luftdichten Behälter an einem trockenen, kühlen Ort aufbewahrt, halten die Kekse mehrere Wochen lang.

500 g Mehl
150 g Zucker plus etwas mehr
zur Dekoration
½ TL Backsoda
125 ml Olivenöl
125 ml Rotwein

TOZZETTI EBRAICI
JÜDISCHE ZIMTKEKSE

„Meine Tante hat sie gemacht. Die Familie meines Vaters kommt aus Pitigliano. Mein Großvater wurde dort geboren. 1904 wanderte er nach Amerika aus", schrieb mir eine Amerikanerin namens Kathleen Dickey, weil ich in meinem Blog diese intensiv nach Zimt schmeckenden *biscotti* erwähnt hatte. „Sie backten dort alle diese *tozzetti*, und wenn ich sonntags zum Familienessen kam, konnte ich sie schon an der Tür riechen."

Mir gefällt der Gedanke, dass diese alte Tradition, die an ihrem Ursprungsort fast vergessen ist, anderswo in der Welt noch viele Anhänger hat und dass der Zimtgeruch dort Erinnerungen an die Familie wachruft.

Ich habe lange suchen müssen, um Rezepte zu finden, die auch nur annähernd an die köstlichen *Tozzetti ebraici* heranreichen, die ich bei *Forno del Ghetto* gekauft hatte, einer Bäckerei am Rande des alten Gettos von Pitigliano. Allmählich dämmerte mir, dass die letzten jüdischen Familien, die Pitigliano nach dem Ende des Zweiten Weltkriegs verließen, ihre Rezepte mit sich fortgenommen hatten. Heute gibt es in Pitigliano zwar keine jüdische Gemeinde mehr, doch kennt man dort immer noch einige wenige jüdische Spezialitäten: *Sfratti* (siehe Seite 213), *pane azzimo* (ungesäuertes Brot oder Matze) und eben diese Kekse.

Von allen italienischen *biscotti* sind die mit Mandeln gespickten *cantuccini* wohl die berühmtesten. Sie kommen aus Prato in der nördlichen Toskana. In der südlichen Maremma kennt man dagegen die *tozzetti*, die vermutlich aus den südlicher gelegenen Regionen Latium und Umbrien übernommen wurden. Die beiden Gebäckarten sind einander sehr ähnlich, doch backt man die *tozzetti* gewöhnlich mit Haselnüssen anstatt mit Mandeln. Das macht man wohl zum einen, weil es hier viele Haselnüsse gibt, und zum anderen, weil Mandeln in einer anderen jüdischen Spezialität eine größere Rolle spielen, dem Mandelbrot. Ein weiteres typisches Merkmal der *tozzetti* ist der Zimt, dem sie ihre schöne kupferbraune Farbe verdanken und nach dem das ganze Haus duftet, wenn man *tozzetti* backt.

FÜR CA. 50 KEKSE

3 Eier
250 g Zucker
125 ml Olivenöl
470 g Mehl plus etwas mehr
    zum Verarbeiten
1 TL Backpulver
2 TL ungesüßtes Kakaopulver
2 EL gemahlener Zimt
Schale von 1 Bio-Zitrone
200 g ganze geschälte
    Haselnüsse

Fortsetzung folgende Seiten >

Die Eier zusammen mit dem Zucker schaumig schlagen. Das Olivenöl einrühren, bis die Masse cremig ist. Nun das Mehl, das Backpulver, den Kakao und den Zimt zugeben und alles zu einem weichen Teig verkneten. Wenn er zu klebrig ist, noch etwas Mehl zufügen. Geriebene Zitronenschale und Nüsse erst gegen Ende zugeben.

Den Backofen auf 180 °C vorheizen und zwei Backbleche mit Backpapier auslegen.

Mit bemehlten Händen den Teig in 6 Portionen teilen und diese zu schmalen, ca. 2,5 Zentimeter dicken Rollen formen. Diese mit viel Abstand zueinander auf die Backbleche legen.

Im Backofen 20 Minuten backen. Die Teigrollen sollten trocken und fest, aber nicht gebräunt sein. Gewöhnlich platzen sie an der Oberseite etwas auf. Aus dem Backofen nehmen, mehrere Minuten abkühlen lassen, bis man sie anfassen kann, und dann mit einem schweren, scharfen Messer (ohne gewellte Klinge) in 1,5–2 Zentimeter dicke Scheiben schneiden. Diese Scheiben auf die Bleche legen und im noch heißen Backofen ca. 5 Minuten lang trocknen.

Diese dicken, leckeren *biscotti* eignen sich hervorragend dazu, in eine Tasse Kaffee oder Tee oder in einen süßen Dessertwein eingetaucht zu werden.

EDDA SERVI MACHLIN
UND DAS JÜDISCHE PITIGLIANO

Edda Servi Machlins Kochbuch *The Classic Cuisine of the Italian Jews* (1981) hat mich sehr bewegt. Inzwischen ist es vergriffen und nur schwer zu bekommen. Edda Servi Machlins Geschichten und die sowohl von der römischen Küche als auch von der Küche der Maremma beeinflussten Rezepte waren der Grund, warum ich unbedingt ihre Geburtsstadt Pitigliano besuchen wollte. Ihre Schilderungen der Alltagskultur, die sie aus den 1930er- und 1940er-Jahren kannte, bevor jüdische Familien ins Ausland fliehen oder sich verstecken mussten, sind sehr mitreißend geschrieben. Schon deshalb lohnt es sich, nach diesem Buch zu fahnden.

Pitigliano ist atemberaubend. Wenn man auf der Straße darauf zufährt und plötzlich hinter einer Kurve diese Stadt auftaucht, die wie aus dem Tuffstein der Felsen, auf denen sie thront, gehauen erscheint, wie eine riesige Skulptur über dem tiefen Tal, ist man zunächst sprachlos. Auch wenn man die sich schlängelnden Gassen hinuntergeht und plötzlich vor einem Abgrund steht, fehlen einem die Worte. Pitigliano ist wie eine Stadt aus einem Märchen: wunderschön und irreal.

Bis zum Beginn des Zweiten Weltkriegs war Pitigliano eines der wichtigsten Zentren jüdischer Kultur in Europa. In dieser nur vier Kilometer von der Grenze zum Latium entfernten Stadt hatten jüdische Familien im 17. Jahrhundert eine sichere Zuflucht gefunden.

Edda kam 1926 als Tochter einer einflussreichen jüdischen Familie zur Welt. Ihr Vater war der letzte aktive Rabbi der Stadt. Als der Zweite Weltkrieg ausbrach, entkamen sie und ihre Familie nur knapp der Verschleppung in ein KZ, weil sie sich bei den Partisanen in den Bergen verstecken konnten. Nach einem kurzen Aufenthalt in Florenz wanderte die Familie in den 1950er-Jahren nach Amerika aus. Freunde und Verwandte ermutigten Edda, ihr erstes Kochbuch zu schreiben. Darin findet sich nicht nur eine faszinierende Schilderung von Eddas Kindheit im Herzen des „Kleinen Jerusalem" der Toskana in den 1930er-Jahren, sondern auch eine Auswahl von Rezepten für Gerichte,

die in ihrer Familie traditionell gekocht wurden und teils aus der Toskana, teils aus Rom (der Heimatstadt ihrer Mutter) stammten oder aber alte jüdische Spezialitäten waren: mit Ricotta gefüllte Pizza, frittierte Artischocken, *Pappa al pomodoro pitiglianese*, frittierte Mozzarella-Sandwichs, *Gnocchi alla romana* (überbackene Grießgnocchi) und der berühmte italienisch-jüdische *cuscussù* (Couscous mit Fleischbällchen und geschmortem Gemüse).

Eine Reihe von Rezepten in meinem Buch sind von denen Edda Servi Machlins beeinflusst, darunter *Tortino di carciofi* (siehe Seite 140) und *Sogliola al limone* (siehe Seite 123). Probieren Sie auch Eddas *migliaccini*, die als Variante beim Rezept für *ciaffagnoni* (siehe Seite 179) vorgestellt werden.

SFRATTI

HONIG-NUSS-GEBÄCK

In Pitigliano gibt es noch einige wenige Bäckereien und kleine Geschäfte, die diese harten, mit Walnüssen und Honig gefüllten Gebäckstangen verkaufen. Sie sind die berühmteste gastronomische Spezialität der Stadt und haben die jüdische Gemeinde überlebt, die es in Pitigliano heute nicht mehr gibt.

Der Name ist abgeleitet vom italienischen *sfratto* („Räumung" oder „Vertreibung"). Womöglich erinnert die Stangenform tatsächlich an die Stöcke, mit denen die Juden einst aus Dörfern und Städten in Gettos vertrieben wurden.

Edda Servi Machlin schrieb: „Um jüdische Gerichte ranken sich viele Erinnerungen an traurige Ereignisse der Vergangenheit. Die einzelnen Speisen sollen davor warnen, dass so etwas jederzeit wieder geschehen kann. Gleichzeitig sollen sie uns davor bewahren." Der süße Gebäckstock ist also auch so etwas wie ein Talisman. Diese Vorstellung leuchtete auch Nichtjuden ein, so wurde es in Pitigliano Brauch, bei Hochzeiten und anderen besonderen Anlässen *sfratti* als Glücksbringer zu reichen.

Die Grundidee für mein Rezept stammt aus Edda Servi Machlins *The Classic Cuisine of the Italian Jews* (1981), ich habe sie nur leicht abgeändert. Es gibt viele Varianten der *sfratti*: Mal sind sie aus Mürbeteig und damit etwas krümeliger, mal werden sie mit Eigelb bestrichen, damit sie schön glänzen. Mir schmecken Eddas *sfratti* am besten, denn sie sind hart, ja beinahe spröde und dabei dünn und schlicht – fast so wie die, die ich in Pitigliano gekostet habe.

FÜR 6 SFRATTI

Für den Teig das Mehl, den Zucker und das Salz in eine Schüssel geben und in die Mitte eine Mulde drücken. Den Wein und das Olivenöl in die Mulde gießen und mit einer Gabel von der Mitte nach außen arbeitend allmählich immer mehr Zutaten miteinander vermengen. Wenn die Masse zu schwer wird, von Hand weiterkneten, um einen glatten, aber ziemlich festen Teig zu erhalten. Einige Minuten kneten, dann zu einer Kugel formen und diese schließlich platt drücken. In Frischhaltefolie wickeln und 30 Minuten ruhen lassen.

Für die Füllung den Honig in einen Kochtopf geben und bei hoher Temperatur erhitzen, damit er dünnflüssiger wird. Dabei darauf achten, dass er nicht kocht und Blasen wirft. Die Gewürze, die abgeriebene Orangenschale und die Nüsse zugeben und 3 Minuten kochen. Den Topf vom Herd neh-

FÜR DEN TEIG:

350 g Mehl

150 g Zucker

1 Prise Salz

125 ml trockener Weißwein

80 ml Olivenöl

FÜR DIE FÜLLUNG:

350 g Honig

½ TL gemahlener Zimt

¼ TL gemahlene Nelken

¼ TL frisch gemahlener schwarzer Pfeffer

¼ TL frisch geriebene Muskatnuss

Schale von 1 Bio-Orange

350 g Walnüsse, geschält und sehr fein gehackt

2 EL feine Semmelbrösel

Fortsetzung folgende Seiten >

men und die Semmelbrösel einrühren, dann in eine Schüssel gießen und abkühlen lassen. Das Abkühlen durch gelegentliches Umrühren beschleunigen. Sobald die nun sehr dicke und klebrige Masse nicht mehr kochend heiß ist, mithilfe eines Messers in sechs Portionen teilen. Mit feuchten Händen die einzelnen Portionen zu ca. 2,5 Zentimeter dicken Stangen formen und beiseitelegen.

Den Backofen auf 190 °C vorheizen und ein Backblech mit Backpapier auslegen.

Den Teig aus der Folie wickeln und in sechs Portionen teilen. Mit einem Nudelholz die Portionen zu Streifen mit den Maßen 10 x 25 Zentimeter ausrollen. In die Mitte jedes Teigstreifens eine Stange aus Honig und Nüssen so legen, dass auch an den Stangenenden genügend Teig ist, um die Füllung damit umwickeln zu können. Die Stange mit beiden Händen über die Arbeitsfläche rollen, sodass sich der Teig fest um die Füllung legt. Die fertigen Rollen mit der „Naht" nach unten auf das Backblech legen. Den Teig an den Enden herunterdrücken, sodass die Füllung von allen Seiten ummantelt ist.

Im Backofen 20 Minuten backen, bis der Teig immer noch blass ist, sich aber trocken anfühlt. Vollständig auskühlen lassen.

Die abgekühlten *sfratti* in Alufolie wickeln. Da bei diesem Rezept weder Eier noch Milchprodukte verwendet werden, halten sich die *sfratti* auch ungekühlt wochenlang. Am besten schmecken sie, wenn man sie einen oder zwei Tage ziehen lässt. Zum Servieren in 1 Zentimeter dicke Scheiben schneiden. Sie können zu Kaffee gereicht werden, traditionell aber isst man sie zu Vin Santo oder einem anderen Dessertwein.

CASTAGNACCIO

ESSKASTANIEN-KUCHEN

Castagnaccio als „Kuchen" zu bezeichnen, ist eigentlich nicht korrekt, denn er hat mehr mit einem dicken Fladen gemeinsam. Der *Ciambellone alle castagne* (siehe Seite 232) kommt einem Kuchen da schon näher. Die glatte und dichte Textur des *astagnaccio*, einer alten toskanischen Spezialität, lässt sich schwer beschreiben. Ich vergleiche sie gerne mit der japanischer Süßigkeiten wie den aus *Azuki*-Bohnenpaste bestehenden *yokan*, die ich als Kind wahnsinnig gern mochte.

Castagnaccio mag man oder man mag ihn nicht. Denn der Kastaniengeschmack ist sehr intensiv, und das ist nicht jedermanns Sache. Die Süße des Gebäcks rührt vor allem vom Kastanienmehl und den verwendeten Sultaninen her – *castagnaccio* ist daher nicht allzu süß. Alte Varianten dieses Rezepts sehen überhaupt keinen Zucker vor (der für arme Bauernfamilien oft unerschwinglich war), heute aber gibt man ein paar Löffel voll hinein – aber auch nicht mehr, sodass die zarte, unaufdringliche Süße erhalten bleibt.

Pur isst man *castagnaccio* in schmalen Stücken zu einem Glas Vin Santo, einem toskanischen Dessertwein, oder zu einem jungen Rotwein. Zu einem Nachtisch wird er, wenn man etwas gesüßte Schlagsahne oder sehr frische, leicht gesüßte und geschlagene Ricottacreme darübergibt. Mir persönlich schmeckt *castagnaccio* am besten mit Ricottacreme.

FÜR 1 KUCHEN, 8 PORTIONEN

Das Esskastanienmehl, den Zucker (nach Belieben) und das Salz in einer Schüssel miteinander vermengen. Nach und nach unter ständigem Rühren mit einem Kochlöffel oder Quirl das Wasser zugeben, damit sich keine Klumpen bilden. Der fertige Teig soll ähnlich wie Pfannkuchenteig vom Löffel rinnen. Je nach der Beschaffenheit des Mehls kann etwas mehr oder weniger Wasser notwendig sein als hier angegeben.

Dem glatten, flüssigen Teig 2 Esslöffel Olivenöl und die geriebene Orangenschale zugeben und alles miteinander vermengen. Die Mischung mindestens 30 Minuten oder über Nacht ruhen lassen.

Den Backofen auf 180 °C vorheizen und ein Pizzablech oder eine Obstkuchenform mit ca. 30 Zentimeter Durchmesser mit Backpapier auslegen. Alternativ kann auch ein ähnlich großes Backblech verwendet werden.

Die Sultaninen, die Nüsse und die Rosmarinnadeln 15 Minuten in kaltem Wasser einweichen. Anschließend abtropfen lassen.

FÜR DEN CASTAGNACCIO:

300 g Esskastanienmehl, gesiebt

2 EL Zucker (optional)

1 Prise Salz

500 ml kaltes Wasser

3 EL Olivenöl

Schale von 1 Bio-Orange

60 g Sultaninen

40 g Pinienkerne oder Walnüsse

1 Zweig Rosmarin, Nadeln
  abgezupft

FÜR DIE RICOTTACREME:

250 g Ricotta

2 EL Zucker

Schale von 1 Bio-Zitrone

Fortsetzung folgende Seite >

Den Teig in die Backform oder auf das Backblech gießen. Er sollte darin nicht viel höher als 1 Zentimeter stehen. Gleichmäßig mit Sultaninen, Nüssen und Rosmarinnadeln bestreuen und mit dem restlichen Olivenöl beträufeln.

Im Backofen ca. 30 Minuten backen, bis sich an der Oberfläche kleine Risse bilden. Bei überschrittener Backzeit wird der *castagnaccio* zu trocken. In der Form abkühlen lassen, dann in Stücke schneiden.

Für die Ricottacreme den Ricotta zusammen mit dem Zucker und der abgeriebenen Zitronenschale in eine Schüssel geben und alles schlagen. Bis zum Servieren kalt stellen.

Den *castagnaccio* pur servieren oder aber mit einem Klecks Ricottacreme. Weil der *castagnaccio* am Backtag am besten schmeckt, sollte er umgehend verzehrt werden. Alternativ kann man ihn einen Tag lang in einem luftdichten Behälter aufbewahren. Diesen sollte man allerdings nicht in den Kühlschrank stellen, weil der *castagnaccio* durch Kühlung hart und zäh wird.

TIPP

Verwenden Sie nach Möglichkeit eine Backform mit den angegebenen Maßen – wichtig ist, wie hoch der Teig in der Form steht. Bei allzu geringer Teighöhe wird der castagnaccio *zu trocken, bei allzu hoher wird er sehr dicht und klebrig. (In Livorno kennt man eine dickere Version,* toppone *genannt, die aber als weniger raffiniert als der eigentliche* castagnaccio *gilt.)*

PAGNOTELLA

FEIGEN-SCHOKOLADENBROT

Diese wunderbare Spezialität aus Porto Santo Stefano lässt sich vielleicht als Mittelding zwischen Früchtebrot und Brownies beschreiben. *Pagnotella* gehört zu den Leckereien, die man weder in Geschäften kaufen noch in Restaurants bestellen kann und deren Rezepte auch nicht in Kochbüchern stehen, weil sie nur zu Hause und aus dem Gedächtnis zubereitet werden – von der *nonna*.

Ich fragte einige Freunde aus Porto Santo Stefano nach Rezepten für *pagnotella*, und sie brachten mir handgeschriebene Rezepte mit, die ihre Mütter oder Großmütter verfasst hatten. Jedes war ein bisschen anders. Alessandras *nonna* fügt dem Teig geriebenen Apfel zu, damit das Gebäck feuchter wird, und hackt die Schokolade in große quadratische Würfel, sodass man später in weiche Schokoklumpen beißt. Orestina verwendet für ihre *pagnotella* Brotteig und Pflaumenmus – ihrer Ansicht nach eine für den Argentario typische Zutat. Valerias Mutter Filomena kocht Feigen in Wermut und gibt sie in eine *pagnotella*, die ansonsten der von Alessandras *nonna* ziemlich ähnlich ist. Gemeinsam ist den meisten Rezepten, dass man ihnen zufolge *quanto basta*, also genau so viel Mehl verwenden soll, wie man braucht, das heißt so viel, dass aus der klebrigen Mischung ein weicher Teig wird.

Das hier vorgestellte Rezept ist weitgehend an dem von Alessandras *nonna* angelehnt. Meine *pagnotella* ist ziemlich weich, verführerisch und fruchtig – und natürlich schokoladig! Als Portion genügt eine sehr dünne Scheibe davon, die man zu Dessertwein reicht. Die *pagnotella* ist eigentlich ein Gebäck für die Weihnachtszeit und eignet sich ähnlich wie *panforte* oder *fruit cake* gut als Geschenk für Verwandte und Freunde.

Man backt die *pagnotella* entweder als einen großen Laib oder als mehrere kleine „Brötchen", die vor dem Backen in Mehl gewälzt werden. Eine Variante besteht darin, alle Zutaten in einen Brotteig einzukneten, sodass man einen ziemlich harten, dichten Früchtebrotlaib erhält. Sämtliche Versionen halten sich sehr lange und werden mit der Zeit immer besser.

FÜR 1 LAIB, 12 PORTIONEN

Die Feigen über Nacht in dem Wein einweichen lassen. Die eingeweichten Feigen zusammen mit dem Wein in einen kleinen Kochtopf geben und den geriebenen Apfel zufügen. Bei niedriger bis mittlerer Hitze ca. 15 Minuten köcheln lassen, bis der Apfel weich und der Wein leicht eingekocht ist.

250 g getrocknete Feigen, grob gehackt

500 ml Weißwein

¼ Apfel, ohne Schale und Kerngehäuse, gerieben

fein geriebene Schale von 1 Bio-Orange

50 g Sultaninen

50 g Pinienkerne

50 g Walnusskerne

50 g ganze Mandeln

50 g Haselnüsse, ganz und geschält

2 EL Kakaopulver, ungesüßt

100 g dunkle Schokolade (70 % Kakaoanteil), grob gehackt

2 EL Pflaumenmus

¼ TL gemahlener Zimt

¼ TL frisch gemahlene Muskatnuss

100 g Mehl plus etwas mehr zum Bestäuben

TIPP

Meiner Erfahrung nach genügen 100 g Mehl, doch ist jedes Mehl anders, und auch die Feigen fallen immer unterschiedlich aus. Sehen Sie diese Mengenangabe also als Richtlinie an. Vielleicht braucht Ihr Teig sehr viel mehr Mehl.

Fortsetzung folgende Seiten >

Alles zusammen im Mixer oder mit einem Pürierstab zerkleinern, um eine Paste zu erhalten. Abkühlen lassen.

Die Feigenpaste in eine große Schüssel geben, alle anderen Zutaten außer dem Mehl zufügen und alles miteinander vermengen. Das Mehl löffelweise zugeben, um einen weichen, klebrigen Teig zu erhalten, der die Konsistenz von Brotteig hat. Verwenden Sie gegebenenfalls etwas mehr oder etwas weniger Mehl als hier angegeben.

Den Backofen auf 160 °C vorheizen, ein Backblech mit Backpapier auslegen und dieses mit Mehl bestäuben.

Den Teig mit bemehlten Händen direkt auf dem Backblech zu einem runden Laib mit ca. 20 Zentimeter Durchmesser formen und so flach drücken, dass der Laib in der Mitte ca. 5 Zentimeter hoch ist. Die Oberseite großzügig mit Mehl bestäuben, überschüssiges Mehl wegpusten. 25–30 Minuten backen, bis das Mehl auf dem Backblech eine an Cappuccino erinnernde braune Färbung annimmt und sich der Laib fest anfühlt.

Die *pagnotella* hält sich sehr, sehr lange, wenn man sie in Frischhaltefolie einwickelt oder aber in einem luftdichten Behälter an einem kühlen und dunklen Ort aufbewahrt.

VARIANTEN

Anstelle von Pflaumenmus kann man auch eine andere dunkle Konfitüre verwenden, wie zum Beispiel Trauben- oder Feigenkonfitüre. Man kann aber auch die Konfitüre vollständig durch Honig ersetzen. Ich mag die Mischung aus verschiedenen Nüssen. Sie können stattdessen aber auch nur eine oder zwei Nusssorten nehmen. Meine Freundin Orestina zum Beispiel nimmt ausschließlich Mandeln. Man kann die Feigen auch in Rotwein kochen. Manchmal sieht man den Pagnotella-*Laib auch in Stangenform.*

FEIGEN UND BROT

Panficato, den kleinen Bruder der *pagnotella*, aß ich zum ersten Mal auf der Insel Giglio, die von Santo Stefano nur eine kurze Fährfahrt weit entfernt ist. Ich wurde sofort süchtig! *Panficato* („Feigenbrot") wird in Form von kleinen, schweren Laiben verkauft, die eine glänzende, manchmal mit eingedrückten blanchierten Mandeln verzierte Oberfläche haben.

Eine Bäckerei am Hafen von Giglio, das *Panificio di Cristina*, informiert in ihrem Schaufenster auf einer Tafel über die Geschichte des *panficato*. Es soll seinen Ursprung im Jahr 1544 haben, als der mächtige osmanische Admiral Khair ad-Din Barbarossa (sein Spitzname bedeutete „Rotbart") die Insel plünderte und die Gefangenen in die Sklaverei verschleppte. Später siedelten die Medici, die Großherzöge der Toskana, auf Giglio Menschen aus Siena an, die mit den auf der Insel verfügbaren Zutaten eine neue Variante des Sieneser *panforte* backten, das *panificato*.

Panificato und die *Pagnotella* aus Porto Santo Stefano sind eindeutig miteinander verwandt und stammen sozusagen vom *panforte* aus Siena ab, der nach einem Rezept aus dem Mittelalter hergestellt wird und ebenfalls aus ganzen Nüssen, vielen Gewürzen und Honig besteht. Doch nimmt man für *panforte* anstelle des Trockenobstes kandierte Früchte. Sowohl für *panificato* als auch für *pagnotella* verwendet man getrocknete Feigen, die in Wein (traditionell in Wein der lokalen Ansonica-Sorte) eingeweicht oder gekocht, zu einer Paste verarbeitet und mit Mehl, Sultaninen, Kakao oder Schokolade, ganzen Nüssen sowie Honig oder selbst gemachter Konfitüre und Gewürzen vermengt werden.

CROSTATA DI RICOTTA E PERE COSCIA

RICOTTA-BIRNEN-TARTE

Im Sommer werden auf den lokalen Bauernmärkten des Argentario kleine Birnen der Sorte Coscia angeboten. Sie sind gelb und etwas fester und knackiger als die meisten anderen Sorten und eignen sich perfekt als kleiner Imbiss zwischendurch. Ich habe nach Möglichkeiten gesucht, sie in der Küche zu verwenden, weil sie an warmen Sommertagen sehr schnell überreif werden. Diese Tarte stellt eine dieser Verwendungsmöglichkeiten dar.

Die *crostata* mit Ricotta ist einer der hier in der Gegend beliebtesten Nachtische. Es gibt Versionen mit Schoko-Stückchen (siehe Seite 228), mit Konfitüre oder mit Kompott aus Sauerkirschen. Eigentlich aber stammt die Tradition der Ricotta-*Crostata* aus dem Latium, genauer aus Rom und dem dortigen jüdischen Getto. Der südliche Teil der Maremma ist Rom näher als Florenz, und weil es hier Orte wie Pitigliano gibt, in denen früher jüdische Kultur lebendig war, ist diese Spezialität auch hier zu Hause.

Die Ricotta-Birnen-Tarte ist nicht übermäßig süß. Die Birnen werden kurz in mit Zitronensaft vermischtem Wasser pochiert, bis sie weich, aber nicht zu weich sind. Eine Tarte-Form wird mit Mürbeteig ausgelegt. Darüber kommt die Ricottafüllung, und die Birnen steckt man anschließend einfach hinein. Am besten schmeckt diese Tarte, wenn man sie nach dem Backen über Nacht im Kühlschrank ruhen lässt und erst am folgenden Tag isst – im Sommer gekühlt und im übrigen Jahr bei Zimmertemperatur.

FÜR 1 TARTE, 8 PORTIONEN

Die Birnen schälen, ohne die Stiele zu entfernen. Weil die Coscia-Birnen so klein und zart sind, brauchen sie nicht entkernt zu werden. Unten an der Basis ca. 5 Millimeter abschneiden, damit die Birnen auf gerader Unterseite stehen können. Die abgeschnittenen Stücke grob hacken, um sie später der Ricottamischung zuzugeben. Bei Verwendung größerer Birnen diese schälen, vierteln und das Kerngehäuse entfernen (sehr große Birnen achteln).

Den Zucker in einen Topf mit Wasser geben. Aufkochen lassen, die Birnen hineingeben und 15 Minuten köcheln lassen, bis sie etwas weicher sind. Dann die Birnen aus dem Wasser nehmen, abtropfen und abkühlen lassen.

Für den Mürbeteig das Mehl, den Zucker und die Butter in einer Schüssel miteinander von Hand oder mit einer Küchenmaschine vermengen, bis keine Butterklumpen mehr sichtbar oder fühlbar sind. Eine Prise Salz, das Ei

FÜR DIE POCHIERTEN BIRNEN:
7–9 kleine Birnen
55 g Zucker

FÜR DEN TEIG:
250 g Mehl plus etwas mehr
    für die Arbeitsfläche
100 g feinster Zucker
125 g kalte Butter, gehackt
1 Prise Salz
1 Ei plus 1 Eigelb

FÜR DIE FÜLLUNG:
500 g Ricotta
100 g feinster Zucker
Schale von 1 Bio-Zitrone
1 TL Vanilleextrakt (oder
    ausgeschabtes Mark von
    ½ Vanilleschote)
2 Eier

Puderzucker zum Servieren
(optional)

ALTERNATIVE ZUTATEN
Wenn Sie keine Coscia-Birnen finden, können Sie auch Birnen anderer Sorten verwenden. Wählen Sie feste, noch nicht allzu reife Früchte, weil diese besser ihre Form behalten. Sehr hübsch sieht diese Tarte auch mit halbierten und entsteinten Aprikosen oder Pflaumen aus – beide brauchen nicht pochiert zu werden.

Fortsetzung folgende Seiten >

und das Eigelb unterkneten, bis ein glatter, nicht klebender Teig entstanden ist. Zu einer Kugel formen und in Frischhaltefolie eingewickelt 30 Minuten im Kühlschrank ruhen lassen. Danach auf einer leicht bemehlten Arbeitsfläche auf ca. 3 Millimeter Dicke ausrollen. In eine Tarte-Form von 22–25 Zentimeter Durchmesser legen und den über deren Rand ragenden Teig abschneiden. Den Boden überall leicht mit einer Gabel einstechen.

Den Backofen auf 180 °C vorheizen.

Für die Füllung den Ricotta, den Zucker, die abgeriebene Zitronenschale, das Vanilleextrakt bzw. -mark und die Eier miteinander zu einer glatten Masse vermengen. In die mit Teig ausgelegte Tarte-Form gießen und glätten. Die Birnen behutsam in die Ricottafüllung stecken und im Backofen 45 Minuten backen, bis die Oberfläche fest und goldbraun und der Teigrand goldgelb ist.

Vor dem Servieren vollständig abkühlen lassen und nach Belieben kurz vor dem Servieren mit Puderzucker bestäuben. Dieser wird größtenteils mit der Füllung und den Birnen verschmelzen, sodass man ihn kaum noch sieht, dafür bereichert er die Tarte um einen Hauch klebriger Süße.

Im Kühlschrank aufbewahren und innerhalb von zwei bis drei Tagen verzehren.

BACKEN AN HEISSEN TAGEN

Damit der Teig an einem sehr heißen, schwülen Tag beim Ausrollen nicht vor Ihren Augen wegschmilzt, kühlen Sie die Arbeitsfläche vor dem Beginn der Teigbearbeitung: Legen Sie Beutel mit gefrorenen Erbsen oder gefrorene Kühlpacks ca. 10 Minuten lang auf die Arbeitsfläche. Kühlen Sie den Teig immer vor der weiteren Verarbeitung: Ideal ist es, ihn für 1 Stunde in den Kühlschrank zu legen. Bei großer Hitze hilft es auch, das Nudelholz vor seinem Einsatz in Kühltruhe oder Eisfach abzukühlen. Wenn der Teig und die darin enthaltene Butter kühl sind, arbeitet es sich damit einfach leichter.

TIPP

Verwendung von Teigresten: Rollen Sie daraus kleine Kugeln und drücken Sie diese platt. So erhalten Sie Törtchenböden, die Sie blindbacken können. Oder Sie stechen aus dem Teigrest mit Plätzchenformen Figuren aus und bestreichen sie mit Glasur oder Konfitüre. Mürbeteig ist sehr vielseitig und lässt sich auch gut einfrieren, um bei einem späteren Backprojekt Verwendung zu finden.

CROSTATA DI RICOTTA E CIOCCOLATO

RICOTTA-SCHOKOLADEN-TARTE

Diese mit Schokoladenstückchen gespickte klassische Ricottatarte erinnert an Stracciatella-Eis und wird durch etwas Rum veredelt. Es ist eine sehr einfache Tarte, die Sie allerdings nach Belieben verfeinern können, zum Beispiel indem Sie die Schokolade durch in Rum eingelegte Rosinen ersetzen oder auf den Tarteboden eine dicke Lage Sauerkirschkonfitüre geben, über die dann die Ricottafüllung kommt. Schokoladen-Junkies können dem Teig auch 50 Gramm Kakaopulver zugeben, um die Tarte noch schokoladiger zu machen.

FÜR 1 TARTE, 8 PORTIONEN

Für den Mürbeteig das Mehl, den Zucker und die Butter in einer Schüssel miteinander von Hand oder mit einer Küchenmaschine vermengen, bis keine Butterklumpen mehr sichtbar oder fühlbar sind. Eine Prise Salz, das Ei und das Eigelb unterkneten, bis ein glatter, nicht klebender Teig entstanden ist. Zu einer Kugel formen und in Frischhaltefolie eingewickelt 30 Minuten im Kühlschrank ruhen lassen. Danach auf einer leicht bemehlten Arbeitsfläche auf ca. 3 Millimeter Dicke ausrollen. Zum Umgang mit Teig an heißen Tagen siehe Seite 225.

Den Teig in eine Obstkuchenform mit 22 Zentimeter Durchmesser so einlegen,, dass die Teigränder ca. 4 Zentimeter überstehen. Den Teig am Boden überall leicht mit einer Gabel einstechen. Den übrigen Teig wieder verkneten, ausrollen und mit einem Teigrädchen oder einem scharfen Messer in Streifen schneiden. Beiseitelegen.

Den Backofen auf 180 °C vorheizen.

Für die Füllung den Ricotta, den Zucker, die Eier, den Rum und die abgeriebene Zitronenschale zu einer glatten Masse vermengen. Die Schokoladenstückchen unterheben. Die Füllung über die Teiglage in die Form geben und glatt streichen. Die langen Teigstreifen gitterartig darüberlegen. Abstehende Enden mit einem scharfen Messer abschneiden und die Teigstreifenenden am Teigrand der Torte andrücken.

Im Backofen ca. 45 Minuten backen, bis die Oberfläche fest und schön gebräunt und der Teig goldgelb ist. Vor dem Servieren vollständig abkühlen lassen. Am besten schmeckt diese Tarte, wenn sie im Kühlschrank gekühlt wurde. Nach Belieben vor dem Servieren mit Puderzucker bestäuben.

Im Kühlschrank aufbewahren und innerhalb von zwei bis drei Tagen verzehren.

FÜR DEN TEIG:

250 g Mehl plus etwas mehr
   für die Arbeitsfläche
100 g feinster Zucker
125 g kalte Butter, gehackt
1 Prise Salz
1 Ei plus 1 Eigelb

FÜR DIE FÜLLUNG:

500 g Ricotta
170 g feinster Zucker
2 Eier
2 EL Rum
Schale von 1 Bio-Zitrone
80 g dunkle Schokolade,
   fein gehackt (oder
   Schokoladenchips)

Puderzucker zum Servieren
(optional)

TORTA DI LIMONE E RICOTTA

ZITRONEN-RICOTTA-KUCHEN

Dies hier ist ein *dolce casalingo*, die Art von einfachem süßem Snack, den man für alle Fälle in der Küche stehen hat. Sozusagen ein „Kuchen für alle Tage", der nicht allzu süß ist und durch ein zartes Zitronenaroma besticht. Zum Eintunken ist er geradezu perfekt, und zusammen mit einer großen Tasse *caffè latte* ergibt ein Stück davon ein wunderbares italienisches Frühstück.

Man bezeichnet diesen Kuchen auch als *torta del tre*, „Dreier-Kuchen", weil die Zahl drei die Zutatenliste bestimmt und man sich diese somit leicht einprägt. Man kann den Kuchen sowohl in einer eckigen als auch in einer runden Form backen und kann sich immer neue Ergänzungen ausdenken (zum Beispiel eine Rosmarin-Glasur, siehe Seite 232). Es ist schön, diesen Kuchen für den Fall bereit zu haben, dass Kinder und Erwachsene Lust auf einen Snack bekommen.

FÜR 1 KUCHEN, 8 PORTIONEN

Den Backofen auf 180 °C vorheizen. Eine runde Kuchenform mit 22 Zentimeter Durchmesser oder eine Kastenform von 11 x 26 Zentimeter einfetten und mit Backpapier auslegen.

In einer großen Schüssel, vorzugsweise aus Glas oder Keramik, das Eiweiß mit einem Handrührgerät steif schlagen.

In einer separaten Schüssel die Eigelbe mit dem Zucker und dem Ricotta vermengen und die Masse 1–2 Minuten cremig schlagen. Zitronensaft und abgeriebene Zitronenschale zugeben. Das Mehl und das Backpulver einrühren. Anschließend das Eiweiß unterheben.

Die Milch zugeben. Je nach Qualität und Festigkeit des verwendeten Ricotta kann der Teig ziemlich fest werden. Gegebenenfalls etwas mehr Milch zugeben, damit der Teig flüssiger wird.

In die Form füllen und 45–55 Minuten backen, bis die Oberfläche goldbraun und elastisch ist. Mit einer Metallstricknadel testen, ob der Kuchen durchgebacken ist: Die Stricknadel dazu in die Mitte stechen, wenn keine Teigreste daran haften, ist der Kuchen fertig.

Als Frühstück oder Imbiss zu Tee oder Kaffee servieren. In Plastikfolie gewickelt und im Kühlschrank aufbewahrt, bleibt der Kuchen drei bis vier Tage frisch.

Butter (Zimmertemperatur) für die Form
3 Eier, Eigelb und Eiweiß jeweils getrennt
300 g feinster Zucker
300 g Ricotta
Saft und Schale von 1 Bio-Zitrone
300 g Mehl
1½ TL Backpulver
3 EL Milch (mehr oder weniger)

TIPP

Weil dieses Rezept weder Butter noch Öl vorsieht und der Ricotta daher die einzige Quelle von Fett ist, sollte man einen Ricotta mit unvermindertem Fettgehalt verwenden. Schafsmilchricotta ist dem aus Kuhmilch hergestellten vorzuziehen, da er aromatischer – und für die Maremma auch traditioneller – ist. Versuchen Sie, möglichst sehr frischen Ricotta zu bekommen, der nach alter Art, das heißt mit Molke, hergestellt wurde und der so fest ist, dass er nach dem Stürzen aus der Verpackung seine Form behält.

TORTA DI MELE E MARMELLATA
APFEL-KONFITÜREN-KUCHEN

Dieser luftige, buttrige Kuchen mit Apfelstückchen und Aprikosen-konfitüre ist praktisch ein aufgehübschter Rührkuchen. Zu diesem Rezept inspirierte mich ein Kuchen, den ich mir sehr oft bei *Il Forno del Porto* kaufte, meiner Bäckerei in Porto Ercole, weil ich ihm einfach nicht widerstehen konnte.

Dieser Kuchen ist sehr anpassungsfähig: Man darf mit den Zutaten experimentieren. Häufig ersetze ich einen Teil des Mehls durch Maisgrieß für Polenta, um einen rustikalen Kuchen mit leckerer Kruste zu erhalten. Man kann die Apfelstückchen auch weglassen oder stattdessen andere klein geschnittene Früchte nehmen, wie zum Beispiel Birnen, Aprikosen, Pflaumen oder Beeren. Beim Schlagen der Eier sollte man sich Mühe geben, denn sie allein sind es, die den Kuchen so fluffig machen. Es wird kein Backpulver oder anderes Backtriebmittel verwendet.

FÜR 1 KUCHEN, 8 PORTIONEN

Den Backofen auf 170 °C vorheizen. Eine Kastenform mit den Maßen 11 x 26 Zentimeter einfetten und mit Backpapier auslegen.

Mit einem Handrührgerät die Butter und den Zucker zusammen mit der abgeriebenen Zitronenschale schaumig rühren, um eine blassgelbe Creme zu erhalten. Die Eier nacheinander hineinschlagen und gründlich einrühren. Wenn alle Eier in der Masse sind, diese ca. 7 Minuten weiterschlagen, bis sie sehr, sehr schaumig ist.

Das Mehl behutsam unterheben, bis alles miteinander vermengt ist. Den Teig in die Kastenform füllen, die Apfelstücke darüberstreuen und die Mischung mit einem Buttermesser durchrühren, um die Apfelstücke zu verteilen. Die Oberfläche glätten und sodann die Konfitüre in einem Streifen mittig auf den Teig geben. Mit einem (sauberen!) Messer senkrecht 2–3 Zentimeter tief in den Teig einstechen, um die Konfitüre in einem Zickzackmuster in den Teig zu drücken.

Ca. 1 Stunde backen, bis der Kuchen oben goldbraun ist und ein in die Mitte eingestochener Holzspieß beim Rausziehen sauber bleibt. Wenn die Konfitüre oben auf dem Kuchen dunkel oder fest wird, den Kuchen lose mit einem Stück Alufolie abdecken. Den aus dem Backofen genommenen und abgekühlten Kuchen nach Belieben mit Puderzucker bestäuben.

In dicken Scheiben servieren. In Frischhaltefolie gewickelt und im Kühlschrank aufbewahrt, bleibt der Kuchen drei bis vier Tage frisch.

250 g Butter (Zimmertemperatur) plus etwas mehr zum Einfetten
250 g Zucker
Schale von 1 Bio-Zitrone
4 Eier (Zimmertemperatur)
250 g Mehl
1 Apfel, entkernt, geschält und in Würfeln
3 EL Aprikosenkonfitüre

Puderzucker zum Servieren (optional)

TIPP
Damit Butter und Eier Zimmertemperatur haben, lässt man sie mindestens 30 Minuten auf der Arbeitsfläche in der Küche stehen. Ich hacke die Butter gerne, wenn ich sie aus dem Kühlschrank nehme, damit sie sich rascher erwärmt. Wenn Sie vergessen haben, die Zutaten rechtzeitig aus dem Kühlschrank zu nehmen, füllen Sie eine Edelstahlschüssel mit sehr warmem Wasser und legen Sie die Eier 5 Minuten hinein.

CIAMBELLONE ALLE CASTAGNE
ESSKASTANIEN-GUGELHUPF

Überall wo Esskastanien gedeihen, dachten sich die Menschen seit jeher die unterschiedlichsten Verwendungsmöglichkeiten für die nahrhaften Früchte aus. Sie zu Mehl zu mahlen ermöglichte es, Vorräte für den Winter anzulegen. Der *castagnaccio* (siehe Seite 216) ist das in der Toskana bekannteste Gebäck aus Esskastanienmehl, doch kann man aus diesem Mehl auch anderes Gebäck und sogar Nudeln herstellen. Für Kuchen sollte man es allerdings mit Weizenmehl mischen, da das Esskastanienmehl keinerlei Gluten enthält und gebacken eine sehr dichte Textur hat.

Den folgenden ringförmigen Kuchen nennt man auch *Ciambellone dell'Amiata*, wenn die Esskastanien für das Mehl vom Monte Amiata stammen, einem erloschenen Vulkan. Die Esskastanien dieser Gegend wurden sogar mit dem Gütesiegel IGP (Geschützte geografische Angabe) ausgezeichnet. Der Rosmaringuss ist meine selbst erfundene Ergänzung für diesen ansonsten traditionellen Kuchen. Er verleiht dem Kuchen das besondere Etwas, und ich mag es sehr gerne, wenn toskanisches Brot und Gebäck nach Rosmarin schmecken.

FÜR 1 KUCHEN, 10 PORTIONEN

Den Backofen auf 170 °C vorheizen. Eine Gugelhupfform mit 25 Zentimeter Durchmesser mit geschmolzener Butter oder mit Olivenöl einfetten. Etwas Mehl hineingeben und die Form so schütteln, dass sich am Boden und den Wänden eine feine Mehlschicht bildet. Beiseitestellen.

Mit einem Handrührgerät die Butter und den Zucker mit der geriebenen Orangenschale zu einer Creme schlagen. Die Eier nacheinander hineingeben und gründlich einrühren.

Das Mehl und das Backpulver in einer Schüssel mischen und behutsam unter die Teigmasse heben. Zwischendurch nach und nach die Milch zugießen, bis alles gut vermengt ist. Nach Belieben den Rum zugeben und vorsichtig unterheben. Den Teig in die Form gießen.

Im Backofen ca. 30 Minuten backen, bis der Kuchen oben goldbraun ist und ein in die Mitte eingestochener Holzspieß beim Herausziehen sauber bleibt. Den Kuchen aus dem Backofen nehmen und in der Form abkühlen lassen, bevor er auf einen Teller gestürzt wird. Vor dem Servieren nach Belieben mit dem folgenden Zuckerguss garnieren: Dazu die Rosmarinnadeln im Mörser mit dem Puderzucker vermengen. In die Mischung gerade so viel warmes Wasser (ca. 2 Teelöffel) einrühren, dass ein flüssiger Guss entsteht. Den Guss über den Kuchen träufeln.

FÜR DEN TEIG:

150 g Butter (Zimmertemperatur) plus etwas mehr zum Einfetten
250 g Weizenmehl plus etwas mehr zum Bestäuben
200 g Zucker
Schale von 1 Bio-Orange
4 Eier (Zimmertemperatur)
150 g Esskastanienmehl, gesiebt
1½ TL Backpulver
125 ml Milch
2 EL Rum (optional)

FÜR DIE GLASUR:

1 EL Rosmarinnadeln
50 g Puderzucker, gesiebt
2 EL warmes Wasser

ALTERNATIVE ZUTATEN

Anstelle der Butter kann man auch 125 Milliliter Olivenöl verwenden und Zitronenschale anstelle der Orangenschale. Die Milch lässt sich durch Wasser ersetzen, wenn man einen laktosefreien Kuchen backen möchte. Anstatt mit Rum kann man den Teig auch mit Weinbrand oder einem Anislikör aufpeppen oder aber den Alkohol ganz weglassen.

TRONCO AL CIOCCOLATO
BISKUITROLLE MIT SCHOKOFÜLLUNG

Tronco ist ein an der toskanischen Küste sehr beliebtes Gebäck, das man auch im Norden der Maremma kennt. Wörtlich übersetzt bedeutet es „Baumstamm", und nahezu immer wird der Biskuit mit Alchermes rosa gefärbt und mit einer Schokoladencreme oder sogar mit einem Schoko-Haselnuss-Brotaufstrich gefüllt. Letztere Füllung ist mir zu süß und schwer, und deshalb esse ich den *tronco* lieber mit einer selbst gemachten Creme aus dunkler Schokolade.

Dieses Rezept für Biskuitteig habe ich von meiner Freundin Emma Gardner übernommen und leicht vereinfacht. Ich backe den *tronco* gerne zu Weihnachten. Dann verdopple ich die Zutatenmengen und mache einen riesigen „Baumstamm", der eine Rinde aus Schoko-glasur bekommt. Darüber zerkrümelte Baisers ersetzen den Schnee, kandierte Rosmarinzweige die Tannenzweige.

FÜR 1 BISKUITROLLE, 6 PORTIONEN

Für die Creme die dunkle Schokolade entweder in der Mikrowelle oder im Wasserbad schmelzen.

Mit einem elektrischen Handrührgerät die Eigelbe und den Zucker zu einer Creme verarbeiten. Die Stärke einrühren. Die Mischung in einen Topf geben, bei niedriger Temperatur erwärmen und nach und nach die Milch zugießen. (Wenn die niedrigste Einstellung des Herds immer noch zu heiß ist, im Wasserbad erwärmen, damit das Eigelb nicht stockt.) Dabei ununterbrochen mit einem Holzlöffel oder Silikonspatel umrühren, bis die Mischung glatt und dick wird und den Löffelrücken überzieht (ca. 10 Minuten). Vom Herd nehmen und die geschmolzene Schokolade einrühren. Sobald die Creme glatt und gut durchgemischt ist, schnell abkühlen. Dazu in einen flachen Behälter wie zum Beispiel ein Backblech gießen. Frischhalte-folie unmittelbar auf die Oberfläche der Creme legen, damit sich keine Haut bildet. Bis zur weiteren Verwendung im Kühlschrank aufbewahren.

Den Backofen auf 160 °C vorheizen und ein Backblech mit den Maßen 23 x 33 Zentimeter mit Backpapier auslegen.

Für den Biskuitteig die Stärke und das Mehl sieben. Eigelbe und Eiweiß in zwei separate Rührschüsseln geben. Mit dem Rührgerät die Eigelbe und den Zucker bis zu 10 Minuten schlagen, bis die Masse cremig wird. Die Besen des Rührgeräts gründlich reinigen, anschließend damit das Eiweiß steif schlagen. Die Hälfte des Eiweißes und die Hälfte der Mehl-Stärke-Mischung behutsam unter die Eigelbmasse heben. Mit dem restlichen Eiweiß und der restlichen Mehl-Stärke-Mischung ebenso verfahren.

FÜR DIE SCHOKOLADENCREME:
100 g dunkle Schokolade
(70 % Kakaoanteil)
2 Eigelb
60 g feinster Zucker
1 EL Maisstärke, gesiebt
250 ml warme Milch

FÜR DEN BISKUITTEIG:
50 g Maisstärke oder
Speisestärke
50 g Mehl
3 Eier, Eiweiß und Eigelb getrennt
100 g feinster Zucker plus etwas
mehr zum Verarbeiten

125 ml Alchermes

Puderzucker zum Bestäuben

TIPP
Sobald sich in der Schokoladen-creme Klümpchen bilden, den Topf vom Herd nehmen und kräftig durchrühren. Man kann die Creme auch nach dem Kochen durch ein feines Sieb filtern.

Fortsetzung folgende Seite >

Den Teig auf das mit Backpapier ausgelegte Blech gießen. Der Teig sollte darauf ca. 1 Zentimeter hoch stehen. Im Backofen 10–12 Minuten backen, bis die Oberseite blassgoldgelb und elastisch ist.

Den Biskuit aus dem Ofen nehmen und so weit abkühlen lassen, dass man ihn anfassen kann – er sollte bei der weiteren Verarbeitung aber immer noch warm sein. Ein großes Stück Frischhaltefolie auf der Arbeitsfläche ausbreiten und mit feinstem Zucker bestreuen (damit der Biskuit nicht an der Folie kleben bleibt). Den Biskuit vorsichtig auf die Folie stürzen und das Backpapier entfernen. Mit einem Brotmesser die Kanten gerade ab- schneiden, damit sie später beim Rollen nicht einreißen. Mit einem Back- pinsel die Oberseite der Biskuitplatte (die spätere Innenseite der Rolle) gleichmäßig mit Alchermes bestreichen, siehe unten. Damit sich der Biskuit leuchtend pink färbt, können mehrere „Anstriche" notwendig sein. Die abgekühlte Schokoladencreme aus dem Kühlschrank nehmen und groß- zügig auf dem Biskuitteig verteilen, sodass die Schokoladenschicht ca. 1,5 Zentimeter dick ist, dabei einen 1 Zentimeter breiten freien umlaufen- den Rand lassen.

Beim Rollen geht man ähnlich vor wie beim Rollen von Sushi. Am kniff- ligsten ist der Anfang, danach geht es vor allem darum, im richtigen Maß Druck auszuüben, denn die Rolle soll nicht zu fest, aber auch nicht zu lose gerollt sein. Man hebt dazu einen der kurzen Ränder der Biskuitplatte mithilfe der Folie an, rollt die komplette Biskuitplatte fest zusammen und fixiert sie, indem man sie ganz in die Folie einrollt. Im Kühlschrank 1 Stunde oder über Nacht kühlen und ruhen lassen.

Anschließend die Folie vorsichtig entfernen, die Oberseite der Rolle mit Puderzucker bestäuben und in dicken Scheiben servieren.

ALTERNATIVE ZUTATEN

Anstelle von Alchermes können Sie auch einen selbst gemachten alkoholischen Sirup verwenden. Dazu 125 Milliliter Wasser mit 125 Gramm Zucker zum Kochen bringen und bei niedriger Hitze 10 Minuten köcheln lassen. Vom Herd nehmen und 2 Esslöffel Rum (oder ein anderes alkoholisches Getränk) einrühren. Aromatischer wird der Sirup, wenn man der kö- chelnden Wasser-Zucker-Mischung ein Stück Schale einer Bio-Orange zugibt. Für eine alkoholfreie Bis- kuitrolle lässt man den Rum weg und kocht einen reinen Zucker- wassersirup. Die Teigplatte wird mit diesem Sirup bestrichen, damit sie sich leichter rollen lässt und danach ihre Form behält.

ALCHERMES

Alchermes ist ein scharlachroter Likör, den es seit der Renaissance gibt und der beinahe ausschließlich dazu verwendet wird, Gebäck rot zu färben, wie zum Beispiel die Corolli rossi *(siehe Seite 206) oder auch* zucchotto *oder* zuppa inglese. *Den besten Alchermes erhält man in Florenz, in der historischen Apotheke der Kirche Santa Maria Novella, wo er seit Jahrhunderten von den Mönchen hergestellt wird. Er enthält unter anderem Zimt, Vanille, Nelken und Muskatnuss und besitzt heilkräftige Wirkung. Deshalb wurde er lange Zeit als wahres Lebenselixier angesehen und als Mittel gegen Herzrhythmusstörungen und Masern eingenommen. Seine rote Farbe verdankt dieser Likör dem Farbstoff Kermes, der aus getrock- neten roten Blattläusen gewonnen wird.*

FICHI CANDITI
KARAMELLISIERTE FEIGEN

Dies ist eine köstliche und elegante Methode, um frische Feigen zu verwerten. Die ganzen Feigen in Sirup erinnern geschmacklich ein bisschen an Feigenkonfitüre, sind aber nicht so extrem süß und sehen ganz belassen auch viel hübscher aus.

Durch das Kochen werden die Feigen weich und formbar. Der Zucker karamellisiert und die Feigen geben ihren Saft ab, sodass sie allmählich von Sirup bedeckt werden. Schließlich durchdringt der Sirup die Feigen und sie verändern ihre Farbe, werden glänzend und dunkel. Wenn man sie dann aufschneidet, quillt eine Art Konfitüre heraus.

Karamellisierte Feigen passen hervorragend als besondere Delikatesse auf eine Käseplatte. Man kann sie aber auch mit gutem frischem Ricotta oder Naturjoghurt essen oder einfach pur genießen. Wer will, kann dem Sirup, sobald dieser vom Herd genommen ist, auch etwas Cognac oder Weinbrand zugeben.

In der südlichen Toskana sind vor allem die grünen Feigen verbreitet, doch eignen sich für dieses Rezept frische Feigen jeder beliebigen Sorte. Vergewissern Sie sich nur, dass die Früchte nicht überreif oder aufgeplatzt sind und keine Druckstellen aufweisen. Man kann hierfür auch leicht unreife Feigen nehmen, die beim Kochen eher ihre Form behalten.

FÜR 2 GLÄSER ZU JE 250 MILLILITER INHALT

Am Vorabend die Feigen gründlich abspülen und dicht an dicht mit der Unterseite nach unten in einer einzigen Schicht in einen Kochtopf mit dickem Boden stellen. Sollte es notwendig sein, die Feigen in zwei Schichten aufzustellen, muss dafür gesorgt werden, dass sie alle aufrecht stehen. Die Zitrone mit einem Gemüseschäler abschälen und die Schalenstreifen mit in den Topf geben. Den Zucker über die Feigen streuen und den Topf über Nacht an einen kühlen Ort stellen.

Am folgenden Tag den Topf bei niedriger Temperatur erhitzen und die Feigen langsam und ohne umzurühren köcheln lassen. Nach ca. 20 Minuten beginnen die Feigen, weich zu werden. Falls sie in zwei Lagen stehen, kann nun behutsam mit einem großen Löffel versucht werden, sie in eine Lage zu bringen – dabei sollten sie aber weiterhin aufrecht stehen und dürfen nicht beschädigt werden.

Weiter köcheln lassen, bis die Feigen von Sirup bedeckt sind. Fertig gegart sollten sie einschließlich des Stängels gleichmäßig weich und karamell-

1 kg frische Feigen
1 Bio-Zitrone
200 g Zucker
etwas Cognac oder Weinbrand
(optional)

Fortsetzung folgende Seiten >

farben sein, der Sirup sollte nun beim Köcheln große Blasen werfen. Die Kochzeit hängt von Sorte, Schalendicke und Reifegrad der Feigen ab und kann bis zu einer Stunde dauern.

Die kochend heißen Feigen einzeln mit einem Löffel herausheben und in saubere, sterilisierte Gläser geben (zum Sterilisieren von Gläsern siehe Seite 137). Falls Alkohol verwendet werden soll, wird er jetzt in den Sirup eingerührt. Anschließend den Sirup über die Feigen gießen, sodass diese ganz bedeckt sind – der Sirup sollte bis 5 Millimeter unterhalb des Glasrandes stehen. Die Gläser fest verschließen, aber nicht auf den Kopf stellen oder zum Versiegeln abkochen. Auf der Arbeitsfläche stehen lassen, bis sie vollständig abgekühlt sind. Im Kühlschrank aufbewahren.

Im versiegelten Glas halten sich die karamellisierten Feigen mehrere Monate lang. Nach dem Öffnen im Kühlschrank aufbewahren und innerhalb einer Woche verbrauchen.

RICOTTA AL CAFFÈ
RICOTTACREME MIT ESPRESSO

Mitten in einem sehr heißen Sommer, in einer Zeit, als mein Backofen nicht funktionierte und meine zweijährige Tochter viel Aufmerksamkeit einforderte, musste ich einmal spontan einen Nachtisch herbeizaubern, als Abschluss eines Essens mit Freunden. In Elizabeth Davids Kochbuch *Italian Food* (1954) fand ich ein sehr ansprechendes Rezept für einen leicht gesüßten Ricotta, in den ein Spritzer Rum sowie ein Löffel Kaffeesatz eingerührt wurde. Die Autorin empfahl, diesen Nachtisch mit Schlagsahne und dünnen Keksen zu servieren (mir schmecken dazu am besten *lingue di gatto* oder Katzenzungen-Kekse). Aufgrund des Rums und des Koffeingehalts ist dieses Dessert eine Art *tiramisù* für Faule. Gut gekühlt in kleinen Gläsern serviert, stellt es einen eleganten und überraschend leichten Abschluss einer Mahlzeit dar.

Ich habe es seither oft gemacht und mit der Zeit ein wenig verfeinert. Anstelle von Kaffeesatz gebe ich einen Schuss Espresso hinein. Das Kaffeearoma ist dadurch milder und man bekommt keinen Koffeinschock. Manchmal hebe ich die Schlagsahne direkt unter den Ricotta – und erhalte so eine wolkenleichte Creme. Um kleine Minitörtchen zu erhalten, fülle ich die Gläser abwechselnd mit Schichten aus Keksstückchen, Ricotta, Schlagsahne und Schokolade.

FÜR 4 PORTIONEN

Den Ricotta mit einem Schneebesen schaumig schlagen. (Falls die für den Ricotta typischen Klümpchen unerwünscht sind, kann man ihn vor dem Schlagen mit einem Silikonspatel durch ein Sieb streichen.) Den Zucker, den Espresso und (nach Belieben) den Rum zugeben und weiterschlagen, bis die Creme glatt und alles gut vermischt ist.

Die Kekse zerkrümeln und die Hälfte der Bröckchen auf die Gläser verteilen. Die Hälfte der Ricottamischung darübergeben. Darüber wieder eine Schicht Keksbröckchen verteilen, sodann die restliche Ricottamischung hinzugeben. Vor dem Servieren 1 Stunde im Kühlschrank kalt stellen. Jedes Glas mit einem Klecks Schlagsahne garnieren, mit der dunklen Schokolade bestreuen und servieren.

250 g frischer Ricotta

80 g feinster Zucker

2 EL starker Espresso

1 Spritzer Rum (optional)

100 g Kekse (ca. 8 Stück) wie zum Beispiel Löffelbiskuits

100 ml Sahne, halbsteif geschlagen

20 g dunkle Schokolade, gerieben oder in Spänen, zum Servieren

TIPP

Dieses Dessert sollte vor dem Servieren mindestens 1 Stunde im Kühlschrank gekühlt werden. Ich bereite es lieber am Vorabend zu, schlage die Sahne aber erst kurz vor dem Servieren.

ALTERNATIVE ZUTATEN

Man kann diese Ricottacreme auch zu ciaffagnoni *(siehe Seite 179) reichen, indem man einen großen Klecks Ricottacreme auf die abgekühlte Crêpe gibt und diese sodann zusammenfaltet.*

GRANITA AL MELONE
MELONEN-GRANITA

Die Sommertage in der Toskana sind lang. Wer kann, sucht die frischeren Bergregionen auf oder verbringt die heißeste Zeit des Jahres am Meer.

Eine weitere Strategie, um gegen die Sommerhitze anzukämpfen, besteht darin, möglichst viel Eis in Form von *gelato* und *granita* zu sich zu nehmen. An den warmen Nachmittagen und Abenden können Eismachen und Eisessen zu sinnvollen Hobbys werden. Während unserer Zeit in Porto Ercole begeisterte ich mich zunehmend für die Herstellung von *granita*, die sogar in einer Ferienhausküche ohne Hightechgeräte gelingt. Außerdem beträgt die reine Zubereitungszeit nur ein paar Minuten.

In Capalbio werden Unmengen von *meloni* (Cantaloupe-Melonen) angeboten, und es sind die wohl süßesten, aromatischsten und köstlichsten Melonen, die ich jemals kennengelernt habe. Ich esse sie den ganzen Sommer über und lagere sie im Kühlschrank, um aus Melonenscheiben und dem würzigen toskanischen *prosciutto* blitzschnelle und leichte Mittagessen oder Vorspeisen zu zaubern. Eine *granita* ist eine Eisspezialität, die man sich wie ein Mittelding zwischen Sorbet und Slush-Eis vorstellen kann. Besonders erfrischend ist eine *Granita al melone* – umso mehr, wenn man ihr einen Hauch Chili beigibt, den man nach jedem Mundvoll nur ein paar Sekunden lang spürt. Ich hatte dieses Geschmackserlebnis zum ersten Mal in einem Restaurant auf Elba und gebe der Mischung, bevor ich sie einfriere, seither gerne eine Prise Chilipulver zu.

FÜR 6 PORTIONEN

Den Zucker in einem kleinen Topf bei niedriger bis mittlerer Hitze in ca. 125 Milliliter Wasser auflösen und kurz aufkochen. Vom Herd nehmen und vollständig abkühlen lassen.

Das Fruchtfleisch der Melone grob hacken. In einem Mixer oder mit einer Flotten Lotte (Passiergerät) pürieren. Das Melonenpüree in einen Behälter geben, der in Ihr Eisfach passt, und den Zitronensaft und den abgekühlten Zuckersirup einrühren. Den Behälter mit einem Deckel verschließen oder aber gut in Frischhaltefolie verpacken. Dann den Behälter ins Eisfach stellen und 4–6 Stunden gefrieren lassen. Zwischendurch einmal pro Stunde mit einer Gabel gut durchrühren, insbesondere an den Rändern, weil die Masse dort zuerst gefriert. Die *granita* ist fertig, wenn sie eine cremige, gefrorene Konsistenz aufweist. In kleinen Gläsern mit einem Löffel oder Strohhalm servieren.

150 g Zucker
500–600 g Cantaloupe-Melone, ohne Schale und Kerne
Saft von 1 Zitrone

TIPP
Überlegen Sie gut, welchen Behälter Sie wählen. Natürlich muss er in Ihr Eisfach passen, doch wenn Sie die Mischung in eine breite, flache Form geben, wie zum Beispiel eine breite Auflaufform, dann friert sie schneller als in einem hohen, schmalen Gefäß.

Falls Sie die granita zu lange im Eisfach gelassen haben und sie zu einem kompakten Block gefroren ist, kratzen Sie mit einer Gabel Eisspäne heraus. Geben Sie die Eisspäne in Gläser und rühren Sie vor dem Servieren kurz um. Sie können auf die beschriebene Art auch eine Erdbeer- oder Kirsch-Granita zubereiten.

DIE INSEL GIGLIO

Die Insel Giglio ist liegt nur eine Stunde mit der Fähre vom Monte Argentario entfernt. Die kleine, von kristallklarem Wasser umgebene Granitinsel blickt auf eine sehr alte und aufgrund ihrer strategisch wichtigen Lage auch sehr turbulente Geschichte zurück. Immer wieder wurde sie von Piraten geplündert, immer wieder wechselten ihre Besitzer: Mal gehörte sie dem Stadtstaat Pisa, mal Neapel und dann wieder den Piccolomini aus Siena, die Giglio wiederum an Eleonora von Toledo verkauften, die Gattin von Cosimo I. de' Medici. Inzwischen ist jedoch Ruhe eingekehrt, zumindest drei Viertel des Jahres über. Denn im Sommer kommen die Badegäste, die von den schönen Sandstränden begeistert sind.

Giglio ist auch für seinen Weißwein der Sorte Ansonaco bekannt. Zum ersten Mal trank ich ihn bei einem für mich unvergesslichen Besuch im Weingut Altura, dessen historische Weingärten terrassenförmig über dem Meer angeordnet sind. Vor knapp 20 Jahren wurde das über lange Zeit verlassene Weingut von Francesco Carfagna gerettet und wiederbelebt. Wir besuchten es an einem heißen Spätsommertag, als unter wolkenlosem Himmel die *vendemmia* (Weinlese) stattfand. Die Trauben werden von Hand gepflückt und die gefüllten Kisten auf starken Schultern die steilen Felspfade hochgetragen. Autos fahren die Trauben dann zur Kelterei des Guts, wo sie sofort gepresst werden.

Hier, hoch über dem Archipel, entsteht der goldgelbe bis bernsteinfarbene Ansonaco, der mitunter auf natürliche Weise zu einem Perlwein wird.

MARMELLATA DI UVA ANSONICA
WEINTRAUBENGELEE

Auf den Märkten der Silberküste werden die Weintrauben der Sorte Ansonica im September buchstäblich kistenweise verkauft. Wenn die Trauben an den Markt- und Straßenständen nur noch einen Euro pro Kilo kosten, wissen wir, dass die *vendemmia* (Weinlese) in vollem Gang ist.

Als ich das erste Mal vor diesen Bergen von blassgelbgrünen, ins Kupferfarbene spielenden Weintrauben stand, konnte ich nicht widerstehen und erstand gleich mehrere Kilo auf einmal. Wein keltern kann ich zwar nicht, dachte ich, aber dafür kann ich Gelee zubereiten. Und tatsächlich war das Ergebnis ein wunderbar festes und intensiv duftendes Gelee von überraschend rostroter Farbe, das an Quittenpaste erinnerte. Es schmeckt köstlich zu Käse, besonders zu frischen Sorten wie Schafs-Frischkäse oder auch zu pikantem Blauschimmelkäse.

Die Herstellung von Gelee ausschließlich aus Trauben hat in Mittelitalien Tradition, und ich koche selbst am liebsten ganz ohne Zucker. Das ist jedoch etwas schwierig – wer es sich vereinfachen möchte, nimmt eben Zucker hinzu, wodurch sich die Gelee-Menge insgesamt erhöht. Ich beschreibe hier beide Methoden. Das Einkochen des Safts ist das Kniffligste daran. Es ist ein bisschen so, wie wenn man aus Zucker Karamell macht: Man darf den Kochtopf praktisch nicht aus den Augen lassen. Als ich einmal abgelenkt war, wurde das Gelee so fest, dass ich es nicht einmal in Stücke schneiden konnte. Man hätte daraus Flummis schnitzen können.

FÜR CA. 2 GLÄSER ZU JE 250 MILLILITER INHALT

1 kg Ansonica-Trauben (oder Weintrauben einer anderen Sorte)
100 g Zucker

Die Trauben waschen, die Weinbeeren von den Trauben pflücken und die an ihnen verbliebenen Stängel entfernen (einzelne Stängel kann man auch später noch abpflücken). Ohne die Weinbeeren trocken zu tupfen, in einen großen Kochtopf mit dickem Boden geben und bei niedriger Temperatur erhitzen. Infolge der Hitze beginnt der Saft zu entweichen, sodass die Weinbeeren bald von Flüssigkeit bedeckt sind. Allerdings muss man dabei ständig umrühren, damit keine Beeren am Topfboden anbrennen. Sobald der Saft herausgekocht ist, kann man mit dem Rühren aufhören und die Weinbeeren ca. 20 Minuten köcheln lassen, bis sie alle weich sind.

Fortsetzung folgende Seiten >

Die Weinbeeren und ihren Saft portionsweise in ein über eine große Schüssel gelegtes feinmaschiges Sieb geben. Mit einem Holzlöffel die Weinbeeren im Sieb zerdrücken, um Fruchtfleisch und Saft von Schalen und Kernen zu trennen. Es kann dafür auch eine Flotte Lotte (Passiermaschine) verwendet werden, sofern sie die Kerne nicht zerdrückt, denn diese würden das Gelee bitter machen.

Den Saft zurück in den Topf geben, den Zucker zufügen und bei hoher Temperatur zum wallenden Kochen bringen und weiterkochen lassen, bis der Saft glänzend und kupferfarben geworden ist. Bereits nach 10–15 Minuten erhält man einen Traubensaft, der zu einer weichen Masse geliert. Um zu prüfen, ob das Gelee fertig ist, einen Löffel Traubensaft auf eine zuvor im Eisfach gekühlte Untertasse geben und beobachten, wie sich die Masse verhält: Geliert sie nach kurzer Zeit und schlägt sie bei Berührung Falten, ist die Konsistenz perfekt. Um zu prüfen, wie fest die Masse ist, können Sie die Untertasse auch leicht neigen.

Den Kochtopf vom Herd nehmen und die Masse vorsichtig in zuvor sterilisierte Gläser gießen (zum Sterilisieren siehe Seite 137).

In korrekt versiegelten, ungeöffneten Gläsern hält sich das Gelee mehrere Monate lang. Geöffnete Gläser im Kühlschrank aufbewahren und innerhalb von zwei Wochen verbrauchen.

1 kg Ansonica-Trauben
  (oder Weintrauben einer
  anderen Sorte)

ZWEITE (ZUCKERFREIE) METHODE

Man kann dieses sehr aromatische Gelee genauso verwenden wie jedes andere. Ich reiche es jedoch am liebsten zu Käse.

FÜR CA. 1 GLAS ZU 150 MILLILITER INHALT

Die Weinbeeren gemäß der Anleitung der ersten Methode verarbeiten, jedoch ohne Zuckerzugabe.

Nach dem Streichen durch das Sieb den Saft wieder in den Topf gießen und wallend kochen lassen, bis der Saft geliert ist. Das dauert länger als bei der ersten Methode. Ob das Gelee fertig ist, erkennt man am besten an der Farbe. Wenn man den Saft nach dem Sieben in den Topf zurückgießt, ist er trüb und pastell-pfirsichfarben mit einem Stich ins Grünliche – ähnlich einem trüben Apfelsaft. Beim Kochen verfärbt er sich ins Rostrot-Orange-rote. Allmählich wird er dann dunkler, die erwünschte Farbe ist rostig-rosig, beinahe honigfarben. Tendiert er zu Mahagonibraun, dann ist er zu lange auf dem Herd geblieben. Mithilfe des beschriebenen Untertassentests prüft man, ob das Gelee lange genug gekocht hat.

Den Kochtopf vom Herd nehmen und die Masse vorsichtig in zuvor sterilisierte Gläser gießen (zum Sterilisieren siehe Seite 137).

In korrekt versiegelten, ungeöffneten Gläsern hält sich das Gelee mehrere Monate lang. Geöffnete Gläser im Kühlschrank aufbewahren und innerhalb von zwei Wochen verbrauchen.

VARIANTEN

Mit diesem zuckerfreien Rezept kann man aus praktisch allen weißen Weintrauben Gelee herstellen, erhält jedoch vermutlich je nach Sorte andere Färbungen und Verfärbungen des Safts. Mit roten Weintrauben geht es noch leichter, weil man dafür weder die Schalen noch die Kerne heraussieben muss. Zumindest Italiener schätzen die Kerne in dem Gelee, weil sie ihm mehr Textur und Biss verleihen. Mit Kernen und Schalen entsteht ein eher stückiges Gelee.

DIE WEINE DER SÜDLICHEN MAREMMA

ASONICA COSTA DELL'ARGENTARIO DOC

Ansonica, auch Ansonaco, ist außerhalb der Toskana wohl eher als die aus Sizilien stammende Traubensorte Inzolia bekannt, aus der man im westlichen Sizilien Marsala keltert. Über Sardinien gelang die Rebsorte früher einmal nach Elba und später auch nach Giglio und in den Argentario. Mit einem Anteil von 85 % ist sie Hauptbestandteil des Ansonica Costa dell'Argentario DOC, einem trockenen, zart aromatischen und goldgelben Weißwein mit lebhafter Säure, der auf Giglio und in der Region des Monte Argentario produziert wird. Er passt perfekt zu den unkomplizierten, traditionellen Fischgerichten der Gegend. Die Traubensorte ist auch ein Bestandteil von Parrina Bianco.

BIANCO DI PITIGLIANO DOC

Dieser Wein stammt aus einem großen Anbaugebiet, das Pitigliano und Sorano mit einschließt und sich bis nach Marciano und Scansano erstreckt. Dieser Wein zählt zu den ersten, die 1966 DOC-Status erhielten. Er besteht überwiegend aus toskanischen Trebbiano-Trauben (50–80 %) sowie aus einer Mischung anderer Sorten, darunter Malvasia Bianco, Verdello, Greco, Riesling, Sauvignon Blanc und Chardonnay. Er eignet sich gut als *aperitivo* oder als Begleitung zu Antipasti, Meeresfrüchten, Fisch und weißem Fleisch. Die historische Winzerkooperative *La Cantina Cooperativa di Pitigliano* produziert unter dem Label *La Piccola Gerusalemme* eine weiße und eine rote koschere Variante.

CAPALBIO DOC

Die Weinproduktion hat in dieser Gegend seit etruskischen und römischen Zeiten Tradition. Das Anbaugebiet von Capalbio DOC erstreckt sich von Capalbio in Grosseto bis in die benachbarten Gemeinden Orbetello, Manciano und Magliano. Produziert werden verschiedene Weine, darunter Capalbio Rosso und Rosé (beide mit 50 % Sangiovese), Capalbio Bianco und ein dunkel honigfarbener Vin Santo (beide zu 50 % aus Trebbiano). Außerdem gibt es noch die Weine Capalbio Sangiovese, Capalbio Cabernet Sauvignon und Capalbio Vermentino, die mit mindestens 85 % der namensgebenden Traubensorten hergestellt werden. Der aus Trebbiano-Trauben gekelterte Capalbio Bianco passt ideal zu Wildpilzen, wie man sie für *Pappardelle sui funghi* (siehe Seite 30) verwendet.

MORELLINO DI SCANSANO DOC

Dieser Maremma-Wein wird in Scansano und den küstennahen Regionen um Grosseto und Magliano sowie im Hinterland um Roccalbegna, Semproniano, Campagnatico und Manciano aus Weintrauben produziert, die zwischen den Flüssen Ombrone und Albegna angebaut werden. Morellino ist der lokale Name für Sangiovese – der Traubensorte, die einen Anteil von 85 % in diesem kräftigen Rotwein hat. Manche leiten den Namen von *morello* ab, einer dunklen und säuerlichen Kirschsorte, deren Geschmack an den der Sangiovese-Trauben erinnert. Morellino di Scansano passt, besonders wenn er jung und noch nicht in Holzfässern gereift ist, gut zu einem herzhaften Fischeintopf wie dem *caldaro* (siehe Seite 110). Die gereifte Riserva schmeckt zu einem Wildgericht wie *Cinghiale in umido* (siehe Seite 52).

PARRINA DOC

Unweit von Orbetello liegt das Bio-Gut *La Parrina*, wo der gleichnamige Wein produziert wird. Parrina Bianco ist das bekannteste Produkt dieser DOC-Region: Er wird zu 30–50 % aus Trebbiano-Trauben und zu 30–50 % aus Ansonica und Chardonnay hergestellt. Es ist ein aromatischer trockener Weißwein, den man den ganzen Sommer über gerne trinkt – ein idealer Begleiter von kalten Gerichten, Fisch und Meeresfrüchten, Käse und sogar einer *Minestra di pesce* (siehe Seite 101). Parrina Rosso und Rosé bestehen zu 70–100 % aus Sangiovese-Trauben. Ein junger und vielleicht auch noch gut gekühlter Parrina Rosso ist genau der richtige Wein zum Antipasto oder zu weißem Fleisch.

SOVANA DOC

Dieser in den Regionen von Pitigliano, Sorano und Manciano produzierte Rotwein besteht zu mindestens 50 % aus Sangiovese sowie aus einer Mischung anderer roter Traubensorten wie Aleatico, Merlot und Cabernet Sauvignon. Er passt gut zu Wildschwein (wie *Cinghiale in umido*, siehe Seite 52) oder anderem Wild.

LITERATUR

Als ich Rezepte recherchierte, entdeckte ich viele wundervolle Bücher, die interessante Informationen über die Küche der Toskana und der Maremma enthielten. Ich möchte meine Leser mit ihnen bekannt machen, weil die italienischen Bücher außerhalb der Toskana kaum bekannt sind, während man die anderssprachigen in Italien nur selten kennt.

Ich bin ständig auf der Suche nach Büchern über die Küche der Maremma. Es gibt nicht sehr viele davon, und die wenigen, die ich fand, sind meist auf Italienisch geschrieben und kleine lokale Broschüren ohne Abbildungen. Man bekommt sie fast nur in den Städten der Maremma und dort in Buch- und Zeitungsläden. Eine meiner ersten Aktionen nach unserem Umzug nach Porto Ercole bestand darin, im Zeitungsladen an der Hauptstraße nach einem Kochbuch mit lokalen Rezepten zu fragen. Der Verkäufer bot mir ein Buch mit dem Titel *Cucina italiana* an. Dasselbe passierte noch öfter. Offenbar herrschte eine gewisse Unklarheit darüber, was ich mit „lokalen Rezepten" meinte.

Cucina maremmana (1991) des toskanischen Journalisten Aldo Santini stellt eine ausgezeichnete Sammlung gut recherchierter Rezepte aus der Maremma dar, aus der auch die Unterschiede zwischen den einzelnen Städten (oder sogar den einzelnen Küchen) deutlich hervorgehen. Dieses Buch ist nur auf Italienisch erhältlich.

Ein allgemeiner gehaltenes Kochbuch, unter dessen 1 000 Rezepten auch solche aus der Maremma sind, ist Paolo Petronis *Il grande libro della vera cucina toscana* (2002). Unter dem Titel *Florenz und seine*

wahre Küche (2016) ist eine gekürzte Fassung auf Deutsch erhältlich.

Eines der faszinierendsten Bücher zum Thema ist Edda Servi Machlins *The Classic Cuisine of the Italian Jews* (1981). Das Kochbuch der im jüdischen Viertel von Pitigliano geborenen und dort aufgewachsenen Autorin bietet eine herrliche Mischung von Rezepten aus der jüdisch-italienischen und der römischen Küche sowie aus der Küche der Maremma. Ihre Schilderung des jüdischen Alltagslebens im Pitigliano der 1930er- und 1940er-Jahre, wie sie es vor ihrer Emigration kennenlernte, ist sehr bewegend. Das Buch ist nur auf Englisch erhältlich und derzeit leider vergriffen.

Wer Wildpilze sammeln möchte, sollte sich zuvor ein anschaulich illustriertes Bestimmungsbuch zulegen. In Italien verwende ich den *Atlante illustrato dei Funghi* (2013), der europäische Pilzarten abdeckt. Speziell über die Pilze der Toskana schrieb Andrea Gamannossi ein sympathisches Taschenbuch mit praktischen Tipps für das Sammeln und Zubereiten von Pilzen: *La Toscana dal bosco alla cucina* (2012). Ein sehr nützlicher Ratgeber über das Sammeln und Jagen im Allgemeinen, und im Besonderen an der Westküste der USA, ist Hank Shaws Kochbuch *Hunt, Gather, Cook* (2011) – interessant dazu ist auch sein Blog *Honest Food*. Vieles über das Sammeln von Blumen erfährt man aus *The Forager Handbook* (2009) von Miles Irving.

Alan Davidsons *Mediterranean Seafood* (1972) ist für jeden unentbehrlich, der sich für die Fische und Meeresfrüchte des Mittelmeers interessiert. Ebenfalls sehr nützlich sind *Italian Food* (1954) von Elizabeth David und *Honey from a Weed* (1986) von Patience Gray. Außerdem sind all diese Bücher auch sehr ansprechende Lektüren.

Zu den allgemeiner gehaltenen Büchern über die traditionelle italienische Küche zählt Ada Bonis *Il talismano della felicità* von 1927, von dem es gekürzte Fassungen auf Englisch gibt. Es ist vergleichbar mit Pellegrino Artusis 1891 erstmals erschienenem Kochbuch *La scienza in cucina e l'arte di mangiar bene*, das auch auf Deutsch erhältlich ist: *Die klassische Kochkunst Italiens* (2005). Beide Bücher stehen in meiner Küche, und obgleich sich die Anleitungen in historischen Büchern in einer modernen Küche nicht immer einfach umsetzen lassen, liefern sie mir doch wertvolle Anregungen.

WEITERE KOCHBÜCHER ÜBER DIE KÜCHE DER MAREMMA:

Baffigi, Lucia, und Brizzi, Lucia, *Isola del Giglio. Antiche ricette*, 2010

Barontini Corrado Innocenti, Margherita, und Vergari, Morbello, *Maremma a tavola*, 1984 (Deutsche Ausgabe: *Die Maremma bittet zu Tisch. Geschichten, Rezepte, Kuriositäten aus der traditionellen Küche der südlichen Toskana*, 2005)

Cantore, Susanna, *Cinghiale: Dalle stalle alle stelle ai tegami*, 2013

Claudi, Alvaro, und Rossi, Sergio, *Zuppe e stornelli*, 1991

Djoković, Milena, *Diverse sfumature d'anguilla*, 2014

Piazzesi, Paolo, *Cucina di Maremma*, 2003

Quatraro, Federico, *Il testamento del marinaio*, 2014

Rangoni, Laura, *La cucina toscana di mare*, 2015

Spargi, Claudia, *Quaderno delle ricette di Maremma raccolte alla tavola dei butteri*, 2009

REGISTER

DANKE

An Alessandra Olivari und Umberto Fanteria für ihre Freundschaft und Großzügigkeit, ihre Geschichten über das Fischen und das Pilzesuchen und für das Rezept für *pagnotella* von Alessandras *nonna* Quinta.

An Orestina Capozzi und Valeria Palombo aus Santo Stefano dafür, dass sie mir Familienrezepte verrieten.

An die wunderbare Ilena Donati, die ich eines Tages zufällig an Giannis Obst- und Gemüsestand bei Capalbio kennenlernte. Mit ihrem Wissen über die lokale Küche könnte sie ein eigenes Buch füllen. Ich danke auch Giulia Scarpaleggia, die zurückkam, um mich abzuholen.

An Elisa Costagliola vom familieneigenen Fischgeschäft *Da Ledo* in Porto Ercole und an das *Forno del Porto* dafür, dass sie uns laufend mit frischen Sardellen, Baisers und *pizzette bianche* versorgten, die eine Zweijährige glücklich machten.

An Francesco Carfagna und seine Familie auf der Insel Giglio.

An Katja Meyer, Freundin und Maremma-Fan, deren Geschichten über Saturnia und Tipps für den Giglio-Besuch sehr hilfreich waren.

An Marie Louis Scio und ihr schönes Hotel *Il Pellicano*.

An Valentina Di Virginio und Fabrizio D'Ascenzi vom Hotel-Restaurant *Acquaviva*, die einen ganzen Nachmittag damit verbrachten, mir die Kunst des Crêpes-Backens zu zeigen. Nein, pardon, nicht Crêpes, sonder *ciaffagnoni*.

An Clelia Andreini und Andrea Temperani, in deren wunderschönem *B&B Il Baciarino* in Vetulonia wir wohnen durften, als wir die Gerichte für dieses Buch kochten und fotografierten. Hier konnten wir noch einmal die Schönheit der Maremma genießen – den Anblick der friedvollen Hügel und des Meeres in der Ferne. Ich danke auch Andreas Familie dafür, dass wir auf ihrem Fischerboot mitfahren durften, und für den frischen Fisch.

Ich danke dem kompetenten Team, das half, meine Ideen für dieses Kochbuch umzusetzen. Mein Dank ergeht an

Lauren Bamford, die ich beim Fotografieren der Gerichte für ein früheres Kochbuch kennenlernte, und die, als sie mich ein paar Monate später auf ihrer ersten Italienreise in Porto Ercole besuchte, meinte: „Wir müssen dein nächstes Kochbuch hier fotografieren." Ich danke der fleißigen, lustigen und sehr talentierten Gruppe, die in die Maremma kam und die Woche des Shootings für dieses Buch zu einer der schönsten in meinem Leben machte. (Auf dem Foto oben, von links nach rechts: Alice Adams, Helen Johnson, Emily Weaving, Sam Emery, Lauren Bamford, Deb Kaloper, Kathy Kaloper – mit meiner Tochter auf dem Schoß!) Ich danke auch dem Team bei Hardie Grant, insbesondere Emma Marijewycz in London und Susie Ashworth, Jane Willson, Andrea O'Connor, Mark Campbell und Allison Colpoys in Melbourne.

Ich weiß nicht, was ich ohne willige Rezepttester machen würde. Ich danke Jill Bernadini, Simon Bian, Becky Bishop, Julia Busuttil, Mark Davies, Sumie Davies, Lexi Earl, Helen Farrell, Camilla Ferraro, Caroline Hamilton, Francesca Lami, Carmen Pricone, Gabrielle Schaffner, Carly Slater und Kirsteen Travers.

Ich danke meiner Familie – meinen Eltern in Australien und meiner Schwiegermutter Angela in der Toskana.

Vor allem danke ich meinem Mann und meiner Tochter für ihre Unterstützung und ihre Geduld, die mir ermöglichten, das zu tun, von dem ich seit jeher träume.

ÜBER DIE AUTORIN

Emiko Davies hat einen australischen Vater, eine japanische Mutter, verbrachte ihre Jugend in China, studierte in den USA und ließ sich auf all diese verschiedenen Kulturen ein, erlernte ihre Sprachen und auch ihre Art zu kochen. Seit über zehn Jahren ist sie nun in Italien zu Hause. Mit einem Koffer und dem Plan, drei Monate lang in einem Atelier für Radierungen zu hospitieren, kam sie als zwanzigjährige Kunststudentin nach Florenz. Ein paar Jahre später konnte sie ihrer Sehnsucht nach Florenz nicht mehr widerstehen und kehrte in die Stadt zurück. Sie lernte gründlich Italienisch, machte eine Ausbildung zur Restauratorin, jobbte in einem Fotostudio und lernte

einen besonders charmanten Toskaner namens Marco kennen. Ihre Begeisterung für die italienische Küche veranlasste sie, eine Digitalkamera zu kaufen und 2010 einen Blog zu starten, in dem sie traditionelle toskanische Rezepte vorstellte. Nach einem längeren Aufenthalt in Porto Ercole 2015 kehrte Emiko mit ihrer Familie nach Florenz zurück. Sie kocht immer noch begeistert und schreibt für ihre Kolumne über italienisches Essen bei der New Yorker Website *Food52* sowie für andere Publikationen. Dieses ist ihr zweites Kochbuch.

Impressum

Die Originalausgabe mit dem Titel *Acquacotta* ist 2017
bei Hardie Grant Books, einem Imprint von Hardie Grant Publishing,
in englischer Sprache erschienen.

Text, Illustrationen und Fotografie © 2017 Emiko Davies
Food-Fotografie © 2017 Lauren Bamford
Design © 2017 Hardie Grant Publishing

5 4 3 2 1   22 21 20 19 18
978-3-88117-161-8

Übersetzung: Cornelia Panzacchi
Lektorat: Melanie Rhauderwiek
Redaktion: Angela Vornefeld
Satz: Helene Hillebrand
© 2018 Hölker Verlag in der Coppenrath Verlag GmbH und Co. KG,
Hafenweg 30, 48155 Münster, Germany
Alle Rechte vorbehalten, auch auszugsweise

www.hoelker-verlag.de